本书为国家哲学社会科学基金"云南临沧地区南传上座部佛教现状调研"项目阶段性成果(07CZJ003)

中国社会科学院文库
哲学宗教研究系列
The Selected Works of CASS
Philosophy and Religion

中国社会科学院创新工程学术出版资助项目

中国社会科学院文库·哲学宗教研究系列
The Selected Works of CASS · Philosophy and Religion

中国南传佛教研究

THERAVADA BUDDHISM IN CHINA

郑筱筠 著

中国社会科学出版社

图书在版编目（CIP）数据

中国南传佛教研究／郑筱筠著 .—北京：中国社会科学出版社，2012.9（2016.5 重印）

ISBN 978 – 7 – 5161 – 0680 – 8

Ⅰ.①中⋯ Ⅱ.①郑⋯ Ⅲ.①佛教史—研究—中国 Ⅳ.①B949.2

中国版本图书馆 CIP 数据核字（2012）第 056538 号

出 版 人	赵剑英
责任编辑	黄燕生
责任校对	李小冰
责任印制	戴 宽

出　　版	中国社会科学出版社
社　　址	北京鼓楼西大街甲 158 号
邮　　编	100720
网　　址	http://www.csspw.cn
发 行 部	010 – 84083685
门 市 部	010 – 84029450
经　　销	新华书店及其他书店

印　　刷	北京君升印刷有限公司
装　　订	廊坊市广阳区广增装订厂
版　　次	2012 年 9 月第 1 版
印　　次	2016 年 5 月第 2 次印刷

开　　本	710×1000　1/16
印　　张	18.5
字　　数	338 千字
定　　价	68.00 元

凡购买中国社会科学出版社图书，如有质量问题请与本社营销中心联系调换
电话：010 – 84083683
版权所有　侵权必究

《中国社会科学院文库》出版说明

《中国社会科学院文库》(全称为《中国社会科学院重点研究课题成果文库》)是中国社会科学院组织出版的系列学术丛书。组织出版《中国社会科学院文库》,是我院进一步加强课题成果管理和学术成果出版的规范化、制度化建设的重要举措。

建院以来,我院广大科研人员坚持以马克思主义为指导,在中国特色社会主义理论和实践的双重探索中做出了重要贡献,在推进马克思主义理论创新、为建设中国特色社会主义提供智力支持和各学科基础建设方面,推出了大量的研究成果,其中每年完成的专著类成果就有三四百种之多。从现在起,我们经过一定的鉴定、结项、评审程序,逐年从中选出一批通过各类别课题研究工作而完成的具有较高学术水平和一定代表性的著作,编入《中国社会科学院文库》集中出版。我们希望这能够从一个侧面展示我院整体科研状况和学术成就,同时为优秀学术成果的面世创造更好的条件。

《中国社会科学院文库》分设马克思主义研究、文学语言研究、历史考古研究、哲学宗教研究、经济研究、法学社会学研究、国际问题研究七个系列,选收范围包括专著、研究报告集、学术资料、古籍整理、译著、工具书等。

中国社会科学院科研局
2006 年 11 月

中国南传佛教研究

刀述仁

全国政协常委
中国佛教协会副会长　　**刀述仁　题**
云南省佛教协会会长

目 录

绪论 …………………………………………………………… (1)
   一 学术研究综述 ………………………………………… (2)
   二 学术研究思路 ………………………………………… (8)
   三 主要研究内容 ………………………………………… (8)
   四 研究方法 ……………………………………………… (11)
   五 学术价值及创新之处 ………………………………… (12)

第一编 历史记忆：中国南传佛教的传播

第一章 中国南传佛教的分布 …………………………… (17)
  第一节 中国南传佛教的地理位置分布 ………………… (17)
  第二节 中国南传佛教的信仰民族分布 ………………… (19)
     一 云南省境内傣族的分布 ……………………………… (20)
     二 云南境外的傣泰族群 ………………………………… (22)

第二章 中国南传佛教的传播及发展 …………………… (27)
  第一节 云南宗教传播及其发展 ………………………… (27)
     一 佛教传播及其特点 …………………………………… (27)
     二 伊斯兰教传播及其特点 ……………………………… (31)
     三 道教传播及其特点 …………………………………… (32)
     四 基督教传播及其特点 ………………………………… (34)
     五 天主教传播及其特点 ………………………………… (44)

第二节　东南亚佛教传播及发展 ·· (49)
　　　　一　缅甸佛教的传播及发展 ·· (49)
　　　　二　泰国佛教的传播及发展 ·· (53)
　　第三节　中国南传佛教的传播及发展 ·· (55)
　　　　一　佛教传入云南的一些观点 ·· (55)
　　　　二　对南传上座部佛教传入时间的分析 ·································· (60)
　　　　三　中国南传佛教传播的特点 ·· (64)

第二编　中国南传佛教的教理与派别

第三章　中国南传佛教经典及基本教义 ·· (69)
　　第一节　中国南传上座部佛教的主要经典 ································ (69)
　　　　一　中国南传上座部佛教三藏 ·· (69)
　　　　二　云南上座部佛教仪式中常颂的佛经 ·································· (72)
　　第二节　中国南传上座部佛教的主要教理、教义 ······················· (76)
　　　　一　缘起论 ·· (77)
　　　　二　业报轮回的思想 ··· (79)
　　　　三　四念处 ·· (79)

第四章　中国南传上座部佛教的派别 ·· (89)
　　第一节　斯里兰卡佛教派别 ·· (89)
　　　　一　大寺派、无畏山寺派、祇多林派 ····································· (90)
　　　　二　林居派和村居派 ··· (91)
　　第二节　泰国佛教派别 ·· (93)
　　　　一　兰那泰王国佛教派别 ··· (93)
　　　　二　素可泰王国等泰国佛教派别 ··· (96)
　　第三节　缅甸的佛教派别 ··· (96)
　　　　一　蒲甘王朝时期佛教派别 ·· (97)
　　　　二　南北朝时期佛教派别 ·· (97)
　　　　三　东吁王朝时期佛教派别 ·· (98)
　　第四节　中国云南南传上座部佛教派别 ···································· (99)
　　　　一　润派佛教 ·· (99)

二　左抵派佛教 …………………………………………………（103）
　　三　摆庄派佛教 …………………………………………………（105）
　　四　多列派佛教 …………………………………………………（106）

第三编　中国南传佛教的宗教管理模式

第五章　中国南传佛教社会的世俗组织制度 ………………（111）
第一节　传统的政教关系模式 ……………………………（111）
　　一　传统的中国南传佛教与政治的关系 ………………………（111）
　　二　社会组织制度对中国南传上座部佛教的能动作用 ………（122）
第二节　中国南传佛教的发展与村社制度 ………………（127）
　　一　傣族社会全民信仰南传上座部佛教的主要途径 …………（127）
　　二　南传上座部佛教的重要生命线 ……………………………（132）
　　三　南传上座部佛教有序化发展的重要保证 …………………（137）
第三节　中国南传佛教社会的当代世俗社会组织制度 …（141）

第六章　中国南传上座部佛教的僧阶制度及僧团管理模式 ………（144）
第一节　传统的僧阶管理模式 ……………………………（144）
第二节　当代中国南传上座部佛教的僧阶认定 …………（149）
　　一　南传佛教称谓与僧阶 ………………………………………（149）
　　二　探索当代中国南传佛教僧阶制度认定的独特性 …………（150）
　　三　具有划时代意义的《南传佛教教职人员资格认定办法》…（151）
　　四　当代中国南传佛教寺院住持的管理模式 …………………（154）
　　附录一　《南传佛教教职人员资格认定办法》………………（155）
　　附录二　《南传佛教寺院住持任职办法》……………………（158）
　　附录三　《汉传佛教寺院住持任职办法》……………………（160）
第三节　中国南传佛教僧团管理模式 ……………………（162）
　　一　以布萨羯磨仪式来加强僧团管理的凝聚力 ………………（162）
　　二　以六和敬精神来统摄僧团，促进僧团内部和合 …………（163）

第七章　中国南传上座部佛教居士管理模式 ………………（165）
第一节　中国南传上座部佛教的居士制度 ………………（165）

一　"五戒"信徒和"八戒"信徒 ……………………………（165）
　　二　居士的等级制度 ………………………………………（167）
　　三　信徒们的宗教实践 ……………………………………（169）
　第二节　波章：中国南传佛教的特殊居士 ……………………（172）
　　一　生命的圣化过程 ………………………………………（173）
　　二　"神圣权威"知识含量的认定 …………………………（175）
　　三　出色的世俗组织、管理能力 …………………………（176）
　　四　伦理道德价值的要求——世俗社会权威的认可 ……（177）
　　五　结论 ……………………………………………………（178）
　第三节　波章的双重身份及其悖论性特征 ……………………（178）
　　一　中国南传佛教社会管理体系的权威 …………………（178）
　　二　在世俗空间被去圣化的普通人 ………………………（180）
　　三　波章身份悖论性特征分析 ……………………………（181）
　　四　结论 ……………………………………………………（187）
　第四节　波章管理系统的建立 …………………………………（188）

第八章　中国南传佛教佛寺佛塔的管理模式 ……………………（191）
　第一节　中国南传佛教的佛寺组织管理模式 …………………（191）
　第二节　中国南传佛教的佛塔系统组织管理模式 ……………（195）
　　一　传统的佛塔管理系统的建立和完善 …………………（195）
　　二　当代佛塔管理模式 ……………………………………（197）
　第三节　中国南传佛教的运行特点 ……………………………（197）
　　一　中国南传佛教高度重视基层宗教的管理，以僧
　　　　阶制度来管理区域佛教 ………………………………（197）
　　二　将宗教活动纳入到社会管理体系之中 ………………（199）
　结论 ………………………………………………………………（202）

第四编　中国南传佛教与社会实践

第九章　中国南传佛教的寺院教育 ………………………………（205）
　第一节　传统的寺院教育模式 …………………………………（205）
　第二节　当代寺院教育 …………………………………………（206）

  一　佛学院系统的寺院教育模式 …………………………（206）
  二　变化中的当代寺院教育 ………………………………（207）
  三　与时俱进的当代居士寺院教育 ………………………（208）

第十章　中国南传上座部佛教的寺院经济及供养模式 …………（211）
 第一节　传统寺院经济及供养模式 …………………………（211）
 第二节　当代中国佛教寺院经济及供养模式 ………………（215）

第十一章　中国南传佛教的社会记忆——以泼水节为例 ………（218）
 第一节　泼水节传说异体故事类型中历史记忆的彰显与
    切换 …………………………………………………（218）
  一　泼水节传说异体故事类型中历史记忆的彰显 ………（219）
  二　泼水节传说异体故事类型中历史记忆的切换 ………（223）
 第二节　泼水节活动仪式叙述的历史记忆与切换 …………（225）
  一　叙述模式：仪式中的历史记忆 ………………………（225）
  二　当代仪式叙述模式的切换 ……………………………（228）
 第三节　泼水节管理模式的历史记忆与转变 ………………（236）
  一　泼水节管理模式的历史记忆 …………………………（236）
  二　当代泼水节管理模式的转换 …………………………（237）
 第四节　泼水节活动地点的历史记忆与转变 ………………（239）
  一　泼水节活动地点的历史记忆 …………………………（239）
  二　当代泼水节活动地点的转换：神圣空间到世俗空间的
    切换 ………………………………………………（240）
 第五节　泼水节活动目的的历史记忆与转变 ………………（242）
  一　泼水节活动目的的历史记忆 …………………………（242）
  二　当代泼水节活动主要目的的转换 ……………………（243）
 结论 …………………………………………………………（244）
 附录一　西双版纳傣族创世史诗《巴达麻嘎捧尚罗》………（246）
 附录二　2004年西双版纳泼水节安排 ……………………（249）
 附录三　西双版纳2007年泼水节安排 ……………………（251）
 附录四　云南民族村2007泼水节狂欢活动方案 …………（253）

第十二章　中国南传佛教慈善事业 ……………………（257）
　第一节　当代中国南传佛教的"凡尘使命" ……………………（257）
　第二节　以"佛光之家"为代表的中国南传佛教慈善事业 ………（260）
　　　一　采取多方合作的组织机构管理模式 ………………（260）
　　　二　加强队伍建设,使之真正服务于社会 ……………（261）
　　　三　在慈善活动的内容安排上,心灵关怀和物质关怀
　　　　　并重,传统和现代手段相结合 ………………………（261）
　第三节　当代中国南传佛教"凡尘使命"的意义 ………………（266）
　　　一　当代中国南传佛教"凡尘使命"的现实意义 ………（266）
　　　二　当代中国南传佛教"凡尘使命"的理论意义 ………（268）
　第四节　当代中国南传佛教慈善事业的挑战及发展趋势 ………（269）
　　　一　当代中国南传佛教慈善事业面临的挑战 …………（270）
　　　二　当代中国南传佛教慈善事业的发展趋势 …………（271）

参考文献 ……………………………………………………………（273）

后记 …………………………………………………………………（283）

绪 论

南传上座部佛教是从印度本土向南传到斯里兰卡（Sri Lanka 锡兰）、泰国、缅甸等东南亚国家而形成的佛教体系，因东南亚地区的地理位置处于印度之南，佛教的传播路线是向南，故人们又把它称"南传佛教"。

公元前 6 世纪，释迦牟尼佛在印度创建原始佛教后，为了广泛地传播佛教，他积极鼓励信徒们用各种方言弘扬佛法。当时在摩揭陀国一带使用的方言主要是巴利语（Pali），它与当时印度正统的雅语——梵语（Sanskrit）相对，被看作一种大众方言，当地的佛教徒们就使用巴利语来传播佛教，并形成与梵语系统相对的巴利语系统佛教。后来以巴利语为主要语言的佛教向南传入东南亚一带，故东南亚一带保存着较为完整的巴利语系佛教系统。因此，因南传佛教所传诵的三藏经典使用的语言属于巴利语，所以也称为"巴利语系佛教"、"巴利佛教"。由于这一支佛教严格遵照佛陀以及声闻弟子们的言教进行修行生活，严格恪守原始佛教的传统，因此也被称为"上座部佛教"（Theravāda），或可称为"声闻乘佛教"。在公元 1 世纪前后，大乘佛教出现后，其又与大乘佛教相对应，被称为"小乘佛教"。但目前在学术界已经不大使用这一称呼。

南传佛教流传至今，已有 2000 多年的历史。在公元前 3 世纪时，在印度孔雀王朝著名的阿育王举办了佛教史上第三次结集后，派其子摩哂陀王子向南至斯里兰卡弘法，并为该国国王天爱帝须（Devānampiya-tissa）宣说《象迹喻小经》（Culāhatthipadopamasuttā），国王对其十分敬重，乃于城南的大云林结界，为其建造房舍、浴池等，并作为该国佛教的讲学地，使斯里兰卡成为当时上座部佛教传播的重镇，摩哂陀在此创建了著名的大寺派。公元 5 世纪时，印度的觉音尊者于摩诃那摩王时（410—432 年）到达了斯里兰卡，住在大寺，专研巴利三藏和僧伽罗文的注疏，并用巴利文著述了很多书。觉音长老依据大寺派的传统思想理论，对巴利三藏圣典都写了重要的注释，并用巴利语写了一部著名的《清净道论》，系统地论述三藏和义疏的精要。他对南传上座部佛教的长期流传是有很大影响的，其所著之《清净道论》一书在整个南传佛教发展史中具有划时代的意义，是学习和研究南传佛教的必读书目。随着东南亚各国政治、经济与文化交往的进一步密切，上座部佛教开始广泛流传于东南亚。在经历了与大乘佛教、密教、婆罗门教等宗教的相互消长、相互融合的并存局面后，在13、14世纪后，上座部逐渐成为东南亚地区主要的佛教信仰。今天的上座部佛教主要盛行于斯里兰卡、缅甸、泰国、柬埔寨、老挝等东南亚国家，以及中国云南省的傣族、布朗族、德昂族、阿昌族、部分佤族和彝族居住地区；19世纪末与20世纪初，上座部佛教也传播到欧美等地，并有持续发展之势。

南传上座部佛教与藏传佛教、汉传佛教一起构成了中国佛教体系的三大板块，南传上座部佛教（学术界亦简称为"南传佛教"）因其只分布在我国云南地区，因此在我国佛教领域内就具有一种区域性特征。但是，如果从其与东南亚佛教之间的天然联系而言，云南的南传佛教就具有了鲜明的国际性特征。结合我国当前的"南亚、东南亚发展战略"以及"文化走出去"的发展战略的实施，云南南传佛教已经成为联系南亚、东南亚国际大通道的国际"文化大使"，因此如果再以区域性眼光来考量云南南传佛教的话，显然有其局限性。因此，本书在内容的写作方面全部以"中国南传佛教"一词来指代"云南南传上座部佛教"。

一 学术研究综述

由于中国南传佛教在我国境内只存在于云南省西南部和西部地区，在这些区域内信仰南传佛教的大多为少数民族，如傣族、布朗族、阿昌族、德昂族，部分彝族和佤族等，对于汉族学者来说，这无疑增加了研究的难度，由于诸多条件限制，尚未像汉传佛教、藏传佛教那样得到深入的研究，目前国内外学术界对云南南传佛教的研究相当薄弱，缺乏从宗教学角度对云南南传佛教进行系统研究的专著，对云南南传佛教历史发展变化的规律、特点进行系统的研究不足，更缺乏对云南南传佛教各个派别在我国现代化进程中的发展现状、主张和特点及其发展趋势进行系统的研究和梳理。

综观国内外学术界的相关研究主要分为两类：第一类是关于佛教教理、教义、佛教史的研究方面，学术界在这一领域的研究较为薄弱，目前还没有一部中国南传佛教史。已有的很多成果都是对东南亚南传佛教的研究，尤其侧重于对东南亚南传佛教与国家、社会、政治、经济之间关系的研究，很少涉及云南南传佛教的专门研究。如宋立道《神圣与世俗——南传佛教国家的宗教与政治》（宗教文化出版社2000年版）、《传统与现代——变化中的南传佛教世界》（中国社科出版社2002年版）等，另外，净海《南传佛教史》一书对斯里兰卡、缅甸、泰国、老挝、柬埔寨的南传佛教都有系统的研究，但是却对作为南传佛教一个重要组成部分的云南南传佛教未作任何论述和研究，殊为一大憾事；另有邓殿臣《南传佛教史简编》[①] 一书中专设一章论述傣族地区的南传佛教概况，虽然着墨不多，但却是国内学术界第一次关注中国南传佛教发展史，因此意义重大。王海涛《云南佛教史》[②] 一书也专门对云南南传佛教进行了介绍，从南传佛教的传入、教派、制度、经典、教义、寺塔、佛教与傣族文化、现代佛教几个方面来论述云南南传佛教的发展，但缺乏从史的角度对佛教的发展进行一个系统的梳理。

就国外学术界而言，很多学者都把研究重点放在对东南亚佛教及其国别史佛教的研究，还没有对云南南传佛教进行系统研究的专著。D. G. E. Hall：《东南亚史》（*A History of South East Asia*），New Edition 1964, London; Walpo Rahula：《锡兰佛教史》（*History of Buddhism in Ceylon*），Colombo, 1956; Prince Dhaninivat：*A History of Buddhism in Siam*, 1960, Bangkok 等。

国内外学术界第二类研究成果主要表现为在对云南傣族进行民族学、社会学、人类学等学科的研究，由于南传佛教与傣族社会、政治、经济、文化、民间信仰、民俗、文学等方面关系密切，因此，对南传佛教的研究，就散见于各学科对傣族的研究之中，资料零散，未对云南南传佛教本身进行系统的专题研究。如江应樑《傣族史》、王松《傣族佛教与傣族文化》、刘岩《南传佛教与傣族文化》、杨懿之主编《贝叶文化论》等。

考察目前的研究成果，我们不难发现，由于中国南传佛教与少数民族

[①] 邓殿臣：《南传佛教史简编》（内部发行），中国佛教协会，1991年。

[②] 王海涛：《云南佛教史》，云南美术出版社2001年版。

文化交互交融、相互影响，你中有我，我中有你，难以截然割裂开来，因此，当代学术界的多样性学术取向让这一领域的成果异彩纷呈。但现有研究成果大多是集中在民族学、人类学、社会学、民族学以及历史文献学角度，真正意义上的从宗教学角度研究的学术成果还不多。

佛教与民族文化的关系是目前学术界关注最多的研究领域，也是学术成果最卓著的领域。研究者们从不同的学科背景出发，运用不同的学科理论进行研究，有宏观理论研究，有强调田野调研的个案研究，有民族学、人类学、社会学、宗教学、民俗学等学科的研究，更有跨文化、跨学科的比较研究。这些不同的切入点和理论体系使中国南传佛教信仰领域内的文化系统以其独特的立体分布格局呈现在读者面前。

从社会学、人类学角度对云南信仰南传佛教区域内的少数民族文化进行研究，是目前最为普遍的研究范式。《芒市边民的摆》是著名社会学家田汝康以社会学、人类学的学科理论对云南德宏地区芒市社会进行研究的一本论著。田汝康先生在1940年至1941年间在芒市调研，先后完成调研报告《摆夷的摆》，于1946年由重庆商务印书馆出版。后来，田汝康先生在此基础上，先后完成英文博士学位论文和"*Religious Cults of the Pai. i along the Burma-Yunnan' Border*"一书，田先生在书中对芒市傣族"摆"的仪式进行了研究，集中分析了摆的功能。这是我国学术界较早关注傣族文化的研究成果之一。后来褚建芳在田汝康先生当年的调研地再次进行了调研，完成《人神之间——云南芒市一个傣族村寨的仪式生活、经济伦理与等级秩序》一书。作者通过对傣族村寨仪式生活的观察，研究人类学礼物与交换的形成及其特点来分析傣族社会文化的经济伦理与等级秩序。此外，陶云逵《车里摆夷的生命环》、姚荷生《水摆夷风土记》[①]都简单地介绍了20世纪50年代以前云南傣族的生活习俗。

杨民康《贝叶礼赞——傣族南传佛教节庆仪式音乐研究》是从仪式音乐学的角度对傣族南传佛教进行研究的一本力作。在20世纪90年代前，国内对傣族传统音乐的研究，多侧重与民间世俗生活相关的内容，虽

---

① 田汝康：《芒市边民的摆》，云南人民出版社2008年版。褚建芳：《人神之间——云南芒市一个傣族村寨的仪式生活、经济伦理与等级秩序》，社会科学文献出版社2005年版。陶云逵《车里摆夷的生命环》，金陵大学1948年出版。姚荷生：《水摆夷风土记》，上海大东书局1948年出版。

对与宗教信仰、仪式等相关内容有所涉猎，却缺乏更深入的研究；而在研究南传佛教文化（包括音乐）的国内外学者，又对南传佛教文化圈边缘的民族和地区鲜有关注。鉴于这种现状，《贝叶礼赞》一书的研究正起到学术补白的意义和价值。《贝叶礼赞》是作者多次往复于傣族两个主要聚居区进行实地考察后，以多学科理念和方法完成的、对南传佛教节庆仪式音乐研究的重要成果。他从现存的仪式与仪式音乐现象横向取域，抓住"文化传统与当代变迁"的主线并贯穿"宗教与世俗"两大文化主题，在对傣族南传佛教的节庆仪式个案的微观描写中融入历史的、社会的视角，并在本土化与全球化的文化语境中，动态、立体地描绘了一幅中国南传佛教节庆仪式音乐的文化传统、当代适应及变迁的画面；另外，胡琰《边界与逾越：傣族泼水节仪式的文本性》指出泼水节仪式流变的时空性和文本性特征；郑筱筠《人类学视域下南传佛教的中国阈限理论分析——以南传佛教管理体系中的波章现象为例》则从宗教人类学的角度，运用宗教人类学阈限理论，对南传佛教管理体系中的波章现象进行了研究，指出西方人类学家提出的阈限理论有不足，并对之进行了进一步分析，以期对中国宗教研究领域的阈限理论构建体系补充；龚锐《圣俗之间——西双版纳傣族赕佛世俗化的人类学研究》①一书选取西双版纳地区傣族赕佛行为进行人类学视野下的研究，对其世俗化特征进行了反思。

从民族学角度进行研究一直是学者研究中国南传佛教信仰区域少数民族文化的主要研究路数。在长期的研究过程中，这一方面的成果可谓硕果累累。如江应樑的《摆夷的经济文化生活》，王松、王思宁的《傣族佛教与傣族文化》，刘岩的《南传佛教与傣族文化》②，王懿之、杨士录主编的

---

① 杨民康：《贝叶礼赞——傣族南传佛教节庆仪式音乐研究》，宗教文化出版社2003年版。李延红：《以"仪式"的眼光和观念——评杨民康著作〈贝叶礼赞——傣族南传佛教节庆仪式音乐研究〉》，《中国音乐学》2006年第2期。胡琰：《边界与逾越：傣族泼水节仪式的文本性》，中央民族大学，2007年硕士学位论文。郑筱筠：《人类学视域下南传佛教的中国阈限理论分析——以南传佛教管理体系中的波章现象为例》，《思想战线》2010年第2期。龚锐：《圣俗之间——西双版纳傣族赕佛世俗化的人类学研究》，云南人民出版社2008年版。

② 江应樑：《摆夷的经济文化生活》，云南人民出版社2008年版。初版于20世纪50年代初，在2008年再次刊印，江先生从民族学的角度对20世纪40年代西双版纳地区的傣族的经济、文化生活进行了介绍。王松、王思宁：《傣族佛教与傣族文化》，云南民族出版社1989年版。刘岩：《南传佛教与傣族文化》，云南民族出版社1993年版。

《贝叶文化论》,① 金少萍的《南传上座部佛教与傣族的村社生活——西双版纳勐腊县勐仑镇城子村的田野个案》,谭乐山的《南传上座部佛教与傣族村社经济——对中国西南西双版纳的比较研究》,吴之清的《贝叶上的傣族文明——云南德宏南传上座部佛教社会考察研究》,② 郑筱筠的《中国云南南传佛教的民族性特征》、郑筱筠的《历史上中国南传上座部佛教的组织制度与社会组织制度之互动》、《中国南传佛教信仰地区泼水节的区域性特征》(日语)和《中国南传佛教的"凡尘使命"——中国南传佛教的慈善事业》③ 等文章从不同角度对中国南传佛教社会系统和文化系统进行了梳理和分析。

在佛教文学、艺术研究方面,杨昌鸣的《云南傣族佛塔与泰缅佛塔的比较》和王晓帆《中国西南边境及相关地区南传上座部佛教塔研究》④ 从塔的类型演变等角度来论述佛教的发展。郑筱筠的《傣族〈兰嘎西贺〉故事不同版本原因初探》、《佛教根本说一切有部与傣族〈召树屯〉之关系》、《试论佛教对傣族龙文化的整合作用》、《佛教故事与傣族〈召树屯〉故事渊源》和《贝叶经与〈召树屯〉故事不同版本之

---

① 王懿之、杨士录主编:《贝叶文化论》,云南人民出版社1990年版。其中收入10多篇老一辈学者们研究佛教的心得,如宋恩常的《西双版纳傣族民间宗教初步考察》、王懿之的《西双版纳小乘佛教历史考察》、刘扬武的《德宏傣族小乘佛教的教派和宗教节日》、邱宣充的《傣族地区小乘佛教的建筑与造像》、杨介的《西双版纳的佛塔》等文章都是对傣族地区南传佛教的考察和研究成果。

② 金少萍:《南传上座部佛教与傣族的村社生活——西双版纳勐腊县勐仑镇城子村的田野个案》,《西南民大学报》(人文社科版)2010年第9期。谭乐山:《南传上座部佛教与傣族村社经济——对中国西南西双版纳的比较研究》,云南大学出版社2005年版。吴之清:《贝叶上的傣族文明——云南德宏南传上座部佛教社会考察研究》,四川巴蜀书社2007年版。

③ 郑筱筠:《中国云南南传佛教的民族性特征》,《宗教与民族》第五辑,宗教文化出版社2007年版,第76—85页。郑筱筠:《历史上中国南传上座部佛教的组织制度与社会组织制度之互动》,《世界宗教研究》2007年第4期,2007年12月。郑筱筠:《中国南传佛教信仰地区泼水节的区域性特征》(日语),《日本巴利语佛教文化学》第22号,2008年12月。郑筱筠:《中国南传佛教的"凡尘使命"—中国南传佛教的慈善事业》,《中国宗教》2009年第6期。

④ 杨昌鸣:《云南傣族佛塔与泰缅佛塔的比较》,《东南亚》1992年第2期。王晓帆:《中国西南边境及相关地区南传上座部佛教塔研究》,上海同济大学,2007年博士学位论文。

关系》① 等文章对中国南传佛教与傣族文学的关系进行了深入的探讨和研究。

尽管相关领域的成果很多，但从宗教学角度研究中国南传佛教，一直是国内外学术界的薄弱环节。目前能够看到的国内成果，仅有蔡惠明的《云南南传上座部佛教概况》、王向群的《布朗族宗教的演进及其影响》、刀述仁的《南传上座部佛教在云南》② 等概述性文章，黄夏年的《云南南传上座部佛教研究四十年》和黄夏年、侯冲的《云南上座部佛教四十年》③ 等综述性回顾；周娅的《〈中国贝叶经全集〉九大问题述略》和姚珏的《傣族本生经研究——以西双版纳勐龙为中心》④ 等探讨了经典与地方的具体问题。郑筱筠《中国南传佛教的民族性特征》和《试论中国南传佛教的宗教管理模式》⑤ 等文章则对南传佛教研究领域的诸多问题进行了探讨。

综上所述，笔者认为，学术界对于傣族文化以及傣族文化与中国南传佛教的关系研究成果较为丰盛。学者们从不同学科背景出发，对这一领域进行了不同研究范式的耕耘，使得整个傣族文化研究的成果异彩纷呈。但值得注意的是，学者们都是从各自的研究视野来考量傣族文化，对于傣族文化、中国南传佛教文化的研究是各自为阵，因此整个学术界是散点研究的现状。故而如何真正运用多学科、跨学科、跨领域的研究方法来集中对中国南传佛教进行深入研究正是中国学术研究界正面临的问题。笔者相

---

① 郑筱筠：《傣族〈兰嘎西贺〉故事不同版本原因初探》，《民族艺术研究》2004年2期。郑筱筠：《佛教根本说一切有部与傣族〈召树屯〉之关系》，陈允吉主编：《佛教文学研究论文集》，复旦大学出版社2004年版。郑筱筠：《试论佛教对傣族龙文化的整合作用》，《宗教与民族》第二辑，宗教文化出版社2003年版。郑筱筠：《佛教故事与傣族〈召树屯〉故事渊源》，《云南社会科学》2001年第2期。郑筱筠《贝叶经与〈召树屯〉故事不同版本之关系》，《民间文学研究》2001年第3期。

② 蔡惠明：《云南南传上座部佛教概况》，《法音》1990年第4期。王向群：《布朗族宗教的演进及其影响》，《云南社会科学》1998年第4期。刀述仁：《南传上座部佛教在云南》，《法音》1985年第1期。

③ 黄夏年：《云南南传上座部佛教研究四十年》，《佛学研究》，1992年创刊号。黄夏年、侯冲：《云南上座部佛教四十年》，《世界宗教研究》1993年第2期。

④ 周娅：《〈中国贝叶经全集〉九大问题述略》，《思想战线》2007年第6期。姚珏：《傣族本生经研究——以西双版纳勐龙为中心》，《世界宗教研究》2006年第3期。

⑤ 郑筱筠：《中国南传佛教的民族性特征》（日语），《日本巴利语佛教研究》第21号，2007年12月。郑筱筠：《试论中国南传佛教的宗教管理模式》，《中国宗教》2011年第1期。

信,随着中国宗教社会科学研究路径的拓宽,很多跨学科、跨领域的研究方法开始进入中国南传佛教的研究领域,这样的研究理论和方法将使中国南传佛教的研究呈现出立体多元的特征,为人们进一步认识中国南传佛教提供全方位的视角。

二 学术研究思路

本书首先从中国南传佛教发展史的角度,钩沉云南南传佛教历史沿革概括,梳理南传佛教传入云南的历史,时间和路线,对其历史发展线索有一个清晰的了解;

其次,从佛教理论角度,对中国南传佛教的教派分布、组织机构、教义主张、现状特点及其变化规律进行学术理论的研究,系统梳理其思想信仰体系、传承体系及其管理体系;

再次,从现状研究的角度,围绕中国南传佛教各个派别在云南的分布情况,进行田野调查,研究其在现代化发展进程中的现状、变化规律和特点,探讨其在未来的发展趋势;

最后,从中国南传佛教与民族学、社会学、宗教学、民俗学、心理学、文学等各方面关系密切的角度,对之进行研究,探索其与东南亚国家、云南傣族社会生活各个方面关系的特点,对云南南传佛教有一个全面的认识和了解。

在研究方法上,充分运用宗教学、史学、民族学、社会学、人类学、心理学、民俗学等多学科相结合的理论和方法,尤其强调文献、文本资料研究和田野调查方法并重、注重宏观和微观研究相结合、历史与现实研究相结合,既有对历史的梳理,又有对中国南传佛教各个派别现状的调查。

三 主要研究内容

南传佛教的研究历来是国内佛教学研究领域的薄弱环节,其研究实力与成果同汉传佛教及藏传佛教研究的现状无法相比。中国近代以来到1949年,这一领域基本是空白。虽然20世纪50年代以后开始有了突破,但囿于各种条件,目前国内南传佛教的研究还是比较零散,还没有系统的研究规划和大的突破。本书正填补了这一研究领域的空白,既系统地梳理了中国南传佛教发展史,同时还系统地研究了南传佛教领域内存在的诸多现象及问题，提出了观点鲜明的独特见解，具有较高的创新价值和理论研究水平。

中国南传佛教与汉传佛教和藏传佛教的不同之处在于，中国南传佛教具有鲜明的世俗性特征和实践性特征。在中国南传佛教信仰区域，佛教与世俗社会的联系非常密切，佛教渗透到世俗社会生活的方方面面，影响着人们的思想观念和行为，同时信教群众又在世俗生活之中实践着佛教的理念和主张。对于中国南传佛教来说，中国南传佛教系统是一个特殊的网络系统，是由僧侣和信徒们共同实践和创造的，它既是过去，也是现在，每一段历史、每一个现象都是这一复杂的社会、文化网络系统中重要的一个点，它深深地嵌入到中国南传佛教信仰区域，全方位地影响着这一区域。因此，对中国南传佛教的研究就要求我们既要关注历史的研究，又要重视宗教现象的研究；在研究书本理论的同时，还应该把握中国南传佛教的实践性特征，进行信仰现状的调研。在研究宗教现象的同时，更要注意在社会转型时期中国南传佛教的变化及其宗教应对的理论体系。

本书在第一编《历史的记忆：中国南传佛教的传播》分三章详细介绍了中国南传佛教的分布、发展历史和传播特点。这对了解中国南传佛教的历史发展规律是非常重要的，它可以提供一种线索，帮助人们思考中国南传佛教的发展脉络及其存在的价值和意义；

第二编《中国南传佛教的教理与派别》分为两章，在《中国南传佛教的教理与教义》一章中系统地论述了中国南传佛教的主要经典及基本教义和基本经典。此外，针对中国南传佛教与汉传佛教和藏传佛教的不同，着重强调了中国南传佛教独特的禅修理论及其修行实践；在《中国南传佛教的派别》一章中，考虑到中国南传佛教与东南亚南传佛教圈的天然联系，笔者首先分别介绍了斯里兰卡佛教、泰国、缅甸佛教的佛教派别及其产生时间和特色，在此基础上，笔者系统地论述了中国南传佛教的4种派别，研究其在云南的不同分布区域，指出其东南亚佛教的渊源，论述这4种佛教派别之间的异同，并指出这4种佛教派别在当代的发展变化，研究其不同于东南亚国家的特征。

第三编《中国南传佛教的管理模式》是本书的重点，共分为六章，首次全方位地论述了中国南传佛教的宗教管理系统及其模式，在《中国南传佛教的政教关系模式》一章中，梳理了中国南传佛教与社会世俗组织制度之间的政教关系模式,指出中国南传佛教以制度认同、政治认同、思想认同、文化认同等方式实现自己对世俗社会统治集团的神圣性认可,而世俗社会组织则从乡规民约、甚至法律的角度为中国南传佛教组织制度的合理性提供行政保证,此外,中国南传佛教信仰区域,尤其是傣族村社制度作为与世俗社会政治制度相辅相成的一种存在形式对中国南传佛教的佛事活动和寺院供养等具体宗教事务提供了坚实的社会基层保证,是中国南传佛教能够顺利地发展;在《中国南传佛教的僧阶制度及僧团管理模式》一章中,笔者重点关注中国南传佛教的僧团,详细梳理了中国南传佛教独特的僧阶制度及僧团管理模式,同时结合现状,指出其在当代的变化;《中国南传佛教的宗教管理模式》一章是本书最大的亮点,其重点在于中国南传佛教独特的金字塔型佛寺管理模式、佛塔管理模式、波章管理模式三种互成犄角、相互依存的管理模式,是中国南传佛教与世俗社会关系、政教关系的集中反映,这是中国南传佛教迥异于中国汉传佛教、藏传佛教乃至东南亚佛教之处;在《中国南传佛教的波章管理模式》一章中,笔者专门将世俗社会与神圣社会之间重要的桥梁——波章管理模式列为一章,首次关注波章管理系统,全方位地介绍波章角色的独特性和管理系统,指出这是中国南传佛教重要的一种管理模式,它帮助佛教真正地融入世俗生活之中;在《中国南传佛教的居士制度》一章,笔者重点分析了中国南传佛教特殊的居士团体,指出其不同于汉传佛教的独特的居士制度,研究其运行的特征和模式;在《中国南传佛教管理模式的运行特点》一章,笔者集中分析了各种管理模式的特征,指出中国南传佛教运行系统的独特性。

  第四编《中国南传佛教与社会实践》重点关注的是中国南传佛教参与社会实践的不同系统。这一部分共分为五章,在《中国南传佛教的寺院教育》一章中,研究了中国南传佛教传统的寺院教育模式及其功能,关注当代寺院教育与佛学院教育的发展及异同,分析寺院教育与国家教育系统之间的关系;在《中国南传佛教的寺院经济》一章中,笔者结合中国南传佛教与社会组织制度之间的关系,指出其不同于汉传佛教与藏传佛教的寺院经济供养模式,关注其在当代的变化;在《中国南传佛教的社会记忆》一章中,以泼水节这一节日事象的变迁为例,从泼水节的异体故事类型、活动仪式、管理模式、活动目的、活动空间的历史记忆与切换等角度来关注其中国南传佛教在历史进程中的发展变迁。在

《中国南传佛教的慈善事业》一章中，笔者把握到中国南传佛教在当代社会转型时期发生的重要变化——突破自身理论体系的束缚，积极以慈善公益事业为自己的"凡尘使命"，详细论述中国南传佛教慈善公益事业的意义和现实价值。此外，笔者将其置于中国宗教慈善事业发展的背景下，分析中国南传佛教慈善活动面临的挑战，并指出其未来发展趋势。

四　研究方法

（一）学术资料积累

1. 文献、文本资料的积累

在长期的研究过程中，笔者注意广泛搜集资料，在学术资料积累方面，文献资料和口传史并重，目前已经积累了上百万字的文献资料。在文献、文本资料的收集过程中，不但注意积累与课题相关的资料，同时考虑到云南南传佛教与东南亚佛教之间有天然的内在联系，故扩大收集资料的范围，积累了大量的东南亚佛教、欧美南传佛教的资料。另外，也注重云南其他宗教资料的积累，力图扩大研究的深度和广度。

2. 图片资料的积累

在研究书本理论的同时，笔者非常重视实践中的宗教现象。因此，不但进行文献文本研究，同时也注重实证研究。笔者在写作南传佛教史、注重文献文本研究和思考的同时，也非常重视田野调研资料和口传资料的收集，先后到云南西双版纳傣族自治州、德宏傣族景颇族自治州、普洱市和临沧市进行了10余次的调研，基本跑遍云南南传佛教4个主要派别的主要分布区域，对其寺院分布、仪式活动、寺院经济等内容进行详细调查，揭示其发展规律，研究其社会资本的整合机制。在十几年的田野调研过程中，注重图片、声像资料的拍摄和保存，目前已经积累了大量的图片和声像资料。

3. 口传资料的积累

口传史一直是本课题关注的一个重要内容。它通过口传人的讲述记录了民间叙述语境视野下的文学现象、宗教现象、族群记忆。这从另外一个角度补充了文献文本资料研究的不足，有时甚至纠正了文献资料记录中的谬误。笔者在多年来的田野调研过程中，已经积累了大量口传资料的录音资料。因此，运用跨学科研究的理论方法对错综复杂的宗教现象进行研究事业的意义和现实价值,分析其未来发展趋势。这是中国南传佛教在现代社会转型时期出现的自我调整和变化,但却是学术界还不曾注意到的现象,而这一研究成果正是对这一研究领域的一个补充。

第一编

历史记忆:中国南传佛教的传播

南传上座部佛教经由泰国、缅甸传入我国云南边疆少数民族地区后，经过长期的发展演变，逐渐形成了独具中国特色的南传上座部佛教，与此同时还形成了一个覆盖面较广、与东南亚南传佛教文化圈有较深渊源的中国南传佛教文化圈。较为成熟的南传上座部佛教文化传入中国云南的时间应该在13、14世纪，到14、15世纪逐渐普遍盛行；进而传至金齿等傣族地区（今德宏州），是在15世纪，兴盛于16世纪。就整个云南傣族南传上座部佛教信仰区而论，南传上座部佛教的传播及普及时代，上限为13世纪，下限为16世纪的300年间。

　　云南南传上座部佛教传播运动的特点，一是跨境民族文化传播在中国南传上座部佛教文化圈的形成和发展过程中发挥了重要的作用。二是依托于政治集团，从上至下地推广佛教文化，政权与神权关系较为密切。三是结合当地少数民族社会实际，设置波章角色负责社会事务的组织和管理安排工作，形成了独具特色的社会管理体系，有效地推动了佛教在社会中的传播发展。

第 一 章

中国南传佛教的分布

第一节 中国南传佛教的地理位置分布

云南省地处中国西南边陲，北回归线横贯云南省南部。云南东部与贵州省、广西壮族自治区相邻，北部与四川省相连，西北隅紧倚西藏自治区，西部同缅甸接壤，南部与老挝、越南毗连。从更广的角度看，云南北依广袤的亚洲大陆，南临辽阔的印度洋及太平洋。云南省与邻国的边界线总长为4060公里，其中中国、缅甸边境线为1997公里，中国与老挝边境线为710公里，中国与越南边境线为1353公里。

南传上座部佛教经由泰国、缅甸传入我国云南边疆少数民族地区后，经过长期的发展演变，逐渐形成了独具中国特色的南传上座部佛教，与此同时还形成了一个覆盖面较广、与东南亚南传佛教文化圈有较深渊源的中国南传佛教文化圈。

中国南传佛教文化圈主要分布在云南的南部、西部和西南部，现在的行政区划属于西双版纳傣族自治州、德宏傣族景颇族自治州、普洱市、临沧市、保山市、红河州这六个地州管辖。就中国南传上座部佛教的信仰民族而言，主要有傣族、布朗族、德昂族、阿昌族、佤族、彝族等民族。其中，傣族、布朗族基本上是全民信仰南传上座部佛教，[①] 德昂族、阿昌族是大部分人信仰，而佤族和彝族则是部分地区信仰。信仰南传上座部佛教的傣族主要居住于西双版纳傣族自治州、德宏傣族景颇族自治州和临沧市

---

① 傣族虽是信仰南传上座部佛教的主体民族，但分布金沙江沿岸流域和元江流域的傣族不信奉南传上座部佛教。

云南地图

的耿马、孟定、双江，思茅地区①的孟连等地；德昂族主要散居在云南省德宏傣族景颇族自治州的潞西县、盈江、瑞丽、陇川、梁河和临沧地区镇康县、耿马等县，其他分布在保山市龙陵等地，与傣、景颇、傈僳、佤、汉等民族交错而居；布朗族主要聚居在云南省西部的西双版纳傣族自治州勐海县、景洪市和临沧市的双江、永德、云县、耿马，思茅地区的澜沧、墨江等县；阿昌族大部分聚居在云南德宏傣族景颇族自治州的陇川、潞西等县，其余分布在盈江、保山市龙陵等县；信奉南传上座部佛教的佤族主要聚居在思茅市的孟连、临沧市沧源、耿马、双江、镇康、永德等县，部分散居在西双版纳傣族自治州和德宏傣族景颇族自治州境内。而信奉南传

---

① 临沧地区已于2006年更名为临沧市，思茅地区已于2006年更名为普洱市。

上座部佛教的彝族只居住于临沧市沧源县等地。其中，在信仰南传上座部佛教的民族中，傣族是主体民族，在中国南传上座部佛教文化圈的形成和发展过程中发挥了重要的作用。

第二节　中国南传佛教的信仰民族分布

云南是中国少数民族类别最多的一个省。除汉族以外，5000人以上的少数民族云南省有25个。据2000年第五次全国人口普查，云南省少数民族人口有1433万人，约占全省总人口数的1/3。其中，人口在100万以上的有彝、白、哈尼、傣、壮、苗等6个民族，人口在10万以上100万以下的有傈僳族、回族、拉祜族、佤族、纳西族、瑶族、景颇族、藏族等8个民族。

云南省有117个县和县级市，其中有27个县市分别与缅甸、老挝和越南直接接壤，并邻近泰国。在长达4060公里的国境线两侧分别居住着壮族、傣族、苗族、瑶族、彝族、景颇族、布依族、哈尼族、傈僳族、拉祜族、阿昌族、独龙族、怒族、佤族、布朗族、德昂族等16个跨界民族。在这些跨界而居的民族中，跨居中、越、老、缅四国的有苗族、瑶族、哈尼族、拉祜族；跨居中、越、老三国的有傣族、彝族；跨居中、越两国的有壮族、布依族；跨居中、老两国的有布朗族；跨居中、缅两国的有傈僳族、景颇族、阿昌族、怒族、独龙族、佤族、德昂族。这些跨界民族分布居住在云南省文山壮族苗族自治州、红河哈尼族彝族自治州、西双版纳傣族自治州、怒江傈僳族自治州、德宏傣族景颇族自治州、保山市、普洱市、临沧市8个州市，与缅甸北部的掸邦、克钦两个邦接壤，与越南西北部的河江、老街、莱州、山罗、宣光、安沛、永富7个省接壤，与老挝北部的丰沙里、南塔、波乔、乌多姆塞、琅勃拉邦、华潘、川圹、沙耶武里8个省接壤的国境线两侧。这种民族的同一性是云南与周边国家共同的民族现象。这种复杂的交错跨居的民族分布构成了中国西南边疆特有的地缘政治和跨境民族问题。[1]

考察云南民族文化（包括跨境民族文化）的发展，不难发现其文化内在的传承性和共同性让这些民族相互学习、相互交流，在文化和经济等

---

[1] 赵廷光、刘达成：《云南跨境民族研究》，云南民族出版社1998年版，第14页。

方面共通有无，他们共同构成了同一族源文化体系。例如，傣族与东南亚地区同一族源的泰族、掸族、老族之间经常进行民族族群文化交流，人们将这一明显具有"亲缘关系"的族群文化统称之为"傣泰"民族文化。应该说，正是云南拥有这样的跨境民族，尤其是"亲缘民族"[①]的族群，才使得在历史的长河中，它们与东南亚民族之间相互的交往更为便捷。[②]

此外，在云南信仰南传上座部佛教的民族中，傣族是主体民族，在中国南传上座部佛教文化圈的形成和发展过程中发挥了重要的作用。而就佛教文化的传播而言，正是其与境外傣泰民族具有明显的"亲缘关系"，因此，佛教才得以藉其民族文化交流的平台而进入云南。因此，本书拟重点讨论傣泰民族。

一　云南省境内傣族的分布

傣泰民族是分布于中国西南部云南省以及东南亚、南亚的一个较大的族群。除了分布于中国云南省外，主要分布于泰国、缅甸、越南、老挝、印度等国。傣泰民族在中国属于跨境民族。与此同时，在泰国、缅甸、老挝，泰人也跨境而居。因此，傣泰民族不仅仅是一个分布较广的民族，而且也是一个分布在很多国家、彼此之间有着共同民族渊源的跨境民族。

在云南境内的傣族有四个主要支系，其中西双版纳的傣族和德宏的傣族都先后产生过影响很大的政权。

在西双版纳境内，在很长一段时间内，若干傣族部落各自占据一定的地域生活，但彼此之间没有统辖关系。这一局面直到1180年才得以改变。根据傣族文献《泐史》记载，在1180年，傣族部落首领叭真在西双版纳地区建立了"景龙金殿国"（也有人称之为"泐国"），建立了世袭政权。这是西双版纳地区第一个统一的部落联盟。对于这段历史，《泐史》是这样记载的：

　　叭真于祖腊历五四二年（宋淳熙七年，1180）入主勐泐。其父

[①] 关于"亲缘民族"一词的争论问题，请参考方铁《云南跨境民族的分布、来源及其特点》，《广西民族大学学报》（哲学社会科学版）2007年9月第29卷第5期。笔者同意这一观点。

[②] 笔者注：当然，我们同时也要意识到，云南跨境民族与东南亚民族之间的交往并不是中国与东南亚国家交往的唯一方式，因为我们诸多史籍记载了在历史的长河中，中国早已开始了与东南亚国家的友好往来。

给与仪仗武器服饰多件,诏陇法名菩提衍者,则制发一虎头金印,命为一方之主,遂登大宝,称景龙金殿国至尊佛主。五五二年(绍熙元年,1190)建都于景兰。叭真战胜此方各地之后,兰那、猛交、猛老皆受统治。时天朝皇帝为共主,有猛交酋名那刺毗朗玛,景龙酋名蒙猛,兰那酋名提逻阇者,以及刺陇、金占、啃崖,埭腊、珐南、崆峒等名酋长,俱会商劝进,举行滴水礼,推叭真为大首领。①

虽然这段史料记载还有进一步剖析的必要,但它却叙述了一个傣族部落联盟成立的历史。应该说叭真只是傣族部落联盟的首领,他建立的景龙金殿国只是征服或联合了境内各部落而组成的一个傣族部落联盟,但这一部落联盟并没有取消境内各个部落内部原有的组织结构。在其于1180年建立景龙金殿国后的10年后,叭真战胜此方各地,兰那地区、猛交、猛老皆受其统治。叭真后来分别让自己的儿子去治理兰那、猛交、猛老等地。其中兰那即泰国北部清迈王国,猛交即越南北部的傣族部落,猛老即老挝北部的老族部落,崆峒即明代称为孟艮的地区,今缅甸景栋一带。根据《泐史》记载,该国在最盛大时有人口844万,白象9000头,白马97000匹,足见国势之强。这统一的政权有利于内部各邦以及同东南亚各个民族之间的文化交往和相互融合。

至于德宏地区的强大的勐卯王国即麓川政权,在傣族文献和汉文历史文献中均有详细的记载。所谓麓川即今云南省德宏傣族景颇族自治州的瑞丽、陇川、遮放及瑞丽江南岸一带。在公元10世纪前后,云南西部出现了一个由木邦、孟养、勐卯和勐底四大掸族傣族部落组成的一个的强大的部落联盟,在这个部落联盟中勐卯部族就是麓川。在中国元朝初年,建立金齿六路时,把勐卯建为麓川路,所以勐卯又被称为麓川。

在傣族文献《勐卯思氏谱牒》中叙述了麓川政权的传位世系,言其1256年(南宋宝祐四年)芳罕为第一任统治者开始统治。后来麓川政权不断地发展扩大,随着这一区域经济的发展,麓川政权不断地发动大规模的兼并战争,疆域不断扩大。明朝李思聪《百夷训》中曾经叙述过麓川的领地,"百夷即麓川平缅也,地在云南之西南,东接景东府,东南接车里,南至八百媳妇国,西南至缅国,西至嘎里,西北连西天古刺,北接西

---

① 《泐史》,转引自江应樑《傣族史》,四川民族出版社1984年版,第117页。

番，东北接永昌。"可以说当时云南境内的傣族分布区域除了车里（即西双版纳）、元江、景东外，几乎完全被麓川政权所兼并。后来随着麓川思可法势力扩大到伊洛瓦底江流域以及滇西南地区，很多傣族也随之南迁或东进。根据傣族文献《思氏牒谱》记载："傣历720年（1340），思可法即位为王。又八年，名声很大，临近景东、景谷、景老、仰光、车里等地都相率纳贡。"[①] 麓川政权虽然表面上接受中央政府的统治，但其不断地扩张自己的势力，最终导致在明朝时期，明朝政府三征麓川政权，并在正统九年（1444）革麓川宣慰司，以原麓川所属之陇把地建陇川宣抚司，授夷目恭项为陇川宣抚。同时，在经历了长期艰苦的战争之后，明朝政府最终消灭了麓川政权，将麓川政权的最后统治者思氏赶到孟养一带。曾经辉煌一时的麓川政权在明朝政府的进攻下最终崩溃了，四处溃逃，后来虽然思氏后裔多次来朝贡，但朝廷拒绝不纳，致使孟养地区长期陷入纷乱之中，最终沦为异域。因此，这一区域的傣族也就成为跨境民族，虽然有国家政治地理疆域的隔离，但其内在的天然族源联系却使民间仍然来往密切。

二　云南境外的傣泰族群

国际泰学界所说的泰语民族（Tai-speaking Peoples）是更大的壮侗语族群中的一个分支。随着研究的深入，越来越多的证据表明，泰语民族的发祥地在今天的广西、云南和越南交界一带地区，其先民是后来辗转迁徙到他们今天居住的这一带地区并形成今天分布在中国云南和东南亚的傣、泰、老、掸诸民族的。[②]

泰语民族的先民在向中国云南西南边地和中南半岛迁徙的过程中，逐渐分化，并在分化的过程中，不断与当地其他民族融合，逐渐形成了一些新的支系，最终形成了我们今天见到的这些虽然关系密切却又有差别的新的民族。泰族先民进入今天泰国北部地区的时间大概是从公元8世纪或更早一点的时候才开始的。进入泰北的这些泰人后来被他们的邻居称为

[①] 转引自中国社科院民族研究所云南少数民族社会历史调查组编《傣族简史简志合编》。
[②] 范宏贵：《壮、傣、老、泰族的渊源研究》，《广西民族学院学报》2002年第3期；何平《泰语民族的迁徙与现代傣、老、泰、掸诸民族的形成》，《广西民族研究》2005年第2期（总第80期）。

"（泰）阮人"（Yuan）或"（泰）允人"（Yun）或"（泰）庸人"（Yon），传说中的"庸那迦"（巴利文拼写为 Yonaka，泰文拼写为 Yonok）即是从这个名称来的。最初，泰阮人居住在今天的缅老泰三国交界一带地区乃至更北边的一些地区。①

泰阮人历史上最有名的国王就是孟莱王。孟莱于 20 岁时（1259 年）在清盛继承父位为王。当时，孟人的势力已经衰落，高棉人的势力也迅速退却，因此，孟莱王的势力得以向南边发展，并于 1292 年一度占领了孟人城市南奔。

最初进入泰北地区的泰阮人没有自己的文字，也不信佛教。在与孟人接触之后，泰阮人才从孟人那里接受了他们的宗教和文化，并加以改造，从而创造出了自己的文字和形成了自己的文化。与孟人文化接触后，泰阮人开始使用两种字母来书写：一种为世俗体，即采用孟文字母来拼写泰阮人的方言；另外一种叫做"达摩"（Dhamma）字母，泰阮人用泰话发音为"檀"（Tham），主要用于佛教经文的抄写。

据泰国北部的编年史记载，1296 年，孟莱王又建立了一座新城，即清迈（清迈的意思就是"新城"）。1327 年，孟莱王的孙子昭三听又在孟莱王原来即位的地方清盛再建了一座城市，即是今天见到的清盛。以后，清迈逐渐发展成了泰北的政治、经济和文化中心，泰北各地泰人的小勐如难、帕等均归附了清迈。泰北由此被称为了"兰那王国"或"兰那泰"。② 1400 年至 1525 年期间是兰那王国的黄金时期。这一时期，兰那泰阮人的文化对周边地区产生了很大的影响。以今天老挝的朗勃拉邦为中心的南掌王国（澜沧王国）、缅甸景栋的泰坤人（又译为泰艮人），云南西双版纳的傣泐人，都采用了兰那泰的泰阮人的"达摩"（Dhamma）或"檀"（Tham，泰文对"达摩"的异写）字母，此后，泰国北部、老挝西北部、缅甸掸邦东北部一部分地区和中国云南西南部的西双版纳傣族地区便形成了一种相通的、一直延续到今天的"达摩字母文化"。泰庸人的一支后来还进入了今天缅甸东北部的景栋一带地区，与当地民族融合后形成

---

① 何平：《泰语民族的迁徙与现代傣、老、泰、掸诸民族的形成》，《广西民族研究》2005 年第 2 期（总第 80 期）。

② "八百媳妇国"、"八百大甸"是中国对孟莱王所建立的国家之称呼，而他们自己则称之为"清迈国"。在 13、14 世纪时，"八百媳妇国"的正式名称是"清迈国"。至于被称为"兰那国"则应该是在明朝。详参段立生《泰国文化艺术史》，商务印书馆 2005 年版，第 159 页。

了今天缅甸东北地区的掸族的主体。①

　　1292年，中国元朝征服了车里（即西双版纳地区），置车里军民总管府，正式将西双版纳纳入到元朝的统治领域之中。之后，元朝改变其对八百媳妇国进行武力征讨的策略，改而为外交接触，"遣使招徕，置八百大甸军民宣慰司"。从此，八百媳妇国臣服元朝。但是，在孟莱王统治时期，八百媳妇国虽然名义上臣服元朝，但却时常联合车里来作乱。根据《招捕总录》车里条记载："大德二年（1298年）三月，小车里结八百媳妇为乱，经时不下，遣史奉诏，招之不听。""至大四年（1311），云南省上言八百媳妇、大小车作乱。"元朝多次派出军队征讨都未见显著成效。《新元史》的《八百媳妇传》记录："仁宗皇庆初（1312）八百媳妇再寇边，帝降诏招抚之，始献驯象、白象，继遣其继子昭三听来朝。"这里所说的昭三听就是孟莱王之孙。孟莱王于1317年逝世，由其子浑乞滥继位（1317—1327年在位）。浑乞滥原来统治昌莱，并在那里接待过元朝使节。他主张与元朝修好，遂派其子昭三听访问中国。1327年昭三听继位为王，于次年重修昌盛城，然后把首都迁往昌盛城。此后，八百媳妇国与中国元朝、明朝一直维持着正常的外交往来。直至明朝嘉靖年间（1522—1566年）为缅甸兼并。曼谷王朝初期，清迈国正式被划入泰国版图。②

　　值得注意的是，孟莱王等历代国王除了积极进行国力建设之外，还努力建立与其他国家的姻亲关系。因为"在那个时期，国家的强大并不表现在疆域的辽阔上，而是表现在一国国王是否德高望重以及和其他国家的亲戚关系如何。亲戚关系促成了各国之间在战争时期的互助关系。亲戚多了，其威力自然较他人为强。例如，孟莱王颂扬坤兰甘亨国王的国威隆盛，实是因为他和吴哥、洛坤和阿约他耶邦各国都有亲戚关系的缘故。"③正是在这样的建设和发展策略下，八百媳妇国（或者说是兰那泰）逐渐发展成为泰国北部直接与中国云南接壤地带较为强大的国家，这为东南亚南传上座部佛教从泰国兰那传入中国云南打下了厚实的基础，使之成为强有力的保障。

---

　　① 何平：《泰语民族的迁徙与现代傣、老、泰、掸诸民族的形成》，《广西民族研究》2005年第2期（总第80期）。

　　② 段立生：《泰国文化艺术史》，商务印书馆2005年版，第161页。

　　③ 室萨·旺里颇隆：《华富里的泰东北》，《泰国星暹日报》1997年号，转引自泰国黎道纲《泰国古代史地丛考》，中华书局2000年版，第221页。

此外，在泰人的先民迁徙的过程中，另外还有一些支系进入了湄南河流域，一些人与当地的孟人和高棉人统治集团成员通婚融合，逐渐形成了一个新的族群——泰暹人或暹泰人。泰国学者黎道纲先生认为："湄南河流域的各个王系，由于文化相同，彼此通婚联合，逐渐形成一个单一民族，这个民族就是高棉人、占婆人和周边国家人们口里的 Syam 人。所谓 Syam 人……也就是今日泰国境内的暹泰民族。"暹泰人或者叫泰暹人大概在 13 世纪 40 年代控制了素可泰城，但直到兰甘亨于 1279 年左右继承其兄为王之后，素可泰才真正成为一个暹泰族的政治中心。当时，素可泰通过扩张兼并了周边许多高棉人的城邦和已经居住在当地的泰人的小勐，形成了一个规模较大的泰人国家。在兰甘亨统治时期，素可泰成为了一个富裕而强大的中心，国王兰甘亨是一位虔诚的佛教徒，大力弘扬南传上座部佛教，使南传上座部佛教取代了早期的原始宗教而成为国教。在著名的兰甘亨碑铭中，兰甘亨向世人炫耀他的王国如何如何的富足，"水里有鱼，田里有稻"，人民可以自由地往来和做生意，王国的赋税很轻，国王执法严明公正。碑铭还说，向素可泰表示归顺的有来自朗勃拉邦、南乌河以及湄公河两岸的老族人。还有记载说万象和勐骚也在归顺素可泰的泰老民族的小邦的行列。①

值得注意的是，与兰那王国一样，素可泰王朝历代国王除了积极进行国力建设之外，还努力建立与其他国家的姻亲关系。例如，史料显示，素可泰王朝就与兰那泰有过姻亲关系，因为约在 1400—1406 年间，素可泰王朝就因兰那国势力南伸，改由立泰王的兰那妃子所生之子赛吕泰为王。② 同样的道理，正是在这样的建设和发展策略下，素可泰国（或者说是兰那泰）逐渐发展成为泰国北部较为强大的国家。这也为东南亚南传上座部佛教从泰国兰那传入中国云南打下了厚实的基础，使之成为强有力的主体保障。

1351 年，另外一支暹泰人的统治者拉玛提婆迪以阿瑜陀耶为中心，建立了阿瑜陀耶王朝，阿瑜陀耶取代了早期的暹泰王国素可泰以后，控制了今天泰国中部最富庶的地区。此后，暹泰人势力日益壮大，逐渐发展成

---

① 何平：《泰语民族的迁徙与现代傣、老、泰、掸诸民族的形成》，《广西民族研究》2005 年第 2 期（总第 80 期）。

② ［泰国］黎道纲：《泰国古代史地丛考》，中华书局 2000 年版，第 222 页。

了今天泰国的主体民族。向西迁徙到今天云南西部和缅甸北部一带的另外一些泰人支系，逐渐形成了泰语民族中的大泰这一支系。据大泰人的史籍记载，他们早在6世纪甚至更早就在瑞丽江流域建立了国家。但是，直到13世纪时，以勐卯为中心的大泰民族的势力才真正崛起建立了强大的勐卯王国即麓川政权。明代"三征麓川"以后，大泰地区归属中国中央王朝。后来，缅甸东吁王朝崛起，四处扩张，控制了一部分大泰人地区，这一部分地区的大泰人也就成为今天缅甸北部地区的掸族的主体。[①] 这样的民族格局为将来东南亚南传上座部佛教传入中国云南提供了强有力的主体保障。

---

① 何平：《泰语民族的迁徙与现代傣、老、泰、掸诸民族的形成》，《广西民族研究》2005年第2期（总第80期）。

第 二 章

中国南传佛教的传播及发展

云南是宗教研究的立体博物馆，在其长期发展的历史进程中，云南宗教形成了多元融合的宗教格局。值得注意的是，任何一种宗教现象的出现并不是偶然的。云南宗教多元格局并不是一蹴而就的，而是在历史发展的长河中，多民族文化融合、传播、相互影响的结果。因此，要了解中国南传佛教的传播及其特点，首先要对云南与东南亚国家宗教传播有一详细了解，这是深入研究中国南传佛教传播情况的前提。

第一节 云南宗教传播及其发展

一 佛教传播及其特点[①]

云南佛教历史悠久，古老的南方"丝绸之路"、茶马古道经云南而连接着印度、东南亚和内地，较早就将印度佛教和东南亚佛教介绍到云南，因此云南佛教三大语系俱全，有流行于洱海、滇池地区的汉传佛教、流行于滇西北的藏传佛教，流行于滇西、滇西南地区的南传上座部佛教，另外还有盛行于洱海、滇池地区的云南阿吒力派。云南佛教以其历史源远流长、显密兼备、佛教语系齐全、加之形成了独具特色的本土化佛教而在世界佛教体系中占有重要地位。

（一）云南大理地区的阿吒力教

阿吒力教是古代云南佛教的主体，它是天竺佛教尤其是印度教传入云南后，吸收本地区巫教形成的地方佛教派别，具有鲜明的密教色彩，故又

[①] 关于中国南传佛教的传播情况详见下，在此不再讨论。

称之为"滇密"①。在 7 世纪到 8 世纪上半叶,"南诏完成了云南社会的重大变革,在经济上实现了从奴隶制到封建制的过渡,政治上取得了全云南的统一,宗教上形成了以突出观音,密教、巫教兼容的阿吒力佛教。阿吒力教本来是以巍山为中心的南诏地方佛教,当南诏统一云南后,又成为云南的佛教。唐朝时期开元二十六年(738)南诏主皮罗阁正式被中央王朝册封为'云南王',这是南诏从此作为地方政权的重要标志,也是南诏佛教从此扩大为云南佛教的开始"。②到南诏末年,佛寺极盛,汉传佛教影响深远,"建大寺八百,谓之兰若;小寺三千,谓之伽蓝,遍于云南境中"(《百古通纪·蒙氏世家谱》)。在王室和大臣们的推动下,佛教得到了飞速发展。及至大理国时期,佛教宗风炽烈,梵呗沸天,"家无贫富,皆有佛堂,人不以老壮,手不释念珠。一岁之间,斋戒几半,绝不茹荤饮酒,至斋戒毕乃已。沿山寺宇极多,而礼佛游玩者弗绝"。③这一时期佛教密宗盛行,曼荼罗神坛日益完善,同时随着与内地佛教的密切交往,禅宗等汉传佛教也逐渐在大理国成为主要的宗教。这一时期佛教整体传播特点突出地表现为:其信仰关系的建立是自发的,没有形成任何等级制度,其佛教传播运动是自上而下,王室尊崇,大臣仿效,乃至于百姓也纷纷信仰,并深入民心。

(二)云南汉传佛教

元代的云南佛教自南诏、大理国之后出现了第三次隆盛时期并形成了独具特色的传播特点。

这一时期佛教传播运动的特点第一是由于政治版图的扩大、交通的便捷、文化的交流、宗教势力的扩张等原因使巴利语系佛教、梵语系佛教和藏语系佛教这三大语系佛教在云南得到迅速传播,奠定了云南佛教传播和分布的整体格局。

在元代,政治、地理版图的扩张促进了佛教的繁荣发展,云南与东南亚、云南与西藏、云南与内地佛教文化交往密切,1287 年,元军一度占领蒲甘,使缅甸俯首称臣,保持朝贡关系。同时在滇缅道上增设 15 处驿站,互通往来,这为缅甸蒲甘王朝以及后来的阿瓦王朝的南传上座部佛教

---

① 王海涛:《云南佛教史》,云南美术出版社 2001 年版,第 113 页。
② 同上。
③ 《纪古滇说集》,转引自王海涛《云南佛教史》,云南美术出版社 2001 年版,第 177 页。

传入云南提供了交通上的便利，极大地促进了南传上座部佛教在滇西和滇西南地区的发展；此外，滇西北藏传佛教在帝师八思巴统领全国佛教的情势下，有力地渗透到云南境内。元朝时期，原来大理国段氏政权一统云南的局面被打破，成为元朝中央政府下属的一个行省，传统的阿吒力教虽然依旧拥有广大的信众，但随着禅宗在城镇地区的迅速发展，它逐渐退往乡村等地；自元初的雄辩首倡讲宗以来，显教如潮水般涌入，其中尤其以禅宗的影响最大。云南盛行的主要是天目山一支的临济宗。自"奉为南诏第一祖"的玄鉴开始，招标、圆护、普通等高僧大德纷纷前往天目山参礼中峰，受法而归。临济宗入滇后，兴建寺院，蔚为大观，形成云南佛教史上禅宗极盛时期。自此内地佛教在云南大部分地区渐居佛教的主要地位，形成了以后佛教发展的格局。

元朝佛教传播运动的第二个特点是云南佛教传播运动出现了一个重要转折点：元朝政府加强了对地方佛教的管理，专门设置佛教都总统一职，由帝师八思巴选派僧人分至各省担任，协助行政长官管理各省佛教工作。形成从中央到地方统一进行管理的佛教管理体系，这一体系的建立使云南佛教传播运动被系统地纳入全国性的规范管理体系内，有效地保证了云南佛教的有序发展。明朝、清朝均沿袭了这一管理体系，并进一步对之进行了完善。

在随后的历史发展过程中，云南汉传佛教的传播特点是：佛教界积极革新，礼请全国著名长老来讲经说法，振兴云南佛教；居士活动活跃，成立大量居士团体，护持佛法，形成僧俗结社传教的局面，有力地促进了佛教传播运动。

民国初期，云南佛教活动也非常频繁，形成了较为繁荣发展的局面。1912年，"中华佛教总会"在上海留云寺成立，这一佛教组织的出现，在很大程度上剔除了传统佛教组织的封建性、宗法性和地方性。其后，云南佛教界推出著名的虚云法师为代表，联合佛教界各寺的长老住持，开始了佛教改良复兴运动，成立了"云南佛教会"，虚云法师任会长，尘空法师、莲洲法师任副会长，成为"中华佛教总会"的一个支部。1927年，昆明大居士王竹村（又名王九龄，曾任北京教育总长）请来上海常惺法师，并倡议成立了"云南四众佛教总会"，由其讲经说法。原"云南佛教会"归并该会，王竹村被推为会长，虚云法师、平光法师任副会长。在这一时期，云南全省大部分州、县纷纷仿效，先后成立了各地佛教会，管理当地佛教事务。民国以来，各种由僧侣、居士、信教群众自发组织的各种宗教社团相继出现，以"佛教改革"、"振兴佛教"为口号开展活动，形成了僧俗结社传教弘法的局面。

当代云南汉传佛教管理制度是对传统制度革新改造后形成的，它既废除了旧丛林僧职制度中的封建社会遗迹，同时又保留了其优良的传统，形成了符合时代进步要求的民主管理制度。寺庙一般以设有以住持为主的寺务管理委员会或管理小组，行使对寺庙重大活动或事务的讨论决定权。这一管理组织由当家、副当家和执事组成。各地寺庙管理委员会或管理小组均在当地佛教协会的领导之下开展工作。在大理等地，佛教协会直接管理寺院各项事务，如鸡足山佛教协会就设在祝圣寺，大理市佛教协会则设在观音塘寺。同时，居士们也积极开展各种活动，目前云南省汉族地区规模最大的群众性居士组织是"昆明市居士林"，它是1988年经昆明市人民政府宗教事务管理局和昆明市佛教协会批准成立的。居士林设有管理委员会，由昆明市佛教协会副会长简惠英居士担任主任。另外，在大理州，也有佛教协会领导下的居士组织"居士会"，积极组织信徒们开展活动。

（三）云南藏传佛教

云南藏传佛教主要流传在以迪庆藏族自治州为中心的滇西北地区，除藏族外，在迪庆藏族自治州南部的傈僳族、怒江傈僳族自治州北部的怒族、丽江地区的纳西族（含摩梭人）和普米族等少数民族地区也得到了一定程度的发展，并逐渐形成了本土化特色。从区域和民族来分，云南的藏传佛教大致可以分为三种类型：

一是以迪庆藏族自治州为中心，并及毗邻的西藏芒康等地，以藏族为主的藏传佛教。其教派有：格鲁派（黄教）、宁玛派（红教）、噶举派（白教）。此外，还有古老的本教残余"黑本"和"白本"以及演变了的迪庆藏族民间宗教"仓巴教"和"顿巴教"。

二是以云南丽江为中心，并及迪庆维西县、怒江贡山县等地，以纳西族为中心的藏传佛教。其教派主要是噶举派（白教），具体为塔布噶举系统中的噶哈噶举系（噶玛巴），分别为"黑帽系"和"红帽系"。噶哈噶举教派在丽江纳西族地区有悠久的传承史，对丽江纳西族的精神文化曾产生深刻而广泛的影响。

三是以云南宁蒗县永宁和四川省盐源县左所、前所（泸沽湖地区）为中心，以摩梭人和普米族为主的藏传佛教。其教派有格鲁派、萨迦派

（花教）、噶举派，其中以格鲁派、萨迦派为主。萨迦派现今在其他藏区已较少，但在泸沽湖地区的摩梭人和普米族中却有一定的影响和规模。此外，当地摩梭人和普米族中尚有少量本教残余，当地称之为"黑教"。

上述三种类型的藏传佛教传承时间不同，彼此的规模声势也有悬殊，对当地信教群众的社会生活和精神文化的影响也是不相同的。简而言之，上述三种类型的藏传佛教在当地的传承情况大致经历了四个较大的传播阶段：第一阶段是吐蕃时代，前弘期佛教及本教伴随着吐蕃与南诏政治、军事、经济的关系而传入；第二阶段是宋元时代，特别是元朝，随着元朝统一大理，管理整个藏区，扶持萨迦派在云南纳西族摩梭人和普米族地区发展；第三阶段是明朝时期，明朝丽江纳西族木氏土司与噶举派的噶玛巴系活佛关系密切，因而噶玛巴派在丽江纳西族地区盛行；第四阶段是清代，由于蒙古和硕特部及五世达赖对整个藏区的经营以及清皇朝扶持格鲁派以安蒙古的政策等原因，而使格鲁派在滇川边境的藏族、纳西族和普米族地区兴盛，并传承到现在。① 值得注意的是，藏传佛教在云南的传播特点也是佛教与当地统治势力的关系十分密切，各派的传播深受当地政治势力的影响。

二 伊斯兰教传播及其特点

伊斯兰教约于13世纪传入云南。1254年，忽必烈率领10万蒙回军队攻灭大理国后，大批蒙回军队留下来戍守云南，将回族信仰的伊斯兰教信仰带进了云南。明代，又有大批回回军士、回回商人和回回移民进入云南，云南成为回族的一个主要聚居区。这个时期，在云南，回回聚族而居，在每一个乡村和城镇街道都建有清真寺，回族穆斯林的人数和分布地也不断扩大，伊斯兰教在云南得到了广泛的传播。因此，云南的伊斯兰教传播具有移民信仰的特征。

清代是云南伊斯兰教发展和成熟的阶段，并逐渐形成了自己的本土化特色，伊斯兰教义和儒家思想相结合，形成了独具特色的云南伊斯兰教理论体系。在经堂教育方面，云南伊斯兰教提出"中阿并授"，即同时用中文和阿拉伯文授课，主张博而精，逐渐形成了经堂教育的"云南学派"

---

① 杨学政主编：《云南宗教史》，云南人民出版社1999年版，第244页。

特色，使云南成为中国伊斯兰教经堂教育的三大中心之一，在全国范围内都有影响。近现代，云南培养出一批中文、阿拉伯文兼通的学者，云南伊斯兰教学者人才辈出，经书两通者不断涌现，如马坚、马注、马德新、马联元等都是全国著名的学者，他们为中阿文化的相互交流及云南伊斯兰教的发展做出了巨大贡献。

在清朝中叶以前，云南伊斯兰教基本上统一于传统的格底木教派，但后来随着在全国范围内伊斯兰教经堂教育和学术研究活动的兴起和发展，云南作为一个正逐渐形成的中心，为新的教派在云南的传播发展奠定了文化基础，清朝中叶以后，格底林耶、虎非耶、哲合林耶、伊合瓦尼等教派传入云南。后来，格底林耶、虎非耶等派别逐渐消失，而哲合林耶、伊合瓦尼则传承到现在，现今云南伊斯兰教教派就主要以哲合林耶、伊合瓦尼以及格底木三大教派为主。

值得注意的是，在长期的发展过程中，伊斯兰教深深地渗透到云南回族社会生活和精神生活的各个方面，成为云南回族的共同宗教信仰；同时，云南的回族经历了历代的迁徙之后，在分布上呈现出大分散、小聚居的特点，几乎全省所有的县（市）都有回族村寨的存在。与此相适应，伊斯兰教也逐渐形成大分散、小聚居的分布特点。

居住在少数民族地区的回族，虽然长期处于其他民族文化的影响下，在语言、民居、服饰、婚姻制度方面都发生了不同程度的同化现象，但这种同化都是表层的，那些以伊斯兰教信仰为内核的深层文化从来不曾改变，因此形成了云南穆斯林的基本特征。

三　道教传播及其特点

道教传入云南很早，起初影响不大。唐代，传入云南的道教与云南的彝族的巫教相结合，以大理巍山为中心很快发展起来。道教对滇西各民族影响很大。明清两代是云南道教发展的鼎盛时期。白族的本主崇拜、纳西族等的洞经会都与道教有亲缘关系。

云南道教主要分布在昆明、保山、临沧、大理、玉溪、曲靖、昭通等地，主要为汉族群众信仰，彝族、白族、壮族、瑶族等少数民族也有部分群众信仰。

云南道教传播的第一个特点是地方政权的推崇。唐宋期间，南诏、大理国统治政权受到四川、内地等道教文化的影响，也十分推崇道教。道教成为南诏王室用以沟通、加强与中原朝廷政治关系的重要媒介①。公元794年唐朝政府与南诏国异牟寻会盟的誓文中，"上请天、地、水三官，五岳四渎及管川谷诸神灵同请降临，永为证据"。由此可知道教在南诏与唐朝政府盟誓活动中的重要地位②。在大理国建国初期，道士董迦罗还起到了很大的作用，因此被封为国师③。因此，大理国对佛教徒和道教徒都实行开科取士，"定制以僧、道读儒书者应举"。但道教的地位要比佛教低，故甚至有学者认为，南诏、大理国统治者对道教的抬举在很大程度上是为了迎合中原朝廷的崇道心理，企图以此来求得中原统治者的庇护。④

云南道教传播的第二个特点是民间道士活动活跃，极大地推动了道教的发展。南诏、大理国时期有很多著名道士频繁往来于大理、楚雄、昆明等地，有的是从外地云游至滇的游方道士，如著名的"广成先生杜光庭"，"青城人，寓滇，以文章教蒙氏⑤"等，更多的是云南本地的好道求仙者，如"冲举仙"、董迦罗、王左梨等，这些民间道士的活动使得云南一些地区的民俗也逐渐染上了浓厚的道教色彩。这一时期的道教活动非常活跃，甚至从云南传入了东南亚一些国家，如当时的真腊国等。

云南道教传播的第三个特点是移民运动大大促进了道教的发展。有明一代，中原政府为了加强对云南边疆的垦殖，迁移大批内地汉族到云南，令云南境内的汉族人口剧增。据历史学家方国瑜先生统计，"万历初年云南军、民户之总数为四十七万一千零四十八，其中军户占百分之七十强，民户占百分之三十弱。《滇略》为云南人户'土著者少，寄籍者多'"。⑥明朝开始的移民运动大大改变了云南居民的族属成分，使得汉族人口大大地超过了原来云南土著居民的人口数量，在很大程度上促进了云南社会、经济和文化的发展。来自各地的汉族人民落籍云南后，多在云南各地兴建神祠以供其原来信奉的道教神灵，道教宫观神灵开始大量出现在云南境内

---

① 郭武：《道教与云南文化——道教在云南的传播、演变及影响》，云南大学出版社2000年版，第109页。

② 同上书，第107页。

③ 尤中：《白古通纪浅述校注》，云南人民出版社1998年版，第98页。

④ 郭武：《道教与云南文化——道教在云南的传播、演变及影响》，云南大学出版社2000年版，第112页。

⑤ 康熙：《大理府志》，民国29年重印本。

⑥ 方国瑜：《中国西南历史地理考释》，中华书局1987年版，第1135页。

各地，全真道在此期间得到了迅速发展，道教从此在云南广泛传播开来。

四 基督教传播及其特点

根据有关史料记载，最早进入云南的基督教传教士是内地会的英国传教士麦嘉底（John M'Carthy）。在他之前，内地会曾有两个传教士即索尔陶（Soltau）和史蒂文森（Stevensen）拟从缅甸进入云南传教，但英国政府鉴于英国副领事马嘉理（A. Margary）在滇西被杀一事（即"马嘉理事件"），便让索尔陶和史蒂文森留守缅甸的八莫，并禁止英国传教士由缅甸入滇。1880年，英国政府取消禁令。次年，基督教内地会传教士乔治·克拉克（George Clarke）夫妇率先在大理开设教会，成为基督教在云南传播的先导。约1883年，基督教开始传至昭通地区。1892年，开始传入昆明地区。此后，基督教各派及团体和自传道者相继入滇，并逐渐形成各自的传播范围和组织、势力。据统计，至1954年，云南全省基督教堂发展到900多所，教徒1.2万人，至1986年，全省教徒约达22万人。

云南基督教派除了内地会外，还有神召会、基督会也是影响较大的派别。其中神召会是基督教"五旬节派"（会）教会之一。中国神召会最高传教机构（总会）设在上海。云南神召会，又各设有昆明、路南和维西分会，分别负责云南的传教活动。神召会在云南名义上有统一的传教机构，但由于各教会分别属于不同国家的教会，因此相互间有一定的独立性，所以又有美国神召会、丹麦神召会、瑞典神召会、芬兰神召会之分。美国神召会于1922年传入云南。民国三十七年（1948）美国神召会牧师贝光临在昆明龙井街建立神召会并创办灵光圣经学校，培养道传员。丹麦、瑞典、芬兰神召会在云南都有传播。神召会在云南传播的地区主要有元阳、蒙自、石屏、建水、镇沅、凤庆、腾冲、梁河、兰坪、福贡、贡山等地。

基督会也称"坎伯尔派教会"。基督教新教派别之一。1886年传入中国后定名为"基督会"。云南的基督会分为滇藏基督教会和滇华基督教会。滇藏基督教会由曾在四川巴塘地区传教，以后到云南维西、贡山、福贡等地傈僳族中传播。

20世纪50年代以前，基督教在云南的宗教活动及传播特点表现在以下几个方面：

（一）利用云南与东南亚各国之间跨境民族天然的文化交流纽带为平台传播宗教

外国传教士依托于西方殖民势力向中国西部扩展的战略目标，来寻求西方国家的政治、经济支持，利用云南与东南亚各国之间跨境民族天然的文化交流纽带为平台，传播宗教，从而达到文化占领的目标。

19世纪末期，英国和法国等西方列强纷纷吞并了东南亚国家，在这些国家建立了自己的殖民统治，1862年英国吞并下缅甸，1873年法国攻占了越南河内，1885年英国占领缅甸北部八莫，至此缅甸全部沦为英国殖民地。20世纪以后，西方殖民国家侵华的战略目标逐步西移，云南作为沟通东南亚国家和中国中、东部地区的战略地位突显，因此，西方国家开始把注意力转向于云南。1887年法国政府与清政府签订中法《续议界务商务专约》，取得了云南蒙自、蛮耗、河口、思茅为通商口岸；1894年，英国政府与清政府签订《滇缅界务商务条款》，滇缅边界正式开放通商；英、法等国在东南亚和云南的殖民势力的扩展为西方传教士进入云南打开了方便之门，教会势力借机在此进行传教运动。在缅甸北部边远的少数民族地区逐渐打开传教局面后，缅甸教会在缅甸靠近云南一带建立了密支那、八莫、腊戌、莱凉、景栋5个传教基地，通过滇缅边境跨境民族文化相互交流、相互影响的特点开展传教活动。

云南西部跨境民族文化交流的平台成为外国传教士传播基督教的跳板，在滇西景颇族地区，还有同一民族的缅甸传教士入境传教；在滇西北从1913年开始，缅甸内地会和浸礼会向怒江流域的傈僳族、怒族地区传教，此后，神召会、滇藏基督教会也先后在此传教，共建教堂百余所，发展教徒数万人；在滇西景颇族地区，1907年缅甸浸礼会传入瑞丽，并逐渐发展到陇川、盈江、潞西各县的景颇族地区，建设教堂和教会学校数十所，发展教徒数千人；又如云南的浸礼宗教会都是从缅甸传入，分为浸礼会和浸信会两派，其中浸礼会主要分布在滇西景颇族地区，浸信会主要分布在滇西南拉祜族、佤族地区。从1900年开始，缅甸浸信会就开始向这一地区传教。浸礼会在1907年从缅甸传入，先后在瑞丽、陇川、盈江等县建立了教会组织，1950年前后，缅甸八莫总会确立陇川县拱山教会为其下属的六个分会之一。经过长期发展，云南基督教传播发展迅速。

(二）适时调整传播战略，将传播重点从内地转向边疆少数民族地区

云南基督教与其他省份的基督教运动不同，在 20 世纪初期，基督教进入云南后虽然有一些发展，但阻力甚大，基督教适时调整传播战略，将传播重点从内地转向边疆少数民族地区，尤其以偏远的少数民族地区为主进行宗教传播。在此战略指导下，基督教在云南少数民族地区的活动获得了很大的发展。例如在滇西北傈僳族和怒族地区，1920 年后，以内地会为主的各教会逐渐以保山、腾冲等外缘地区深入到傈僳族和怒族地区，在怒江大峡谷地带获得了迅速发展。1930 年左右，怒江地区内地会教会已经由零星传教形成统一传教，泸水县"麻栗坪基督教教会"成为怒江地区基督教活动的中心。截至 1950 年，以内地会为主的各教会在怒江地区建立了大小教堂及布道所 200 余座，信徒数万人，在当地影响极大。

在此传播战略指导下，云南基督教活动形成了与其传播路线、宗教活动特点密切相关的分布格局。云南基督教的分布集中于滇西与缅甸接壤的少数民族地区、滇中和滇东北金沙江中下游以及昆明、大理等经济发达地区，大致可以划分为滇东北苗族地区、滇北苗族、彝族地区、滇西北傈僳族、怒族地区，滇西景颇族地区，滇西南拉祜族、佤族地区以及滇南哈尼族地区。信仰民族主要有苗族、汉族、彝族、傈僳族、景颇族、白族、怒族等民族。此外，部分哈尼族、佤族、拉祜族等民族亦有人信仰，其中少数民族信教群众占 90% 以上。

（三）教会组织机构由区域性组织转为地方性组织，传教运动制度化、网络化发展

早期云南基督教各教会的传播活动大多以区域性组织为主，例如内地会 1903 年在昆明建立"总会计处"为最高组织机构，下设两个区域性的传教机构，即滇西传教区和滇北传教区，分布负责云南西部和北部地区的传教活动。后来随着基督教运动的日渐发展，教会的活动的组织机构逐渐由区域性组织转为地方性组织，加强了教会组织建设，传教运动网络化发展。如内地会滇北传教区，在教会发展很快的情况下，在 1923 年改组成立了"基督教内地会滇北六祖联合会"，并根据当地教会的民族分布情况，设立了下属六个总堂，总堂之下又设分堂，分堂之下又设支堂，由此形成了网络，有效地推动了传教运动。受其影响，在 1950 年前后，临近的元谋县境内的原属于滇中伯特利教会的 24 个教堂也改宗归属滇北六族联合会，成为其下的汉族教会。至此，滇北六族联合会形成了拥有 7 个总

堂，50余个分堂，约200个支堂、信徒数万人①的庞大网络体系，传教运动呈现出制度化、网络化发展特点。

除了内地会外，云南基督教的其他教会也日益完善其组织机构。如循道公会（1907年以前为有美会，后为圣道公会，1931年改为循道公会）1912年设立西南教区（教区办事处设在昭通），组建"共和年会"，下设四部三科来管理教会事务。四部分为苗疆部（负责以贵州威宁县石门坎为中心的苗族地区的宗教活动）、昭通部（负责昭通地区教会活动）、东川部（负责以会泽为中心的教会活动）、东粟部（负责贵州威宁县四方井为中心的彝族地区的教会活动）；三科即理学科、宣传科、医务科。1931年圣道公会改组为循道公会后，西南教区以共和年会及各部、科为主的教会组织机构逐渐由分教区和联区所取代。教区之下以原共和年会下属的五部为基础，设五个分教区，即石川分教区（原苗疆部）、昭通分教区、井宁分教区（原东粟部）和昆明分教区。分教区之下又设联区，至1950年，在川、滇、黔三省共设立了16联区116个堂区（教堂）②。云南基督教的教会组织机构由区域性组织转为地方性组织，使传教运动制度化、网络化发展，收效甚大。

（四）加强教会组织之间的联盟，划分各自传教范围，以"集团"联盟的方式传教

基督教在云南传播的一个显著特点是：在20世界20年代以后，各基督教会之间加强了教会组织之间的联盟，协商划分各自传教范围，以"集团"联盟的方式在云南有序传教。这既遏制了其他基督教派的进入，同时也避免了各自零散传教的混乱局面，这使基督教的传教力量剧增。

1918年8月，中国基督教的各教会负责人在庐山会晤，专门就云南的传教问题进行磋商，决定从圣公会、长老会、美以美会和中华续行委员会抽调得力干将，联合组成中华国内布道会，首选云南为对象，派团进入云南各地进行考察，并于1920年设立了云南差会，专事向云南派遣传教士进行传教活动，并在滇中和滇南地区建立了教会。

1921年，在昆明的内地会、圣道公会、圣公会、五旬节会以及青年联合会共同联合起来组成了"昆明基督教联合会"，基本垄断了基督教在

---

① 杨学政主编：《云南宗教史》，云南人民出版社1999年版，第482页。
② 刘鼎寅：《基督教在昭通地区苗族中的早期传播》，《云南宗教研究》1991年第2期。

云南的传教活动。该会规定:"凡不属于联合会成员的教会不得随便在昆明建堂传教。"同时还在各成员教会之间划分了传教范围:滇西及滇中地区为内地会传教范围;滇东各县为圣公会传教范围;滇越铁路沿线为五旬节会传教范围;昆明、大理、曲靖三地为圣公会传教范围;青年会的会员信教时,由其介绍给其他教会施洗,而各教会则由责任协助青年会征募会员和捐款。① 这次划分初步形成了五派分滇的格局。昆明基督教会的成立及五派分滇格局的形成确立了当时在云南主要以英国势力为主导的教会分布。后来由于抗日战争爆发,这一格局渐渐被打破,美国势力介入,取之以美国教会为主。很多英国势力为主导的教会也纷纷投靠美国,因此,美国势力为主的教会逐渐在云南占主导地位。

(五)创办文字,推广学校教育、社会慈善事业成为基督教传播的主要手段

教会在少数民族地区的传播过程中,积极创造少数民族文字,推广学校教育、社会慈善事业。在云南,先后出现由外国传教士创制并加以推广的苗文、景颇族文字、傈僳族文字、彝族文字、拉祜族文字、佤族文字、独龙族文字、傣族花腰傣文字等,这些文字的出现使基督教第一次有了借以在较大范围内以较大规模在少数民族中获得较快发展的手段,教会以此为契机,开办了许多教会学校和宗教培训班,利用文字强化人们的宗教意识和宗教感情②。此外,在传教活动中,传教士们经常开办医院和施药点,甚至随身携带常用药品,在传道的过程中,分发给缺医少药的信教群众。但其却对信徒和非信徒区别对待,使得很多人为了摆脱疾病折磨,不得不放弃了自己固有的宗教信仰而改信基督教③。可以说,传教士在少数民族地区的医药布道方式吸引大量的群众改信基督教。

(六)根据特殊情况,制定云南基督教的教规,努力适应当地民族文化,与之融合

基督教的外国传教士们常常根据特殊情况,制定云南基督教的戒律,努力适应当地民族文化,积极使基督教文化融入当地少数民族文化中。例

---

① 张现洲:《解放前后云南基督教状况及其变化》,《云南民族风俗和宗教调查》,云南民族出版社1985年版,第274页。
② 杨学政主编:《云南宗教史》,云南人民出版社1999年版,第492页。
③ 同上书,第494页。

如，马导民等西方传教士来到怒江傈僳族、怒族地区福贡县后，深入到少数民族居住的边远、贫困地区，采用传教、办学、行善、治病等多种传教手段，并结合当地实际情况，逐渐制定了十条教规①，在教徒中广泛宣传：

　　不邪淫不通奸；
　　不调戏妇女；
　　不撒谎，礼拜天要休息，做礼拜；
　　不做伪证；
　　不偷窃，不杀人；
　　不抽烟，不喝酒；
　　不准跳民族舞和唱山歌，不准讲述祖先的传说历史；
　　要接近传道员，并协助他们传教；
　　尊敬父母，遵守国法；
　　爱人如爱己，要互相帮助，不要嫉妒。

　　这十条教规的制定在一定程度上制止了当时存在于傈僳族社会中的不良习俗，对维护家庭和睦、民族团结、社会稳定起到了好的影响。因此，很多内容逐渐成为信徒们在社会中道德伦理的标准。② 此外，内地会、神召会和基督会三个派别均崇拜耶稣，认为耶稣是救世主。其教规、教义、节日、宗教仪式基本相同。所不同的是：神召会属于马导民的教区，该会教徒礼拜日可以杀牲，但不做农活；内地会属于杨思慧的教区，教徒礼拜日不可杀牲，不做农活；基督会属于莫尔斯的教区，教徒礼拜日不可杀牲，不做农活。

　　另外，在拉祜族地区，传教士也制定了拉祜族的十诫：听父母的话、不信鬼、一夫一妻制、不偷窃、不吸毒、不杀人、不饮酒、不嫖、不赌、服从基督教等内容。

　　基督教信仰改变过去少数民族地区杀生祭鬼的传统，避免了财力的浪

---

　　① 参见《福贡县志》，云南民族出版社1999年版，第473页。
　　② 当然，在此我们必须要看到，不准跳本民族舞蹈、唱山歌，不准讲述本民族历史，这对于民族的发展传承是极其不利的。

费。很多少数民族吸烟、喝酒、赌博成为风气，但传教士规定的新的"十诫"杜绝了这些坏习惯，减轻了经济负担，还有利于个人的身心健康；基督教信仰甚至还改变了少数民族历史上遗留下来的落后的婚姻关系，比如公房制度、转房制度、一夫多妻制等。

另外，在传教过程中外国传教士们还努力使基督教与少数民族文化融合，比如基督教在拉祜地区的传播过程中，形成了依托于厄莎信仰的基督教。拉祜族的至上神厄莎经过传教士们的精心打造，摇身变为基督教的上帝，传教士运用厄莎的至上性和权威性与拉祜的民族文化进行了一次成功融合①，又比如在福贡县有很多"基督先知"在信徒中拥有较高的地位，但他们有很多都是从本土宗教中的巫士转化而来的，这同样是一种功能上的延续，牧师和传道在某种程度上亦起到本土宗教的祭祀功能。再比如，苗族信徒把《圣经》所记载的事迹同他们古代传说联系起来，把基督教解释为他们祖先的宗教；景颇族最崇拜孔明，称"孔明为'五布底'（意为'礼教'）。信徒们认为耶稣是孔明的转世，信耶稣就是信孔明"。基督教与少数民族文化的融合使基督教成功地转型为少数民族的宗教，进一步为少数民族群众接受。

（七）植根当地文化，培养了大批本民族传道员，推动了基督教的本土化进程

云南的基督教发展与天主教发展最大的不同之处在于：天主教过于强调教产的建设，忽略了培养当地少数民族信教群众的宗教感情。而基督教却十分强调对当地少数民族信教群众人才的培养，基督教培养了大批少数民族传道员，建立了深厚的群众基础，并以此来推动基督教的传播。在滇西南拉祜族、佤族地区，从清光绪年间开始，缅甸浸信会就开始向拉祜族和佤族地区传教。1905年，美国传教士永伟理（William Young）来到临沧市双江县帕结寨传教，发展了第一批教徒，1919年在此建立了第一座教堂，此后，不断深入传教，共建立教堂数百所，发展信徒数万人。更值得注意的是，扎根于当地，培养了近千名本地少数民族"撒拉"。又如怒江傈僳族、怒族地区，西方传教士马导民在福贡县特意培养了一批当地少数民族传道员到各村传教，这些传道员都是当地少数民族，熟悉本民族文

---

① 钱宁：《厄莎 佛祖 耶稣——拉祜族的宗教信仰与社会变迁》，《思想战线》1997年第4期。

化和社会关系，了解信教群众的实际情况，能结合大家的实际情况展开传教活动，因此吸引了众多群众加入基督教。教会势力迅速得到发展，到1948年底，全县范围的教会组织机构初步形成。在福贡县腊竹底村建立了统管全县各教堂的腊竹底教会，并在全县范围内建立了71个教堂。在德宏州浸礼会就非常注意培养景颇族的信教积极分子，挑选出来到缅甸八莫教会学校学习，学完后又回来传教。陇川县邦外吕良乡的基督教就是由当地的景颇族宗崩发展起来的，宗崩是当地景颇族，1914年到缅甸，1916年加入基督教，1930年率领美国浸礼会的郭陆公返回家乡传教，使基督教在该地发展迅速。盈江县帮瓦寨的基督教也是由景颇族传道员拉三组织传播起来的。① 总之，此举进一步推动了基督教的本土化进程，传教效果显著。

20世纪50年代以后，基督教在云南的宗教活动主要表现为：原来的外国传教士退出教会组织机构，传教运动制度化、网络带暂时断裂，很多地区的地方性组织松散，失去号召力，宗教活动化整为零，又由地方性组织转为区域性组织，区域性组织的内部张力仍然存在，各自进行自己本区域内的活动，相互之间没有从属关系。由于社会经济的飞速发展，原先与缅甸教会有从属关系的教会切断了与之联系，组织制度不再沿袭原有的组织管理机构，同时，随着经济发展中心的转移，一些原来的教会活动中心开始逐渐衰落下来。目前当地主要采取县乡村三级管理模式，但仍然有一些偏远的少数民族地区的信徒会打破目前的区域划分而按照20世纪50年代以前的划分来聚集在一起活动。由于历代政治运动的冲击，当地少数民族基督教文化在某种程度上"失语"，基督教文化的传播链上出现了断裂带。虽然现在已经恢复了正常的宗教活动，但由于断裂带的存在，恢复后的文化传播链主要体现出本土文化的风格。这使得信徒们对本民族基督教文化的纯洁性有些"不自信"，因此教职人员和信徒们希望"寻根"，去"复制"他们眼里更为"正宗"的基督教文化，以此来逐渐实现本土基督教文化的"再生"，这是本土基督教文化在新的发展阶段进行自我反思的表现。

这一时期基督教传播运动的特点主要体现在其与20世纪50年代以前

---

① 刘扬武：《基督教在景颇族地区的传播情况》，《云南民族风俗和宗教调查》，云南民族出版社1985年版，第295页。

教堂。而每建立一个教堂时，教徒们就会选举出密支扒、瓦何苦扒、司财各一人以及妇女事工若干（视情况而定）来管理教堂。

由于基督教会在管理制度上分工明确、制度严密，所以影响较大，尤其是在村（组）这一级教堂里，信徒们非常听从教牧人员的安排，也非常尊敬他们。笔者在2008年前去调研时，信徒们认为教牧人员"都是大家推选出来的，他们本身比我们懂得的知识多，见的世面也多，从来不做坏事，而且都是在教堂里无私奉献，不求回报的，他们所做的事情都是为大家着想的，我们当然要听他们的"①。

五 天主教传播及其特点

天主教在16世纪传入中国，明末清初，一批天主教徒进入云南，并散落于昭通、昆明、大理等地，但无神职人员。康熙三十五年（1696），云南首次建立天主教区（宗座代牧区），但由于几任主教均未到任和教徒较少且分散等原因，未能实际开展活动。直到光绪十八年（1838），当时统辖川滇藏教务的四川藏区，派神甫到云南各地探访教友，并在盐津设立教堂和备修院后，天主教在云南才开始了实际的活动。道光二十年（1840），罗马教廷重新设立了云南教区，并由法国神甫袁若瑟任主教。光绪七年（1881）法国神甫古若望接任主教后将主教教堂由盐津迁往昆明。此后，天主教开始以昆明为中心向云南各地传播。

20世纪50年代以前，天主教在云南的宗教运动及传播特点主要表现在以下几个方面：

（1）云南天主教的宗教活动是与西方列强在中国瓜分势力范围的企图密切相关

在20世纪50年代以前，云南天主教的传播与帝国主义势力在云南的扩张企图密切相关。很多地区的天主教活动就是在西方帝国主义侵略势力的帮扶下发展起来的。

19世纪80年代到20世纪初期，正是西方列强向海外扩张势力范围的巅峰时期，也是英国、法国、德国、美国、俄国等列强对华殖民侵略逐步升级的时期。在此期间，各国的侵略目标是非常明确的，英国先后两次出兵入侵西藏，其目的就是想把中国藏区连成一片，将其纳入殖民

---

① 郑筱筠：《云南省NJ州FG县基督教调研报告》（内部报告），2008年12月。

体系之中①。而法国殖民者在占领越南之后，企图继续占领中国广西、云南等地。外国传教士都积极配合本国政府的殖民扩张行动，而各国政府对传教士的宗教传播运动也是大力支持的。因此，在云南发生的反对天主教的多起教案中（如"阿墩子事件"、"昭通事件"等），各国政府都横加干涉，体现出各国政府对教会和传教士的绝对支持和纵容。例如法国驻华公使经常以干涉教案为由，通过外交手段向清政府施压，并配合以法国的武装侵略，迫使清政府就范，赔偿巨额银两。教会及传教士们获得了巨额赔款后，在各地广建教堂，发展教会组织，为本国政府的侵略服务。例如，巴黎外方传教会不仅参与了为开辟中越通道的勘测工作，而且早在同治年间，就有传教士潜入滇南各地进行传教。更有甚者，后来担任云南教区副主教的金梦旦（De Gorostarzu）就直接参与了法国殖民侵略者进行的武器走私活动。

在外国传教士的宗教传播运动中，云南天主教信徒从民族类型来看，早期主要为汉族、苗族、彝族以及部分纳西族和怒族信仰，20世纪20年代以后又逐渐扩展到拉祜族、景颇族地区。从其地理分布上看，云南天主教在地理位置上的分布如同一个"H"型，东面从滇东北南下，经昆明到达与云南接壤的滇东南地区；西面从滇西北的迪庆高原顺澜沧江和怒江沿边境一线南下，经大理直至滇西南澜沧一带；东西一线则由昆明横贯大理。这一格局的分布特点反映出20世纪50年代以前，天主教在云南"南下北上、西进东联"的传播过程及其扩张战略和发展状况。

（2）外国传教士通过控制封建土地关系，强行改变当地经济关系，推动教会的扩张，建立信仰关系

天主教是16世纪才传入云南的，在其进入之前，云南各地区、各民族已经形成了历史悠久的本地区或民族宗教信仰，对于天主教来说，要传教首先必须要改变信仰个体的宗教信仰。因此，外国天主教传教士们就针对传播地的实际情况，运用不同传播策略，建立信仰关系。云南的天主教多分布在城镇和内地农村地区，在边疆少数民族地区也有分布。他们利用封建土地关系作为传播手段，强行改变当地经济关系，推动教会的扩张，这是云南天主教主要分布在封建化程度较高的农村的最根本的原因。同

---

① 曾文琼：《清代我国西藏西南藏区的反洋教斗争及其特点》，《西藏研究》1985年第4期。

时，这也决定了云南天主教的分布呈现出多以村寨为单位、信徒相对集中的特点。

农村和边疆少数民族地区传播运动的策略：通过控制土地，由此建立信仰关系。在农村，天主教主要分布在封建化程度较高的农村，这与全国范围内天主教分布的氛围基本上是一致的。它的活动都与封建化的土地关系有着较为密切的联系。传教士每到一处，往往利用其政治特权，或低价骗购，或强行兼并，将大量土地控制在自己手里，然后又将土地转租给当地农民，借助于这种封建土地关系对人们加以控制，迫使他们成为教会统治下的佃农，并最终信仰天主教。因此，云南的天主教教会较突出的一个特点就是注重占有田产，然后租佃田亩，收租放贷。如昭通教会"在会泽、彝良、盐津、镇雄等地先后购进土地900亩，每年收租200多石"。① 在滇南，仅文山县所树革天主教堂，就"购置田地60亩，出租于民，出租费归主教区所有"。② 这一的例子不胜枚举，外国传教士就这样通过控制田地，收取租金，既发展期雄厚的教会资产，也发展起教会组织，同时，还通过控制土地转而控制租借土地的农民，从而使其信仰天主教。

对于边疆少数民族地区，外国传教士们采取多种手段传教。在土地关系集中化的封建统治地区，外国传教士常常借用控制土地的手段获得皈依者，通过改变其经济关系来改变宗教信仰，使之信仰天主教。例如，在以藏传佛教为传统文化核心的云南迪庆州德钦县茨菇村等地，传教士们针对当地佛教寺院寿国寺距离较远、收租不便的情况，骗取了寺院上层的同意，采用代替寺院收取田租的步伐，巧妙地将寺院的庄户农民转移到由教会控制，迫使他们改变了原来的信仰而成为天主教徒。③ 在滇西北，贡山县天主教占有田地240亩，另外还转收普化寺的田租63斗，拥有马牛羊百余只。④ 通过改变土地关系，贡山县天主教扩大了教会组织。这一传教活动的方式对天主教的传播非常有效。

（3）云南天主教多以从事社会慈善事业为手段，推动天主教的传播

除了利用封建土地关系作为传播手段，推动教会的扩张外，外国传教

---

① 黄锐：《昭通天主教简史》，《昭通文史资料选辑》第7辑，第147页。
② 周文昌：《文山县所树革天主教的由来及发展》，《文山州文史资料》第8辑，第97页。
③ 杨学政主编：《云南宗教史》，云南人民出版社1999年版，第436页。
④ 彭恩德：《贡山天主教及"白哈罗教案"简况》，《怒江文史资料选辑》第2辑，第80页。

士还针对土地关系松散的地区以及封建统治相对薄弱地区的实际情况，通过社会慈善事业来扩大其社会影响力，经常治病救人、送医送药或是创办学校，提供受教育的机会。

其在城镇传播运动的策略是从事社会慈善事业，扩大社会影响力，由此建立信仰关系。在城镇，教会主要面向易于接受新文化的市民上层开放，利用其特有的文化吸引了部分市民信教，但信徒与教会之间的联系相对松散。教会难以利用土地关系等手段在相对游离于封建统治之外的普通市民中进行大规模的传教运动，因此，教会往往采取了兴办医疗、教育、托幼等社会慈善事业机构进行社会宣传，取得了较大的社会影响，不少市民纷纷入教。例如在曲靖府南宁县，天主教会曾于同治十年（1871）在此地东乡曹家营建起一座教堂，并设有施药点和育婴堂。并以此为据点，向四周发展。1934 年，法国"十字会"派修女在大理教区开设女修院，并兴办诊所等机构。1942 年昭通教区南斯拉夫籍女修士露兴荣等人在昭通城西部组建"方济各会第二会"，并建立惠东医院。此外，天主教会还给信徒们提供政治上和经济上的庇护，以此来吸引信徒。例如，"在贡山迪麻洛，教会给信徒送贷羊、修房屋、讨老婆的多达 23 户。约占该总户数的六分之一"。[①] 在茨中，"有四十家……本村信教者有三分之二，因信教，政府官吏不敢来向他们取税"。[②] 由于外国传教士借助本国势力强迫当地官府进行传教保护，因此，在天主教传播的一些区域，信徒们为了要得到保护，不再受当地官府的欺压，因此转信天主教。

另外，为了传教的方便，20 世纪 20 年代以后，外国传教士也仿效基督教传教士的做法，用当地语言印刷经书，促进经书的流通。例如，在滇西北地区茨中、巴东河贡山等地，传教士们都致力于藏语的学习，例如，驻茨中的副主教古纯仁，"到茨中后翻译经书，用汉语和藏语印刷。因搞翻译，看书过多，一只眼被搞瞎"。[③] 在这一地区的天主教徒有了藏文版的经书，虽然印刷数量有限，不像基督教的傈僳族文字经书那样传播广泛，但在某种程度上却推动了信徒们的教育。在昆明东南部的路南县，外国传教士邓明德在 1909 年将尾则村的撒尼信徒毕印斗带往香港，用国际

---

① 秦和平：《近代川滇藏区天主教传播述略》，《云南宗教研究》1990 年第 2 期第 48 页。
② 陶云逵：《俅江纪程》，《云南独龙族历史资料汇编》，1964 年 12 月，第 20 页。
③ 胡学才：《怒江州宗教概况：天主教》，《怒江方志》1989 年第 1 期，第 117 页。

音标为撒尼语注音，创制了撒尼文字，并编制撒尼语小册子，分发给信徒。

（4）天主教在传教过程中，为了加快传播速度，实行人为地"本土化"推进策略

人为地推动天主教"本土化"，加快天主教传播速度，这是当时天主教在云南传播的一个显著特点。在边疆少数民族地区，为了更有效地与基督教争夺信徒，天主教传教士对信徒采取了更为宽容的态度。例如，在滇西边疆少数民族地区，当地基督教严厉禁止基督徒杀牲祭鬼活动，而天主教只是要求自己的信徒自己不亲自去祭鬼，"但信鬼人家祭鬼时，信徒也可以随便参加吃；祭官庙分肉时，也可以同样吃一份，还可以喝酒抽烟"。① 这一宽松的要求迎合了很多信徒的心理，他们一方面想参加天主教，另一方面又不想脱离自己生活的"集体宗教历史"环境，使得天主教能够在较短时间就在一种与自身文化传统极不相同的社会环境中，以相对和平的路径发展了数千名信徒。

20世纪50年代以后的云南天主教传播运动及特点：20世纪50年代后，云南天主教不再为外国教会左右，走上了独立自主自办教会、自选自圣主教的道路，完成了本土化的转变。

由于20世纪50年代以前，外国传教士在天主教的传播过程中，采取迎合当地群众传统习俗，宗教活动由此具有明显的世俗化和功利化倾向，没有在信徒中形成较深的宗教感情，因此，1949年后，中华人民共和国成立，中国社会产生了翻天覆地的变化，消灭了封建化的剥削关系，切断了教会与外国势力的政治、经济联系，封建经济的土地关系不复存在，当初的英国、法国等宗教势力及政治势力在这些少数民族地区也已经不复存在，教会的持续发展就受到很大程度的影响。故自20世纪50年代后期，天主教活动在云南边疆少数民族地区的发展就不像其他地区那样活跃。

1951年后，各地新型教会逐步建立，昆明市天主教三自革新促进会筹备委员会宣告成立，开始了全面的教会革新运动，孙和平神父当选为主任委员。在此推动下，各地的教会革新运动纷纷开展起来。同年，保山地区的天主教也成立了革新委员会，大理天主教会也成立了革新筹备委员会。1952年，昭通天主教革新促进会成立。1958年6月，昆明教区孔令

---

① 杨学政主编：《云南宗教史》，云南人民出版社1999年版，第436页。

忠在贵阳祝圣，成为云南第一位中国籍的正权主教，至此，以昆明为中心的云南天主教爱国革新运动的前期工作基本完成；1985年10月，云南省天主教第一次代表大会在昆明召开，宣告成立了"云南省天主教爱国会"、"云南省天主教教务委员会"；1988年，昭通教区陈慕舜在重庆祝圣，成为昭通教区的首任中国籍正权主教。至此，云南天主教爱国运动基本完成，教会开始走上正常发展的轨道，云南天主教的本土化转变基本完成。其间，由于正确贯彻和落实了党的宗教信仰自由政策，信教群众的思想觉悟和爱国热情高涨，独立自主、自办教会的原则也得到了绝大多数教牧人员和信教群众的支持，并日渐深入民心。当然，许多地区，尤其是边疆少数民族地区缺乏教牧人员、宗教组织机构还欠完善等问题，仍然是云南天主教目前所面临的主要问题。

第二节　东南亚佛教传播及发展

宗教在东南亚国家中具有重要地位，该地区宗教形态十分丰富，除了各民族特有的原始宗教外，还约有穆斯林1.7亿人，佛教徒1.06亿（含汉传佛教徒约2300万，南传佛教徒约8200万），天主教徒5000万，基督教徒400万，信徒人数总计约为3.3亿人。[①]其中，与云南接壤或毗邻的四个国家中，缅甸、泰国、老挝是传统的佛教国家，天主教、基督教不仅在越南是重要的宗教之一，而且在缅甸北部也有很大的影响。

只有当东南亚南传上座部佛教文化圈形成并向四周传播时，它才有可能传入到云南。东南亚南传上座部佛教文化圈与中国云南南传上座部佛教文化圈关系最密切的国家尤其以缅甸和泰国为代表。因此，考察缅甸南传上座部佛教文化圈的形成与传播、泰国南传上座部佛教文化圈的形成与传播就显得很重要。

一　缅甸佛教的传播及发展

上座部佛教很早就传入缅甸南部孟族地区，尔后虽有衰落，但未曾灭绝。3—4世纪时上座部佛教沿伊洛瓦底江北上，传入骠国。之后，大约

---

① 马开能：《浅析云南宗教及宗教问题的民族性和国际性》，载《全国宗教工作务虚会论文选集》，2003年2月。

在4世纪左右大乘佛教由水陆两路从印度传入缅甸中部地区。稍后锡兰的上座部佛教开始传入缅甸。大约从7世纪开始，印度的密教和中国的藏传佛教也对缅甸产生过影响。11世纪中期以前，大乘阿利僧教派还曾在蒲甘流行。我们可以说，从佛教传入缅甸到1044年蒲甘（Pagan）王朝的建立，是缅甸佛教的早期发展时期。

1044年以前，缅甸境内存在着许多独立小国。阿奴律陀登王位后征服了各地，统一了缅甸。他整饬教派，发展农业，为蒲甘王朝的发展奠定了基础，也为佛教的兴盛创造了条件。由于在佛寺隐居多年，阿奴律陀深受佛教文化的熏陶。继位后又受到来自直通的孟族高僧阿罗汉的影响，他立下了改革教派、弘扬佛教的志向。阿罗汉长老精通三藏，为弘法来到上缅甸地区。他经人引荐，见到了阿奴律陀国王。长老的学识及对佛理的领悟深得国王的敬重。1056年阿奴律陀王采纳阿罗汉的建议了阿利教势力，废除了大乘、密宗、婆罗门等教派，定佛教为国教，尊阿罗汉长老为国师。由于阿罗汉初至蒲甘时未携带完备的三藏经典，便建议国王遣使直通，向孟王摩奴诃请赐三藏经典和佛舍利，但遭拒绝，引起了阿奴律陀的不快。于是阿奴律陀派兵进攻直通。围城3个月后攻陷直通城。击败孟王摩奴诃后，阿奴律陀王令人将直通的三藏经典及注释用32头大象运回蒲甘，同时将500名高僧及众多的能工巧匠带到了蒲甘。征服直通是缅甸文化史上的重大事件，它使蒲甘的佛教、文化艺术和手工业都得到了前所未有的发展。征服直通后，阿奴律陀王又与锡兰通好，派遣僧团前往锡兰迎请完备的三藏经典。他还广建佛塔寺院，塑造佛像，改革佛教，使其盛行全国。1058年始创缅文字母，音译了上座部佛教三藏典籍，奠定缅甸上座部佛教的基础。

阿奴律陀还大肆扩张疆域，向东征服了掸族诸邦，并纳一掸族公主为妃，密切了蒲甘和掸区的关系。发达的蒲甘佛教文化很自然地传向掸区，又通过掸区传到泰、老、傣族地区。

江喜陀王继位后，仍大力推崇佛教。江喜陀去世后，其外孙阿隆悉都继位。阿隆悉都也一如其先辈，在各地广建寺塔，保持了佛教的昌盛局面。由于有历代国王的大力扶持，此时的蒲甘已成为整个东南亚地区的一个佛教中心。

1173年那罗波帝悉都登位。缅甸与锡兰间的宗教往来仍十分频繁。国师般他求也西渡锡兰，在锡兰求法6年，于1173年回国。此后，缅甸佛教开始较多的受到锡兰大寺派的影响。般他求的弟子、后来的国师乌多罗耆婆长老也于1180年率领众僧赴锡兰求法，受到大寺派接待。长老本人也被誉为"遍历锡兰第一法师"。乌多罗耆婆长老回国时，留下了孟族沙弥车波多。车波多在锡兰大寺受比丘戒，留学10年，1190年返缅。与他一同返缅的还有4位外国比丘：尸婆利、多摩陵陀、阿难陀、罗睺罗。他们在蒲甘创立了缅甸的大寺派。由于大寺派戒律严格，因而受到了国王的青睐。在那罗波帝悉都王的支持下，大寺派在缅甸获得了较快的发展。缅甸的佛教从此分成了两派：车波多的锡兰派，又称为后宗和前国师阿罗汉所传的缅甸派，又称作前宗。乌多罗耆婆和车波多两位长老赴锡兰求法归来后，大大地促进了缅甸佛教的发展和佛经的研究。车波多长老学识渊博，论著丰富，深受那罗波帝悉都王的赏识，被封为国师。车波多的重要著作有《经义释》、《阿毗达磨简释》、《行者明灯》、《律兴起解释》、《戒本明解》、《戒坛庄严》、《发趣论注》、《法集论研究》等。其中以《阿毗达磨简释》和《行者明灯》最为著名，是各国研究上座部佛教论藏的重要参考经论。可以说11—13世纪的蒲甘王朝是缅甸佛教发展的黄金时期。经过几代国王的热心护法，传教长老的竭力弘法，直通孟族地区的上座部佛教传统在全缅发扬光大。从锡兰引进的上座部大寺派传统也从一个侧面促进了蒲甘佛教的纯洁。蒲甘威名远扬四方，更使得佛教精要汇集于蒲甘。蒲甘的壁画、雕刻、建筑艺术在繁荣的佛教的推动下有了长足的进步。蒲甘成为当时东南亚名副其实的佛教艺术中心。

上座部佛教经过蒲甘王朝的辉煌后继续蓬勃地发展。佛教从孟缅地区向境内其他少数民族地区的传播取得了更好的成效。1287年元朝蒙古军队南下，推翻了蒲甘王朝。缅北的掸族乘机南下，把势力扩展到中部和南部地区。缅甸出现了群雄割据、互相征战的混乱局面。

北方掸族王国邦牙聚集了许多阿奴律陀时代被驱逐的阿利教僧侣，上座部佛教十分微弱。后来上座部比丘小罗汉和天眼来邦牙弘法，得到国王的崇信和扶植，上座部佛教才开始发展起来。1324年乌那继位后，建立77座佛寺供养来自蒲甘的阿罗汉派和阿难陀派僧侣。两派发展，人数增至数千。1364年实皆王他拖弥婆耶战胜邦牙并迁都阿瓦。由于国王信奉阿利教，上座部佛教又受到暂时的压制。1368年明吉斯伐修寄王登位，礼请其师大寺派高僧差摩遮罗长老担任国师，佛教才得以快速发展。1429年斯里兰卡高僧室利萨达磨楞伽罗和信哈罗摩诃萨弥带着五佛舍利来缅弘法，受到勃固国王的冷遇。阿瓦国王闻讯后派遣40艘船只亲迎其来阿瓦弘法。斯里兰卡僧人与原有三派僧侣和合共住，探讨佛法，阿瓦佛教逐渐兴旺起来。1540年阿瓦国王思洪发感到佛教太盛，危及其统治，加上他认为各地佛塔与佛法无关，只是帝王藏宝之处，于是下令各地拆毁佛塔，遭到各方强烈反对。这更使思洪发感到了佛教的威胁，决定剪除佛教。他设计在阿瓦附近的刀巴奴举行斋僧大会，邀请阿瓦、实皆、邦牙等地的3000名比丘赴会。正当僧侣们用斋之时，埋伏在四周的军队一齐出击，杀死了360位比丘，其余比丘则侥幸逃脱。随后，思洪发下令毁佛塔、烧经书，致使阿瓦佛教遭到重创。史称"思洪发灭佛运动"。在南方的勃固地区，1453年女王信修浮继位。由于女王贤明，国泰民安，勃固佛教蒸蒸日上。信修浮王在位8年后让贤给附马达磨悉提。达磨悉提是位还俗和尚，在位20年。他统一了当时勃固的6个佛教派别，改革了勃固王朝的佛教。1475年他派僧团赴斯里兰卡受戒。僧团归国后，他择地创设"结界"之地，下令各派比丘重新依照锡兰大寺派传统受戒。经过3年的整饬，有800位高僧、14265位青年比丘、601位沙弥受戒。在他的推动与参与下，以往300年来的派别对抗自此统一于大寺派的传统之下。①

16世纪以后，缅甸历代君王都热心护法，佛教一直繁荣兴盛。特别是东吁王朝的莽应龙王，笃信佛教，护持佛法。在位30年，广建寺塔，供养各方僧众，同时大量印发经书，鼓励研习。他严禁杀生，要求境内的掸族和穆斯林全部皈依佛教，把上座部佛教推广到缅北边境地区，使佛教盛极一时。莽应龙统一了缅甸后，又远征泰国，攻陷了清迈，在那里发展佛教。

贡榜王朝时期，孟云王于1802年派5位比丘赴锡兰传法，建立了阿摩罗补罗教派，成为大的佛教派别之一。1856年敏东王继位后的第3年，为了弘扬佛法，决定兴建新都曼德勒城。在兴建新都的同时，大批佛教寺塔、经楼、戒堂也拔地而起。敏东王全身心地弘扬佛法，1871年他召集2400名僧侣在曼德勒结集，对巴利文三藏经典加以校订。这次结集以律藏为重点，史称"第五次结集"。僧侣们用5个月时间齐诵一遍三藏之后，又花5年时间将其刻于729块大理石上，使经文得以长存，佛法永驻。

---

① 钟智翔：《缅甸的佛教及其发展》，《东南亚研究》2001年第2期。

在部派争论方面，15世纪后期根据勃固国王达磨悉提的旨意而统一起来的僧团，由于对戒律理解的不同而孕育着分裂的迹象。僧团间的争论在18世纪达到了高潮。1700年东吁王朝娑尼王时期，求那比兰伽罗长老认为披袈裟袒右肩和用棕榈叶扇遮阳不违反戒律，因而受到排斥。僧团由此分裂成两派：偏袒派和被覆派。东吁王朝时被覆派势力较大，而到贡榜王朝时主张偏袒右肩的阿杜罗长老出任雍籍牙王的国师，偏袒派占了上风。到孟云王时期，由于国王认为偏袒派论据不足，命令其与被覆派统一。1784年两派结束部派之争，重归统一。①

综观缅甸佛教的发展，可以说13世纪后期至19世纪中叶是缅甸佛教的大发展时期。具体表现为佛教向边缘少数民族地区的传播、佛教的深入人心、僧侣学者对佛经研究风气的日盛、缅甸佛教在锡兰民众中威望的不断提升等。部派纷争的平息和教派的多次统一也展示了佛教强大的一面。②

二 泰国佛教的传播及发展③

从13世纪开始，在泰国北部的"八百媳妇"国（又称兰那国）逐步形成了以清莱为中心的北部地区和以清迈为中心的南部地区两大区域。在历史发展的长河里，清迈渐渐发展成了泰北的政治、经济和文化的中心，据《新元史》卷一四九《八百媳妇传》："每村建一寺，每寺建塔，约以万计。"大规模地修建寺塔，既说明了佛教发展的规模，同时也显示出一个国家经济的繁荣和国力的强盛。其中，在兰那王国的历史上，有两位君王对佛教发展的贡献尤其显著。其一是孟莱王，他是一个虔诚的佛教徒，他一方面在南奔、清迈等地广造佛寺，一方面又派以应达班（Yingdabanyo）为首的一批比丘到斯里兰卡深造。这批比丘回国后，建立了莲花

---

① 详参本书《佛教派别》部分。
② 钟智翔：《缅甸的佛教及其发展》，《东南亚研究》2001年第2期；净海：《南传佛教史》，宗教出版社2001年版。
③ 关于泰国佛教情况，请详参第二章佛教派别部分；同时因为本章的目的主要是论述佛教传入云南的时间，考虑到泰国佛教对云南早期佛教的影响主要是在15世纪以前，所以对于15世纪以后泰国佛教的发展就略而不谈。

塘寺（Wabayobo），持阿兰若律（即林居派的戒律）[①]，这就是直到今日仍然影响很大的莲花塘寺派的发端[②]，后传入中国云南。第二位是哥那王，哥那王（Keu Na1355—1385年）统治时期是整个泰国北部南传上座部佛教发展的重要阶段。在他的支持下，兰那地区的南传上座部佛教得到了巩固和发展。哥那王把自己的花园献给苏摩纳（Sumana），作为弘法道场和阿兰若派僧团的基地。所以，人们又把苏摩纳所弘扬的佛教派别称为"花园寺派"。后来"花园寺派"传入中国云南西双版纳地区，就此在中国云南流播开来。在兰那王国的早期，兰那泰的上座部佛教经缅甸的景栋传入云南的西双版纳地区。1369年，清迈派出一个700僧人组成的使团到景栋布教，后又从景栋来到西双版纳。1373年，清迈又有一僧团来到版纳弘法。总之，兰那泰佛教和我国傣族地区的佛教之间有着极其密切的关系。

　　与此同时，泰国南部的素可泰王朝在13世纪时期得到了飞速的发展。国王兰甘亨于1279年左右继承其兄为王之后，素可泰才真正成为一个暹泰族的政治中心。当时，素可泰通过扩张兼并了周边许多高棉人的城邦和已经居住在当地的泰人的小勐，形成了一个规模较大的泰人国家。在兰甘亨统治时期，素可泰成为一个富裕而强大的中心。国王兰甘亨是一位虔诚的佛教徒，大力弘扬南传上座部佛教，使南传上座部佛教取代了早期的原始宗教而成为了国教。素可泰王朝昆罗康恒王在位时期（1277—1317），因礼请锡兰大寺派僧侣来泰说法、传戒，始确定南传上座部为主要信仰。这一时期佛教最大的进步在于：在国王的支持下，逐渐取代了原先占据统治地位的原始宗教。它的意义绝不仅仅在于取得了优势本身，而是在于南传佛教在傣泰掸老族等这些亲缘民族文化中开始占据重要地位，佛教文化的高度发达性得到了认可和弘扬。它开始随着素可泰王朝的政治、经济势力的扩展而在思想意识领域影响人们。

　　此外，与云南临近的柬埔寨在古代曾有"扶南"、"真腊"之称。14世纪以前，柬埔寨先后流行的是大乘扶南佛教、真腊佛教。14世纪中叶以后，因屡受泰国的进攻，泰国的上座部佛教随之传入。后来，柬埔寨也

---

　　① 又有一说为斯里兰卡长老亲到清迈建立该寺。见邓殿臣《南传佛教简史》，中国佛教协会出版1991年版，第191页。

　　② 邓殿臣：《南传佛教简史》，中国佛教协会出版1991年版，第191页。

成了清一色的上座部佛教国家。

老挝全面接受南传上座部佛教在 14 世纪。由于当时的南掌国王法昂自幼在柬埔寨长大，受上座部佛教影响较深，法昂继承王位以后，把柬埔寨的上座部佛教引进了国内。17 世纪时，佛教在南掌国的发展达到高潮。

第三节　中国南传佛教的传播及发展

一　佛教传入云南的一些观点

由于云南信仰南传上座部佛教的各个少数民族文字形成时间较晚，对最初佛教传入的情况没有记载（即使有，也是在文字形成之后才加以补充记载的），加之汉文史料记载的不足，因此关于南传上座部佛教从东南亚国家进入中国云南境内的时间，尚无定论。① 一般说来，主要有以下几种观点：

（一）佛教公元前传入云南之说

1982 年在西双版纳勐海地区发现的一部傣文史籍《帕萨坦》记载："相传远在释迦牟尼成佛前，佛主的师兄阿祖打腊西就带着旁杰特温、多曼那旁（懂天文）等三个弟子，从印度的吉都打纳腊广出发，经海路到兰戛（斯里兰卡），通过火傣（泰国）、景线、兰掌，到缅甸勐阮（景栋）、勐抗传教时，与管辖那里的魔王阿腊哇经过长期辩论获胜后，才由西双版纳的大勐龙地区进进入阿腊维（景洪），当地世俗众生喃叭黑带头用甘蔗、芭蕉、椰子赕佛。但当时只用沙造塔，还没有经书、和尚和佛寺，每月于八、十五、二十三和三十（或二十九）四天'念经'。后经过一年传教，率其弟子沿澜沧江北上，经过勐仑、么黑、勐准、火勾、列戈火比（据说现德宏境），然后从勐町（畹町）出境。"

此外，勐卯傣文史书《嘿勐沽勐——勐卯古代诸王史》中也记载了西双版纳盛行佛教的情况：佛历 319 年（公元前 225 年），泰国祐巴亚阿那罕皮朗板雅到印度，经过勐兰戛（斯里兰卡），接回三船经书（用巴利

---

① 在本部分的写作过程中，由于很多学者在文章中按照过去传统，将南传上座部佛教称为"小乘佛教"，虽然现在学术界已经统一称为"南传上座部佛教"，但为了保存原文原貌，笔者在引用资料的过程中，未将之全部改写为"南传上座部佛教"，而是沿用作者使用的称谓。特此说明。

文记录的贝叶经），拿到泰国的巩听保存，后又分传到缅甸。佛历419年（公元前115年），西双版纳首次派代表前往缅甸景腔和愿贡两地迎接佛像和佛经。佛历630年（公元76年），西双版纳首领叭格那派12个僧侣路经缅甸、泰国，前往哈利捧牢亚那广观摩取经，后到兰戛（斯里兰卡）布塔火鲊听寺学习。佛历636年（公元82年）期满升为佛爷后，带着《维乃》、《书典达》、《阿皮堂玛》、《诺贺波坦》（《本生经》）等佛经，由斯里兰卡取道泰国、缅甸勐阮（景栋），经过西双版纳大勐龙，最后回到阿腊维（景洪），把上述书藏于弯童庄董（后宣慰街大佛寺）。

因此，有学者据此推论早在公元前，南传上座部佛教就开始传入我国西双版纳地区。[①]

（二）佛教5世纪传入云南之说

由于上座部传入缅甸大概是3至8世纪，传入云南傣族地区的时间是5世纪前后，但8世纪后因密教在斯里兰卡与缅甸得势，上座部佛教在云南也销声匿迹。直到蒲甘王朝建立才废密教而立上座部佛教为国教，故在11世纪与12世纪之交不断扩大传播。直到11世纪后半叶，蒲甘王朝再度兴起上座部佛教，又才重新传入云南，从缅甸景栋传入西双版纳的一支形成了润派佛教，从缅甸传入德宏的一支形成了摆庄派佛教。[②]

（三）佛教7世纪左右传入云南之说

与云南接壤的缅甸骠国，早在公元5世纪就有上座部佛教，约7世纪左右，这个派别从这里传入到今傣族居住区，后来情况不明。[③]

此外，根据傣文记载和考古发掘资料显示，云南边疆地区的小乘佛教是从缅甸传入的。小乘佛教于公元5世纪左右流传于缅甸南部，7世纪以后佛教就逐渐传入我国西双版纳地区。

在西双版纳景洪县曼厅寨边有一袜坝姐寺院遗址，新中国成立初尚存两根挂大鼓的木桩，据民间传说这是景洪地区最古老的佛寺。在西双版纳有一本经书名叫《尼板纳素》，是用缅纸写成，其中一段记载着关于景洪袜坝姐的事（按："袜"为寺，"坝"为森林，"袜坝姐"意为森林里的

---

① 王懿之：《西双版纳小乘佛教历史考察》，《贝叶文化论》，云南人民出版社1990年版，第408、409页。
② 史继忠：《西南佛教的典型意义》，《思想战线》2000年第5期。
③ 杜继文主编：《佛教史》，江苏人民出版社2006年版，第298页。

佛寺），可惜此经书中无此佛寺的年代记载。

据20世纪50年代尚存于勐混总佛寺内的傣族文献《佛陀之教史话》（傣语"旦南布塔沙萨那"）中记载：佛教自缅甸孟族地区传入西双版纳，建立这里的第一所佛寺——袜坝姐（Wabuajie）。时为祖腊历纪元前二十三年（即615年，隋朝末年）。

勐海县佛教协会的康朗庄介绍说："勐海大佛寺的大殿柱上有该寺的建造年代。此佛寺从祖腊历十三年（651）开始动工……（671）竣工。因此勐海大佛寺建造至今已有1315年的历史（中间又经若干次修建）。曼拉闷佛寺与勐海大佛寺是同年建成的。"

在曼拉闷佛寺（坐落在勐海城边）内靠后的第二根厅柱上贴有一百片金铂，这些金铂是一个名叫"南麻达纳干宰"的人捐献的，其目的是祈求"帕拉阿尼松"佛拯救自己。此外，柱上还用傣文记载说："尼板纳巴宰约，混独婼尼战，33年"。（按："尼板"即是死去，"纳巴宰约"即是平安直到生命完结，"混独婼"即是为止，"尼战"即是真正）全句连贯起来的意思就是"祈求能真正得到佛主保佑，直到死为止。33年"。傣历33年即是671年，正值唐代初叶。

又勐海土司府所收藏的《地方大事记》手抄本中有这样一段记载："我勐海总佛寺于祖腊历33年完工，举行隆重的开光法会时，将到景洪敬请……总佛寺大僧正长老亲自前来主持法会。同年，勐海城子佛寺亦在达谢海（dahehai）建成。祖腊历七十五年（713年），达谢海寺迁至靠近城边的新寺（"瓦迈"Wamai，在今县委会所在地），因同一城有两所佛寺，僧侣和信众常有争执，于祖腊历一一三年（约771年）撤销新寺，合并到总佛寺来，……在蒲甘王朝的劫掠战争中，总佛寺被毁。祖腊历三七五年（约1013年）全勐民众齐心合力，在原址重建砖木结构的瓦顶佛寺，扩大了范围，建立了布萨堂、两所藏经亭、两所鼓房、两院僧舍，随后又修建了两座寺塔。"

此外，据松领勐混和刀学兴根据佛经《列罗》所载情况介绍说："召苏扎多"将"引达叭"升为佛爷，并对他说，佛教在我们景迈已经得到发展，应该让景栋人也懂得佛教。于是率"引达叭"携佛经"桑比打戛"去景栋传教，又去景列建佛寺，升和尚。事毕，"召苏扎多"回景迈，"引达叭"留景栋，于是景迈、景栋、景列人彼此往还升和尚，拜佛，四时不绝。以后有"召帕有"者，领其子七人来景栋当召勐（即一地区的土司)……傣历八十六年（724年），"召帕有"派佛爷"西维苏坦麻书那"自景栋来景洪宣扬佛法……经过佛主和他的门徒反复宣扬，佛教在西双版纳大大发展……。

上面山松领勐混、刀学兴所讲述的佛教传入西双版纳的时间——724年，比勐海县曼拉闷寺内柱上记载的年代——671年只差53年。①

另外，现在西双版纳傣族自治州文管所藏有一尊青铜佛像，是1981年从勐腊收购而来。这是一尊头顶有尖状王冠的标准上座部佛像，莲座上刻有"傣历一一七年"字样，即755年，唐天宝十四年。② 人们认为南传上座部佛教大约在7世纪首先由泰国勐润经缅甸景栋而传入云南。8、9世纪以后日渐兴盛，但其兴盛和发展却在13世纪以后。

（四）佛教盛唐传入云南说

7世纪时，泰国南部的华富里一带的孟族地区上座部佛教兴盛。孟族公主占．维特将佛教传入清迈一带，再由清迈传入傣族地区。在云南西双版纳地区收藏有傣族佛教经典22卷本《佛教大事记》（后经翻译为《佛主巡游世界》，其正本藏于缅甸）记载了清迈僧人曾经携带佛经到景栋布教。傣历86年（724），景栋僧人到景洪来传教，使得西双版纳地区的佛教迅速发展。③ 此外，在民间还流传着中国南传上座部佛教的润派是最早传入的佛教派别，它于767年由泰国沿澜沧江传入德宏的说法。④

（五）佛教14世纪传入云南说

李拂一先生于1949年翻译的老傣文《泐史》（该书记录了1180年叭真建立景龙金殿国至1864年西双版纳傣族的历史状况）记载：十三世祖时，"当地人民群诣佛寺，面对佛像、佛经、住持三个佛之代表（即佛、法、僧）宣誓，并将誓词铭刻于寺中，一部分贴金。礼毕，大家遂各归本土安居。"十三世祖登位时间大约在明代天顺元年，即1457年左右，因此，至少在明代中叶，即15世纪中叶，西双版纳地区的傣族已经普遍信

---

① 颜思久：《小乘佛教传入云南的时间和路线》，《西南民族学院学报》1987年第3期。
② 王海涛：《云南佛教史》，云南美术出版社2001年版，第388页。
③ 邓殿臣：《南传佛教史简编》，中国佛教协会出版1981年版，第188页。
④ 刘扬武：《德宏傣族小乘佛教的教派和宗教节日》，《贝叶文化论》，云南人民出版社1990年版，第425页。

仰佛教。①

此外，语言学资料显示南传上座部佛教入滇年代应该在明朝。从老傣文文献记载来看，西双版纳地区的傣族信仰南传上座部佛教是在明代初年以后，到明朝中叶才普遍流行。此外，根据语言年代学理论，在明代时期原始傣语群发生过一次大分化，一支为西双版纳傣族，一支为德宏傣族，一支为元江流域傣族，一支为金沙江流域傣族。由于元江流域傣族和金沙江流域傣族不信仰佛教，而西双版纳傣族和德宏傣族尽管都信仰佛教，但记录经文的文字并不一样，教派也不尽相同。这就是说，原始傣族族群并不信仰佛教。否则后来的各支系应有同一文字的经文，均信仰南传上座部佛教，至少应该保留佛教的痕迹。由于原始傣语族群的大部分的分化是在明代，因此，佛教北上入滇的年代不太可能早于明代，至少西双版纳和德宏傣族全民信佛的事不会早于明代。②

（六）佛教14世纪末、15世纪初传入云南说

根据泰文、傣文文献和1950年以后西双版纳地区的调查材料，西双版纳的上座部佛教是从泰国北部古代的兰那国（今清迈地区）传入的。兰那国13世纪接受了上座部佛教，14世纪下半叶佛教在兰那扎根与普及。14世纪末、15世纪初，兰那的上座部佛教经过景栋传入西双版纳。③

由于学者们都引用了较多的资料来论述自己的观点，各持一方。笔者无意一一进行评论，但是笔者认为，要研究东南亚南传上座部佛教传入中国的时间，首先我们必须要明确佛教的传入和南传上座部佛教的传入是两个概念，南传上座部佛教只是属于佛教的一个组成部分。在东南亚佛教的发展史上，有南传上座部佛教的流行，也有大乘佛教和佛教密宗的兴盛。因此，在研究佛教的传入时间时，必须要明确研究对象。其次，我们还必须要对东南亚南传上座部佛教有一个简单的认识、对与中国南传上座部佛教有直接联系的泰国佛教，尤其是泰国北部南传上座部佛教以及缅甸南传上座部佛教等周边国家在每一个历史时段佛教发展的特点有一个基本了解，对与南传上座部佛教的传播有密切联系的各民族的迁徙、分布及其文

---

① 转引自陈保亚、木镜湖：《南传上座部佛教入滇考》，云南大学中文系编《东南亚文化论》，云大出版社1994年版，第33页。

② 陈保亚、木镜湖：《南传上座部佛教入滇考》，云南大学中文系编《东南亚文化论》，云大出版社1994年版，第33页。

③ 谢远章先生在1982年"上座部佛教传入中国"学术讨论会所发表的观点。

化的形成有一个全面的认识，这样才能对南亚南传上座部佛教传入中国云南的时间作出准确的判断。

二 对南传上座部佛教传入时间的分析

综观佛教在东南亚和云南的发展，应该看到佛教传入中国云南的历史是一个长期、艰巨而又反复的过程。佛教的传播不是一次性完成的，它是一个长期而反复的艰巨过程。在佛教传播史上，早期传入的不仅仅只是南传上座部佛教，应还有大乘佛教以及其他形式的宗教等，例如在云南大理地区发现的阿嵯耶观音像就是典型的东南亚地区的佛教造型艺术典范。但是由于战乱以及其他种种原因，其他佛教形态已不存或逐渐失去影响，不再为人所知，也不见诸史籍。因此，即使它们曾经在历史上有过辉煌，如今却都湮没于历史的尘埃之中了。当今人们所提到的中国南传上座部佛教圈的佛教是经过了历史的洗礼而存在于中国云南、且广泛传播的南传上座部佛教。

其次，不能孤立地去看待佛教传播的问题。云南境内的南传上座部佛教与东南亚南传上座部佛教一起共同组成了南传上座部佛教文化圈，它们是整个南传上座部佛教文化圈不可分割的一个组成部分。中国南传上座部佛教的发展与东南亚南传上座部佛教的发展紧密相连。因此，在研究南传上座部佛教传入中国云南的时间这一问题时，应打破现有的国家政治疆域和国家地理疆域乃至区域性行政区划区域的概念，去研究云南南传上座部佛教的传播和发展区域，同时把佛教的传播与民族的分布、迁徙和定居特点联系起来考虑。

（一）民族文化的传播载体

事实上，民族迁徙与文化的传播是同步的，少数民族的迁徙地带也是文化传播的地带。民族族源之间的文化共通性为文化的传播提供了某种可能。历史上南传上座部佛教的传播就是以民族文化的传播为载体进行的。

由于东南亚民族分布格局，尤其泰、掸、老、傣族等同族源民族文化圈是从10世纪开始逐步形成。在公元1世纪前后到10世纪这个历史时期，东南亚各地出现了数十个早期国家。印度尼西亚群岛各地虽然出现了不少国家，在这一时期的后期还出现了一些较为强大的国家如室利佛逝，但远远谈不上出现一个统一的国家；在中南半岛，越南北方直到10世纪初还是中国封建王朝统治区域的一部分，缅甸和泰国在公元最初几个世纪就出现了一些小国，到6世纪以后出现了地域发展更广的骠国、堕罗钵底等国家，但直到这一时期末，都还没有出现主要由缅族或泰族建立的统一国家；只有柬埔寨的高棉人当时就已建立了自己的国家——扶南及其之后的真腊、吴哥，其地域范围超过现在的柬埔寨。从10世纪开始，泰、掸、傣族等民族就打破国家政治疆域和国家地理疆域，而一直在以大的民族集团建立自己同一族源的统治势力，例如在13世纪，素可泰人在湄南河上游流域获得了统治权，与比它早建立的兰那、景龙等政权共同组成了泰、傣民族的政治势力，到13、14世纪时，泰、掸、老、傣族等同族源民族文化圈基本形成，其中包括南传上座部佛教文化圈的形成。① 因此，要在10世纪以前就在泰、掸、老、傣族等同族源民族文化圈内传播已经相当成熟的南传佛教文化是不可能的，尤其是要传播成熟于13、14世纪时才逐渐成熟的南传上座部佛教文化是不可能的。②

（二）政治联姻

12世纪以后，云南省傣族族群与东南亚各国都有密切的政治、文化往来。综观云南境内的傣族在历史上都有过强大的政权，经济发达，文化也得到成分的发展，其与东南亚之间的关系往来十分密切，例如根据泰北的《清迈纪年》的记载，兰那王国孟莱王出生于泰北清盛地区的恩央王国（又译银扬王国）的统治家族，他的父亲老蒙（Lao Meng）长得非常英俊。老蒙长大以后，他的父亲也就是孟莱王的祖父召老芒（Cao Lao Moeng）派人到统治今天西双版纳地区的景洪王匋陇建仔（Thao Rung Kaen Chai）处为儿子求婚。匋陇建仔很高兴，就把女儿帖帕罕凯（Theppha Kham Khrai）嫁给了老蒙。老蒙在32岁时继父位统治恩央王国以后，把景洪王匋陇建仔的女儿帖帕罕凯升为王后，其地位"高于其他500位王妃。"③

另外，傣族有关文献，如《佛教圣事大记》等也对此有所记载，西双版纳第四代召片领（即宣慰使）匋陇建仔将女儿嫁到了泰国北部地区。后来生子，即兰那王国的孟莱王。在孟莱王统治时期，他对自己的外祖父

---

① 范宏贵：《壮、傣、老、泰族的渊源研究》，《广西民族学院学报》2002年第3期。
② 笔者注：传入中国云南的南传上座部佛教是较为成熟的，不属于早期南传佛教发展形态，这突出表现在云南南传佛教派别方面。对此，笔者将在佛教派别部分进行详细论述。
③ "The Chiang Mai Chronicle", translated (from Thai into English) by David K. Wyatt and Aroonrut Wichienkeeo, Silkworm Books, Chiang Mai, 1995, pp. 14 – 15.

母非常孝顺，每年都有大批的礼物送给自己的外祖父母。甸陇建仔也非常疼爱自己的外孙，在自己外孙生日的时候都有很厚重的礼物回赠。因此，这一时期的泰国兰那王国和中国云南西双版纳地区的关系非常好，这为佛教从泰国兰那地区传入西双版纳地区打下了良好的基础。在此后的时间里有大批的巴利语佛经和注释被译为了泰润文，在泰族、傣族、掸族和老族地区流通，促进了这一地带佛教文化的又一次大交流、大融合[①]。

此外，在16世纪时，缅甸东吁王朝的莽应龙还和西双版纳联姻。在1569年缅甸公主喃巴杜麻波罕（民间称之为"金莲公主"）嫁给西双版纳第19代宣慰使刀应勐为妻。当时缅甸方面派出了大批随行人员。其中还有一个佛教使团，携带了大量巴利文三藏经典和佛像，来西双版纳弘法。在金莲公主的努力下，西双版纳地区的佛教得到了迅速发展，大批佛寺拔地而起，其中以金莲公主之名命名的佛寺至今犹存。政治上的联姻进一步促进了南传上座部佛教在云南的发展。

（三）兰那佛教传入西双版纳地区

虽然学术界对于佛教传入云南的时间颇有争议，但学者们对于佛教的传入路线却达成了共识。中国佛教协会副会长、云南省佛教协会会长刀述仁居士以及一些学者认为，西双版纳地区的佛教是从兰那传入的。笔者持赞同意见。因为相关资料研究已经证明，在13、14世纪以后，西双版纳地区占据主要地位的润派佛教就是从泰国北部传入。当时这一地区正是兰那王国的统治时期。而自古以来的兰那泰与西双版纳地区的交往为润派佛教的传入提供了极大的便利条件。应该说，正是由于兰那泰的佛教派别在兰那地区发展成熟后，才逐渐向外传播到云南境内的。

就兰那佛教的传播发展情况而言，大约到13世纪时，兰那才接受了佛教。据谢远章先生分析，"《庸那迦纪年》记载，一直到1292年，兰那国的孟莱王征服了哈里奔猜，那里的佛教才为兰那所接受。"[②] 但兰那佛教的兴起，却是与兰那孟莱王与素可泰王朝的国王兰甘亨之间的深厚友谊分不开。正是在这样的政治友谊和族缘关系的交流平台上，兰那的孟莱王也接受了素可泰王朝的源自斯里兰卡的大寺派的楞伽宗。所谓楞伽宗，是当时的泰国、兰那对斯里兰卡大寺派的称呼。

[①] 邓殿臣：《南传佛教简史》，中国佛教协会出版1991年版，第191页。
[②] 谢远章：《泰傣学研究六十年》，云南民族出版社2008年版，第132页。

源自斯里兰卡的楞伽宗佛教在兰那扎根与普及却是 14 世纪下半叶，直到 15 世纪兰那佛教才逐渐完成其本土化的过程。

谢远章先生指出，"据 15 世纪的兰那文献《宗教本源志》记载，兰那王国九世哥那王（1356—1386 年）通过素可泰五世立泰王邀请苏摩纳长老到兰那，弘扬他从缅甸塔通传来的楞伽宗上座部佛教。1371 年哥那王又在清迈修建瓦孙诺佛寺，后来这一佛寺就成为'摆孙'佛教派别的发源地。到了兰那王国十一世召叁访坚时期（1420—1442 年），兰那的长老法深长老（汤康皮 Dhama Gambhra）、作慧长老（咩堂关 Medhankara）、祥智长老（雅纳勐滚 Yana Mangala）等 7 位高僧率领 18 明和尚共 25 人，于 1424 年到斯里兰卡研习楞伽宗佛经。1430 年他们返国时，又邀请斯里兰卡僧侣英腕比丘（Vikrombahu）和上慧比丘（Uttamapanna）一同到兰那。"①对此，兰那的文献《宗教本源志》和云南西双版纳有关材料都有相关记载。在这些文献中，都记录了这些僧侣在清迈建立了持戒严格的上座部"摆坝"佛教派别，并以坝凉寺为基地传播上座部佛教。兰那地区的上座部佛教的"摆孙"（即城市说教派，村居派）、"摆孙"（山林习禅派，林居派）的形成标志着兰那地区上座部佛教的成熟和发展。

虽然"摆孙"和"摆坝"都是源自于斯里兰卡大寺派的佛教派别，但是当"摆孙"和"摆坝"在兰那出现后，为了区别这两个在兰那本地出现的佛教派别，人们把"摆孙"（村居派）称为"楞伽宗"，而将兰那本地化后的形成的"摆坝"（林居派）佛教派别称为"新楞伽宗"。新楞伽宗的出现标志着兰那佛教开始逐渐成熟。只有当这一地区的佛教已经完成其自身的"在地化"过程之后，才可能进一步向外传播发展，并被接受。

因此，云南西双版纳地区所接受的润派佛教应该是在兰那泰王国 15 世纪时期成熟发展起来的佛教派别。在《西双版纳傣族小乘佛教及原始宗教的调查资料》记录："清迈'摆孙'的发源地孙诺寺后来派出僧侣，到景栋（现缅甸掸邦地区）建立瓦法叫、瓦法岗等佛寺，然后又以景栋为中继站，向景洪、勐罕、勐腊、勐捧、勐旺等地传播'摆孙'楞伽宗佛教。又以清迈坝凉寺为发源地的'摆坝'新楞伽宗佛教，也于 1446 年

---

① 谢远章：《泰傣学研究六十年》，云南民族出版社 2008 年版，第 133 页。

以景栋为中继站,派僧侣到勐混、勐海、勐遮、布朗山等地,建立佛寺,传播'摆坝'上座部佛教。"[①] 因此,我们可以说,西双版纳地区润派佛教的两个派别"摆孙"、"摆坝"是14世纪到15世纪在兰那形成,并从清迈经过景栋传入西双版纳地区的。这为我们进一步考证上座比佛教传入云南的时间提供了重要的参考依据。

通过以上分析,我们可以看到从10世纪开始,泰、掸、傣族等民族就打破国家政治疆域和国家地理疆域,一直在以大的民族集团建立自己同一族源的统治势力,到13、14世纪时,泰、掸、老、傣族等同族源民族文化圈基本形成,其中包括南传上座部佛教文化圈的形成。东南亚南传上座部佛教文化圈的形成在11—14世纪,而中国南传上座部佛教文化圈的形成却是在14、15世纪左右,较为成熟的南传上座部佛教文化传入中国云南的时间应该在13、14世纪。到14、15世纪逐渐普遍盛行;进而传至金齿、耿马傣族地区(今德宏州),是在15世纪,兴盛于16世纪。就整个云南傣族南传上座部佛教信仰区而论,南传上座部佛教的传播及其普及时代,上限为13世纪,下限为16世纪的300年间。

三 中国南传佛教传播的特点

在信仰南传上座部佛教的民族中,傣族是主体民族,在中国南传上座部佛教文化圈的形成和发展过程中发挥了重要的作用。

1. 云南南传上座部佛教传播运动的第一个特点是跨境民族文化传播在中国南传上座部佛教文化圈的形成和发展过程中发挥了重要的作用。云南的跨境民族有16个,为全国之最,这种复杂的交错跨居的民族分布构成了中国西南边疆特有的地缘政治和跨境民族问题,民族文化的同一性是云南与周边国家共同的民族现象。因此,由于傣族与境外傣泰民族具有明显的"亲缘关系",在13、14世纪后,东南亚南传上座部佛教文化圈逐渐形成,并通过民族文化交流的平台进入云南。

2. 在南传佛教本土化进程中,其宗教传播的第二个特点是:依托于政治集团,从上至下地推广佛教文化,政权与神权关系较为密切。

在历史发展进程中,云南南传上座部佛教重要的政治功能之一就是为

---

① 《西双版纳傣族小乘佛教及原始宗教的调查资料》,第3、13页。同时也参考谢远章《泰傣学研究六十年》,云南民族出版社2008年版,第134页。

封建领主制的政权集团提供着合法的政治论证。在南传上座部佛教信仰区域内，统治集团的最高统治这者往往都被赋予神圣的统治地位特权，君主的独裁统治是以神性原则为背景的，这是整个南亚和东南亚佛教国家政治观念中的共同性，这种观念的流行与上座部佛教密不可分。君主专制是中央政权同各地封建主斗争的必然产物，佛教在理论中提出了自己的政治支持。中国南传上座部佛教在社会中通过法和业报轮回理论为核心思想，让人们接受了统治阶级的特权神化的政治和谐思想。中国南传上座部佛教进入傣族世俗化社会制度和社会生活之后，就赋予了世俗社会制度一种神圣的特征。世俗社会的社会秩序和政治秩序都被置于佛教认可和佛主保佑的光环之下，世俗社会政治集团最大的统治者——召片领在这一神圣认同之下获得了神化身份——"至尊佛主"。[1] 另一方面，为了便于管理佛教内部事务，更好地适应中国少数民族社会，中国南传上座部佛教以傣族世俗社会等级森严的社会组织制度为摹本，逐步建立了制度严密、等级森严的组织管理制度[2]，从而在少数民族社会领域有序发展。

3. 云南南传上座部佛教传播的第三个特点是：结合当地少数民族社会实际，设置波章[3]角色负责社会事务的组织和管理安排工作，形成了独具特色的社会管理体系，有效地推动了佛教在社会中的传播发展。

在保持南传佛教基本传统纯洁性的同时，也在积极适应着中国边疆少数民族文化，其间它与当地固有的原始宗教和少数民族文化之间一直在进行着规范性的交融。为此，中国南传上座部佛教管理体系中还设置波章这样一个特殊角色，在社会管理层面上与世俗社会进行沟通和融合。这是南传佛教管理体系不同于汉传佛教和藏传佛教管理体系之处。波章是中国南传佛教社会管理体系的权威，在中国南传上座部佛教管理体系中发挥着特殊的重要作用。他是中国南传上座部佛教流传区域内专管佛教事务之人。他是由群众推选产生，波章人选的选拔标准非常严格，经过严格的选拔程

---

[1] 郑筱筠：《历史上中国南传上座部佛教与社会组织制度之互动》，《世界宗教研究》2007年第4期。

[2] 关于中国南传上座部佛教组织制度与世俗社会组织制度之关系，详参郑筱筠《历史上中国南传上座部佛教与社会组织制度之互动》，《世界宗教研究》2007年第4期。

[3] 波章是临沧地区的称呼，在西双版纳州亦称为"波章"，在德宏傣族景颇族自治州称之为"贺路"。

序，符合选拔标准①后，既得到了佛教世界的认可，也得到了世俗社会的认可，波章方才具有中国南传佛教社会管理体系的权威。在具体的南传佛教的社会事务管理中，在佛教仪式活动中，承担着仪式主持人的角色，在信众的管理和佛事活动的安排方面，他扮演着组织者和管理者的角色，负责佛教社会层面的管理工作。这一角色的设置成为佛教界与社会交流的中介，有效地推动了佛教在社会中的和谐发展。

20世纪50年代以后，原来封建领主制的地方政府组织制度已经彻底消失，但与之相适应的两个系统——佛教内部组织制度（佛寺、佛塔等级管理制度）、波章管理制度却未消失，在民间，人们在进行佛事活动时，仍然沿袭祖制，按照原来的内部组织管理体系组织信众和安排活动。现在佛教权威还在承担着社会道德舆论权威的重任。

---

① 关于波章的选拔标准，请参阅郑筱筠《中国南传佛教管理体系中的CEO——试论波章角色的选拔标准》，《宗风》（己丑年夏之卷），宗教文化出版社2009年版，第262页。

第二编

中国南传佛教的教理与派别

傣文佛典的分类顺序为经、律、论，与小乘佛典律、经、论的分类顺序不同。此外还有很多藏外典籍，数量也很多，包括教义纲要、三藏注释、史书、诗文等著作，是各个时期增添积累的，其中包括很多傣族僧人根据佛教教义加以阐发的著作，有的佛经还记录了许多傣族地区的历史、地理、语言、文学材料。

在云南南传上座部佛教地区，在佛教仪式中《守护经》是必不可少的念诵经文，最常念的是《三宝经》、《慈经》、《大吉祥经》。

就中国南传上座部佛教派别的分布而言，润派佛教主要分布于云南西双版纳地区、德宏地区、临沧地区，其中尤其在西双版纳地区占有绝对优势。另外，摆庄派、多列派和左抵派在德宏地区、临沧地区都有分布。

第三章

中国南传佛教经典及基本教义

第一节 中国南传上座部佛教的主要经典

一 中国南传上座部佛教三藏

与东南亚巴利语三藏相似，中国上座部佛教保存着丰富的经典，号称有八万四千卷之多。佛教典籍按照经、律、论来分类。《经藏》，傣语称为"苏点大比打嘎"；《律藏》，傣语称为"维乃压比打嘎"；《论藏》，傣语称为"阿皮坦玛比打嘎"。但傣文佛典的分类顺序为经、律、论，与小乘佛典律、经、论的分类顺序不同。此外还有很多藏外典籍，数量也很多，包括教义纲要、三藏注释、史书、诗文等著作，是各个时期增添积累的，其中包括很多傣族僧人根据佛教教义加以阐发的著作，有的佛经还记录了许多傣族地区的历史、地理、语言、文学材料。这些经典中有一部分是用傣文字母音译巴利语的写本，保存了小乘佛典比较早期的面貌。

傣文贝叶经是13世纪以后才开始出现，所用经典主要是对巴利语《三藏》的傣语音译本。西双版纳及孟连等地的傣文经典大多刻写在贝叶上，称为"贝叶经"，主要是以傣泐文来刻写佛经。其他各地多写在当地制作的构皮棉纸上。贝叶经的刻写行数和格式通常分为三种，即"兰哈"（五行贝叶经）、"兰贺"（六行贝叶经）和"兰别"（八行贝叶经）。

根据中国佛教协会副会长、云南省佛教协会会长刀述仁居士研究，云南上座部佛教傣文经典具体内容如下[①]：

[①] 详参刀述仁《南传上座部佛教在云南》，《法音》1985年第1期。另外，在写作本书的过程中，承蒙刀述仁会长赠送多年积累的资料，特此感谢！因笔者另有专著论述中国南传佛教经典，故本书从略。

（一）经藏

经藏分为五部分：

1. 《长部阿含经》——共有三编三十四经。戒蕴编有十三经，大编十经，波梨编十一经。

2. 《中部阿含经》——共三编一百五十二经。根本五一十经（篇），包括五品，即根本法门品、师子吼品、譬喻法品、双大品和小品，每品各十经。中分五十经（篇），也分为五个品：居士品、比丘品、普行者品、王品和婆罗门品，每品各十经。后分也分为五品，共五十二经：天臂品十经、不断品十经、空品十经、分别品十二经、六处品十经。

3. 《相应部阿含经》包括的经典最多，共有二千八百六十三种经。按经典的内容分为五篇五十六相应，①有偈篇（包括十一相应），②因缘篇（包括十相应），③蕴篇（包括十三相应），④六处篇（包括十相应），⑤大篇（包括十二相应）。但傣文的相应部经，20世纪50年代后所保存的已为数甚少，许多经仅有目录而已。

4. 《增一部阿含经》——共分为十一集，每集又分为若干品，每品又包括若干部经，据说巴利原文共有二千三百多种经。但傣文译本并不多，从目录看，仅有百余种，可能没有全部译出。

5. 《小部阿含经》是一部内容丰富、性质不同的经集，经文内容一般较短，共有十五种。傣文的小部经除了音译的巴利文之外，还有不少注释和傣语译本。最为人们熟知的佛教文学作品《本生经》就是属于小部经的第十种，共有547个佛本生故事。《本生经》中的《维先多罗本生经》流传最广，深受各族信众的崇奉，无论在佛事活动或日常生活、文化艺术、风俗习惯等方面，都有很大的影响，被当作宗教轨范来遵循。这一仅有13个章节115首偈颂的本生故事，被编成详略不同的三种本子，大本三十二卷，包括巴利原文音译和傣译文，以及疏释，是最为详尽的本子；中本二十四卷，是在大本的基础上的删节本；小本十六卷，是仅附有注释的傣文译本。按照习惯，每年的佛诞节都要诵读这部经，寺院内的壁画及民间绘画、织帛等工艺美术品几乎全以这部本生经的故事为题材。

（二）律藏

律藏共分为五个部分：

1. 波多夷品（比丘戒解说）227条；拔腊已戛4条，与汉族佛教比丘戒四波罗夷法完全相同；

2. 波逸提品（比丘尼戒解说）500条；

3. 大品（包括有关佛传、雨安居、冬季住茅棚或大树下十天苦修、医药、酒服等十章）；

4. 小品（包括羯磨、灭诤、卧具、仪法、佛典结集等十二章）；

5. 附录（比丘戒、比丘尼戒解说，及大品小品的注释）。

（三）论藏

论藏包括七部作品：《法聚论》、《界论》、《双论》、《发趣论》、《人施设论》、《论事论》、《摄阿毗达磨义论》。

藏外典籍只有属于其他部分的《弥兰陀问经》、《岛史》、《大史》、《小史》、《清净道论》等（仅限于已有傣文本的）。

傣文南传三藏，除音译的巴利典籍之外，一般重要经典都有傣文的译本和注释。此外，还有为数不少的各民族历代高僧学者的著述，包括的范围十分广阔，诸凡天文、历算、医药、历史、语言、诗歌、民间传说以及来源于佛经的故事等，虽然不属于正式佛典的范畴，但都被视为佛典的形式而流传。

由于历史上的种种原因，云南上座部佛教用于书写佛典的傣文共分三种，第一种是润派佛教所使用的文字，在西双版纳称为"傣泐"文，思茅、临沧地区叫佛经文，德宏傣族景颇族自治州叫润文，这是佛典最多、使用地区较广的一种傣文。第二种是"傣纳"文，也叫德宏傣文，通用于德宏州，临沧和思茅的部分地区，使用地区也较广，在译成傣语文的佛典方面居于第二位。第三种文字称为"傣绷"文，国内使用范围不广，仅在临沧耿马县孟定、思茅孟连少数僧侣中使用，典籍很少。上述三种傣文佛典，全部是手抄本，还没有印刷本。历史上主要用贝叶刻写佛经，近代只有少数人用贝叶刻写，已普遍使用纸张书写佛典。

值得注意的是，如果与现行巴利三藏的内容相比，则不难看出云南南传上座部佛教三藏的特殊之处：

现行巴利三藏的律藏由经解说、键度和附篇三部分组成。经藏由五个部分组成，即1.《长阿含经》3品34篇；2.《中阿含经》分为根本50经、中分50经、后分50经，共15品，152篇；3.《相应部经》有5品2800多篇；4.《增一阿含经》2308篇；5.《小部经》包括小诵经、法句经、长老褐、本生经、譬喻经等内容短小的十五种小部经典；律藏，分为《经分别》、《犍度》、《附篇》三部分；论藏由七部论典组成，即：《法聚论》、《分别论》、《界论》、《双论》、《发趣论》、《人施设论》、《论事论》。

与之相比，云南南传上座部佛教三藏最大的不同在于：虽然论藏中包含七部论，但缺少巴利文三藏中的《分别论》，而是将《摄阿毗达磨义论》入藏。此外，云南南传上座部佛教藏外典籍中也未包含律藏重要的论疏——《善见律》，也没有《导论》和《藏释》。同时，它却包含了大量记录了许多傣族地区的历史、天文、地理、语言、文学、文化等方面内容的材料。

值得注意的是，近10年来，由云南省西双版纳州政府组织一批专家学者、高僧和民间人士在西双版纳地区广泛收集资料，经过甄选，最终于2010年翻译出版100卷《贝叶经》。这些贝叶经包含南传上座部佛教的原典、历代高僧大德的著述以及佛教教义衍化或改造过的世俗经典等三个部分。其中，第2卷《维先达腊》（上、下册）在整个东南亚南传佛教文化圈内广为流行，《维先达腊》是一部讲述佛本生故事的佛本生经，在西双版纳地区流传极广，影响深远。现已发现有四个不同版本，此次翻译出版的是其中较好的一个版本。经中记述了世尊佛祖的前生——维先达腊（即善施王子）乐善好施，从他一生下来直到长大成人都在不断布施。后因把国家的宝贵财物——白象布施于人，而被民众驱逐。他带着妻子儿女离开祖国，走进茫茫原始森林去作苦行僧修行，最后他把自己的妻子和儿女都作了布施。故事情节曲折生动，叙述维先达腊一家人的悲欢离合，最后在天神之王——帕雅英的帮助下，一家人得以团圆，并重返祖国，维先达腊继承父王之位，当上国王。本卷的出版，对于研究南传上座部佛教有重要的参考价值。

二 云南上座部佛教仪式中常颂的佛经

在云南南传上座部佛教地区，在佛教仪式中《守护经》是必不可少的念诵经文。《守护经》（巴利语 Paritta）共有8部，都是很短的经文，是用于消除灾难、疾病或喜庆节日念诵的。《三宝经》（Rattana sutta）、《五蕴护经》（Khandha paritta）、《孔雀护经》（Mora paritta）、《幡幢护经》（Dhajaggam paritta）、《阿吒囊胝护经》（Atanatiya paritta）、《央崛摩罗护经》（Angulimala paritta）、《大吉祥经》（Maha mangala sutta）、《慈经》（Mettaya sutta）。念《守护经》时，一般是请十几位佛爷来到家中念诵，晚上念诵时亲朋好友、邻里齐集一堂，听佛爷念诵经文。最常念的是《三宝经》、《慈经》、《大吉祥经》。

《三宝经》内容如下：

集于此处诸鬼神，无论地上者、空中者一切诸鬼神，欢喜热心闻我之所说。

受我教而来，是故一切鬼神！皆须谛听。垂慈昼夜奉献供祭之人众，是故有意护彼等。

于人间世界，或于他世界，虽有如何之财宝，或则天上之胜宝，亦无比拟于如来，此于佛为最胜宝。此为真理故，一切有幸福。

寂静释迦牟尼世尊，已至尽烦恼、离贪欲、成不死、殊胜法，任何亦无比拟此法者，此亦于法最胜宝。此为真理故，一切有幸福。

最胜之佛所称赞，谓清净不断之三昧，无有等此三昧者，此亦于法最胜宝。此为真理故，一切有幸福。

于诸善人中，被称赞者有八人，此等是四双。彼等善逝之弟子，有受供养价值人，布施此等有大果，此亦僧伽最胜宝。此为真理故，一切有幸福。

专念而持坚固心，信奉瞿昙之教者，何得最高之涅槃、入不死、获无偿，享受寂静乐，此亦僧伽最胜宝。此为真理故，一切有幸福。

譬如市门之巨柱，钉入大地时，如于四风不动摇，我说犹如甚深观察圣谛人，此亦僧伽最胜宝。此为真理故，一切有幸福。

依甚深之智慧，善能理解妙说圣谛人，则使大为放逸者，亦决不受第八生。此亦僧伽最胜宝。此为真理故，一切有幸福。

彼俱成就正见舍三事。即为身见、疑、戒禁取见。彼离四恶趣，不犯六逆罪，此亦僧伽最胜宝。此为真理故，一切有幸福。

彼虽为身、语、意恶业，不于隐匿彼；此称为见涅槃人，此亦僧伽最胜宝。此为真理故，一切有幸福。

犹如夏初，林中诸树之开花，如是彼为施最上之利益，说至涅槃最胜法。此亦于佛最胜宝。此为真理故，一切有幸福。

最胜而知最胜、与最胜、运最胜之无上士，说最胜之法，此亦于佛最胜宝。此为真理故，一切有幸福。

　　尽前之生，不起新生，于未来之生无贪求生，断"生"之种子，不望生长，贤人之彼等如灯尽而涅槃，此亦僧伽最胜宝。此为真理故，一切有幸福。

　　集此处诸鬼神，地上者、空中者一切诸鬼神，如是皈命神人所尊佛。愿彼等有幸福。

　　集此处诸鬼神，地上者、空中者一切诸鬼神，如是皈命神人所尊法。愿彼等有幸福。

　　集此处诸鬼神，地上者、空中者一切诸鬼神，如是皈命神人所尊僧伽。愿彼等有幸福。

《大吉祥经》是上座部佛教中日常念诵的经文之一。云南南传佛教信仰地区，在举行任何佛教活动时，僧人们都要念诵《大吉祥经》。在家的信徒也经常礼请出家人到家中念诵，信徒们都非常喜欢听。《大吉祥经》词意内容是这样：

　　勿近愚痴人，应与智者交，尊敬有德者，是为最吉祥。居住适宜处，往昔有德行，置身于正道，是为最吉祥。多闻工艺精，严持诸禁戒，言谈悦人心，是为最吉祥。奉养父母亲，爱护妻与子，从业要无害，是为最吉祥。布施好品德，帮助众亲眷，行为无瑕疵，是为最吉祥。恭敬与谦让，知足并感恩，及时闻教法，是为最吉祥。忍耐与顺从，得见众沙门，适时论信仰，是为最吉祥。自制净生活，领悟八正道，实证涅槃法，是为最吉祥。八风不动心，无忧无污染，宁静无烦恼，是为最吉祥。依此行持者，无往而不胜，一切处得福，是为最吉祥。

《慈爱经》（Metta Sutta）鲜明地体现出佛教的慈悲思想，深受各族群众欢迎：

　　欲获得寂静的善行者应具足：能干、坦诚、绝对正直、谦恭、温文、不骄傲、知足、易于护持、事务少、俭朴、摄受诸根、谨慎、不粗鲁、不执着俗家、不论多微小的过失，只要会受到智者指责的，他都不犯上。

（他应当祝愿）愿一切众生心生欢喜、快乐、平安。所有呼吸的众生，不论强弱，长或大，中等，短或小，可见或不可见，住在近处或远方，还会再生或不会再生的：愿一切众生心生欢喜。愿无人欺骗他人，或在任何地方轻侮人；愿他们不互相怀恨，不思挑拨与敌对。

因此，恰如为母者不惜生命地保护其独子，他亦当如此保持无量慈爱心，与于一切众生。让其慈爱遍满无量世界，于上方、下方及四方皆不受限制，完全没有瞋恨。无论是立、行、坐、卧，只要他不昏睡，便应培育这种（具有慈心的）觉醒。他们说，这是现前的梵住。

他不堕入邪见，具足德行，圆满智见。止息对欲乐的贪爱，他肯定不会再投胎。

在觉音尊者著的《清净道论》详细论述了修持慈心观可以得到的十一种功德：

（一）"安眠"——即不像他人那样辗转反侧及作鼾声睡得不安，却能安眠；其入眠如入定相似。

（二）"安寤"——没有他人那样呻吟，欠伸，辗转反侧的不安而寤的现象，犹如盛开的莲花，安乐不变而寤；

（三）"不见恶梦"——能见吉祥之梦，如礼塔庙，作供养及闻法等。不像别人梦见自己为盗贼所围，为野兽所追及坠于悬崖等；

（四）"为人所敬"——为人喜悦，如挂在胸前的珠饰，如头饰及花蔓相似；

（五）"为非人所敬"——如为人爱敬一样亦为非人爱敬。

（六）"诸天守护"——为诸天之所守护，如父母保护儿子一样；

（七）"不为火烧或中毒或刀伤"；

（八）"心得迅速等持"——住于慈者，心得迅速等持，不是迟钝的；

（九）"颜色光彩"——他的颜色光彩，如欲离蒂而落的熟了的多罗果相似；

（十）"临终昏迷不醒"——住于慈者，没有昏迷而死的，必能不昏迷如入眠一样的命终；

（十一）"不通达上位"——慈定不能证得阿罗汉的上位，然而死后生于梵天，犹如睡醒一般。①

正是在佛教的影响下，道德宗教化成为云南信仰南传上座部佛教地区少数民族社会道德伦理的重要特征。其中，慈悲善良、忍让布施成为伦理道德的重要内容。《三宝经》、《慈爱经》和《吉祥经》成为信徒们最熟悉的经文。

第二节　中国南传上座部佛教的主要教理、教义

云南傣族等少数民族信奉的佛教，属巴利语系，即南传上座部佛教，它和北传的小乘佛教在教义、学说上都有不同的发展而各具特色。对此，原中国佛教协会会长赵朴初居士曾指出："中国汉语大藏经中关于北传小乘的经、律、论三藏有比较完备的译本。高僧法显曾到师子国（今斯里兰卡）抄写经律，所携回译出的《杂阿含经》原本是否为巴利语已不可考。南朝齐永明七年（489）译出的《善见律毗婆沙》和梁天监十四年（515）译出的《解脱道论》则出于南传。中国律宗奉行的法藏部《四分律》也属南传同一系统。律宗解释律义即常引《善见律毗婆沙》之说。中国出家尼众的得戒最初也由师子国比丘尼铁萨罗等十余人前来传授。故汉地戒律与南传有很深渊源，在教义方面也有很多共同的内容。在南传三藏中《小部》的《本行藏》即集录各种波罗蜜行的事迹，承认佛道不与声闻道共，为大乘理论之先河。尤其主张'心性本净，为客尘染'的思想，也符合南天竺一乘宗的'含生同一真性，客尘障故'的初期禅宗根本思想。近代研究发现，达摩的壁观，可能与南传定学从地遍处入手应用地色曼荼罗有关。由此可见，南传巴利语系佛教与汉传大乘佛教具有深厚错综的关系。"

中国南传上座部佛教在长期的发展过程中，一直遵守原始佛教的纯洁性。缘起论和业报轮回思想是佛教最基本的理论学说，长期以来为中国南传上座部佛教严格恪守。其具体内容如下：

---

① 觉音尊者著，叶均译《清净道论》，中国佛教协会1991年版，第283页。

一 缘起论

所谓缘起论，即阐释宇宙万法皆由因缘所生起之相状及其缘由等教理之论说。缘起论是佛教最鲜明的主张，是佛教与其他宗教相区别的根本特征。缘起，即诸法由因缘而起，万物因缘和合而生。在《杂阿含经》中，释迦牟尼曾经给缘起下了一个这样的定义："此有故彼有，此生故彼生，此无故彼无，此灭故彼灭"。在《中阿含经》中，释迦牟尼又说："若见缘起便见法，若见法便见缘起。"

缘起论主要以"三法印"为基础，以"十二因缘"、"四谛"、"八正道"为中心思想。

《杂阿含经》卷十记载："一切行无常，一切法无我，涅槃寂灭"。这就是我们通常所说的"三法印"：诸行无常，诸法无我，涅槃寂静。

（一）十二因缘

十二因缘解释人生本质及其流转的过程。具体为：

"无明"，即愚昧无知，不能正确认识宇宙、万物的本质。业力活动是愚昧的结果，故曰"痴是行缘"。

"行"：指过去诸业和推动诸业趋向果报的过程或力量。"识"是由过去业行引发的，谓"行是识缘"。

"识"：或谓投生一刹那的精神体，人的生命体托识而成。

"名色"：指肉体与精神的统一，即有意识活动的人体。感知机能来自人的生命体。

"六入"：指眼耳鼻舌身意等六种感觉和认识机能。

"触"：指肉体、精神与外界的直接接触，如果人不具备触觉能力，或者不接触外界对象，就无从感受。

"受"：谓苦乐感受，可泛指人的生理和心理获得的各种享受。

"爱"："爱"主要指一切贪欲。

"取"："取"指对人生和物欲的热切追求，由此造成必得后报的各种业。

"有"："有"的本质，是积聚并能引生后世的"业力"；这里的"有"，是个有特定含义的宗教概念，指那些能够决定来世果报的思想行为之总和。

"生"：出生，指人生的开始。

"老死"：人生的终结。

这十二个概念构成一个前后相续的因果链条，所以也叫做"十二支缘起"。

（二）四谛

四谛，又作四圣谛。谛，意为真理或实在。由苦谛、集谛、灭谛和道谛组成。苦谛、集谛主要是说明人生的本质及其形成的原因；灭谛和道谛主要指明人生解脱的归宿和解脱之路。四谛即：

1. 苦谛：指三界六道生死轮回，充满了痛苦烦恼。

2. 集谛：集是集合、积聚、感召之意。集谛，指众生痛苦的根源。谓一切众生痛苦的根源在于无明，即对于佛法真理、宇宙人生真相的无知；正因为无明，众生才处于贪、瞋、痴、慢、疑、恶见等等烦恼之中，由此造下种种恶业；正因为造下种种恶业，又使得众生未来要遭受种种业报。生生流转，轮回不休。

3. 灭谛：指消灭痛苦。灭尽三界烦恼业因以及生死轮回果报，到达涅槃寂灭的境界，称为灭。

4. 道谛：指通向寂灭的道路，主要指八正道。佛教认为，依照佛法去修行，就能脱离生死轮回的苦海，到达涅槃寂灭的境界。

（三）八正道

八正道，即合乎正法的八种悟道成佛的途径，又称八圣道。即：

1. 正见：正确的见解，离开一切断常邪见。

2. 正思维：正确的思维，离开一切主观分别、颠倒妄想。

3. 正语：正确的言语，也就是不妄语、不慢语、不恶语、不谤语、不绮语、不暴语，远离一切戏论。

4. 正业：正确的行为活动，也就是不杀生、不偷盗、不邪淫等，诸恶莫做，众善奉行。

5. 正命：正确的生活方式，即远离一切不正当的职业和谋生方式，如赌博、卖淫、看相、占卜等。

6. 正精进：正确的努力，去恶从善，勤奋修行，不懒散度日。

7. 正念：正确的念法，即忆持正法，不忘佛教真理。

8. 正定：正确的禅定，即专注一境，身心寂静，远离散乱之心，以佛教智慧去观想万物的真相，获得人生的觉悟。

八正道，可被归纳为戒、定、慧"三学"，或扩展为"三十七道品"。

二 业报轮回的思想

佛教业报轮回思想认为,作为能够导致果报之因的行为,叫做"业"。"业"(Karma)是梵文的意译,音译"羯磨",意思是"造作"。业有三业:身业(行动)、口业(言话)、意业(思想)三类,也就是人的一切身心活动。任何思想行为,都会给行为者本人带来一定的后果,这后果叫做"报应"或"果报"。业有一种不导致报应决不消失的神秘力量,叫做"业力","业力不失"是联结因果报应的纽带。有什么样的业,就会得什么性质的报,在六道中轮回,流转不息。所谓善有福报,恶有罪报,是其主要内容。

在南传上座部佛教信仰区域,信徒们把释迦牟尼佛看作是真实的人,是世间的圣人和觉者,是指引人们得到解脱的导师。信徒们精进修行,但永远都达不到佛的果位。阿罗汉是佛教徒修行所能达到的最高果位。因此,人们自觉修行,强调个人的解脱,希望自己达到最后断灭一切惑业的"阿罗汉"果位,超脱三界,不再降生轮回。

值得注意的是,在中国南传佛教信仰区域内,关于四谛、八正道、十二因缘等教义对僧腊较长的僧侣和对佛教了解甚深的居士影响较大,而一般僧侣和信徒最容易接受的就是业报轮回思想。因此,在寺院的壁画、"董"上叙述的很多佛教故事,尤其是佛本生故事都是围绕着这一主题展开的,同时,在佛事活动中,关于善恶因果报应、天堂地狱、轮回转世的主题是经常出现的,也正是在这样反复举行的活动中,佛教的业报轮回思想深深地影响着中国南传佛教信仰区域的信徒们。

三 四念处

(一)传统的禅修

"四念处"的禅观方法一直是上座部佛教最基本的修行法门。南传经典《四念处经》(*The Four Foundations of Mindfulness*)对此有专门的规定。所谓四念处,巴利语是 satipatthana,梵语为 smrty-upasthana,是八正道正念的修行方法,指的是身观念处、受观念处、心观念处、法观念处四种修行内容。在佛经《大念处经》中记载:"为众生之清净,为度忧悲,为灭苦恼,为得真理,为证涅槃,唯一趣向道,即四念处。"修习"四念处"可得四果,四种福利:"谓须陀洹果,斯陀含果,阿那含果,阿罗汉果。"

佛弟子们经过身观念处、受观念处、心观念处、法观念处四个阶段，不断地训练自己，观照自己，检验自己，最后就可以断除烦恼忧苦的束缚，得到解脱自在的阿罗汉果。只要在日常生活中不断修习，就可以让烦恼忧愁止息。而且，无论文化背景、职业、种族、性别、甚至聪明才智的高低，任何人都可以修习这种禅观，消除烦恼，获得喜悦、轻松自在和解脱。[①]

对禅定修行的强调是南传佛教的最大特点。对此，在东南亚南传佛教传播地区形成了不同的禅修理论，兹举数例如下：

孙伦念住禅修法：非常强调严密地念住于接触的醒觉。它是给精进的出家或在家人日夜修持的。对于较不精进修者，禅修中心提供一天五到七次的禅坐时段，每个时段持续一至三个小时。一个太忙于世俗工作或事务的人，应当要能够一天修习两次。同时，在禅坐与禅坐之间的时段，心不应该任其游荡，不加以把持。禅修者应努力持续地保持念住，他应该持续地念住于接触的感觉。一天当中，他的身体时时刻刻都与其他东西接触。当禅修者坐着时，他的身体接触到椅子；躺着时，他的头接触到枕头；走路时，他的每个脚步都触到地面；拿一件工具或物品时，他的手指接触到它。禅修者应当念住于身体与椅子的接触；头部与枕头的接触；脚板与地面的接触；手指与工具的接触。假使可能的话，他应该住于所视物与眼睛的接触；声与耳、味与舌、香与鼻的接触。

泰国佛使比丘的自然内观法：他认为想对我们身心世界，也就是五蕴有完整的认识，其所需具备之内在觉察力，必须经过几个阶段。第一个阶段是喜悦。把一件事情做好，或是布施（可说是获得功德最基本的方法），都可以得到喜悦。再高一些是道德或完全清净的言行，它会带来更大的喜悦。比这两种更高的是来自定的喜悦。即使是最低层次的定力，都能带来很大的喜悦。第二个阶段是平静。当喜悦引发之后，它能够使我们的心"平静"下来。随着内心喜悦的建立，内心的平静、稳定也跟着增加。第三阶段是定，当内心平静时，会产生完全的定。这时的心是完全明朗、冷静、稳定与自制。但这并不表示内观一蹴即成。因定力的强度及运用的不同，随时可能获得第一阶的内观智，而不是一下子就完全觉悟。透过定与清晰地观察，将能感受到非常特殊、深刻的内观经验。如果获得的是正确的内观智，就能亲身体会实相，当练习熟练，体会随之深化，终而

[①] 参考觉音著，叶均译《清净道论》，中国佛教协会1991年版，第288页。

对所有的现象都能如实知见。即使获得些微的内观力,也可能使人得到圣者的最初果位,假使没有达到这种成就,至少也能使人有高尚的品德。如果环境配合,而且内心建立足够的品质,甚至可以得到完全的解脱,这完全看环境。只要内心拥有自然的定,内观智就一定会生起,而能或多或少接近实相。第四个阶段是如实知见。所谓如实知见,指的是看清事物的无常(暂时性)、苦(不完美)与无我,了解到没有任何事情值得追求、存有;任何东西都不值得去抓牢、去粘着为我、我所有、好、坏、可取、可拾。即使只是概念或记忆上的喜欢或厌恶,都是粘着。我们说没有任何事情值得追求或存有,意思是指没有任何事情值得粘着。"追求"就是把心放在财产、地位、健康或任何喜欢的东西上,"存有"就是执着自我的形象,将自己的身份确定成丈夫、妻子、富人、穷人、胜者、败者、人类或自己。如果我们深入观察,成为自己是毫无乐趣的,因为企图成为任何东西都是痛苦的。第五个阶段是厌离,当我们确实领悟到,没有任何东西值得追求或存有,厌离之心会随着内观的深浅而有程度不同的显露,这些是执着松动而消失的征兆。第六个阶段是离欲,只有在一个人厌倦对事物黏着的时候,这就会发生。第七个阶段是解脱,一旦离欲了,就自然、自发地自缠结中脱离出来,就好像一个人被绳子绑紧,而现在要松绑了;也好比衣服上的污点,因浸泡在清洁剂而洗净。这种从粘着于世界或物体的状态中突破的过程,佛陀称为"解脱",这个阶段虽然不是解脱的最后阶段,却是趋向完全解脱的最重要阶段。而且一个人到了这一程度后,肯定可以完全从痛苦解脱出来。第八个阶段是清净,对物质、感受与概念的黏着一旦消除,个人就不再是世界的奴隶;以前受到贪、瞋、痴污染的人,变成清净无染的人。第九个阶段是清凉、涅槃。在这一阶段,自贪爱世界中突破而不执着,达到纯净、自然的状况;一旦获得此种真正的纯净,会带来真正的平静、冷静,而不再慌乱、争执、苦恼。综观这一自然内观的方法,可以看到这种方法能够使人于每天的生活中体验"没有任何事物值得追求或存有"这句真理而获得涅槃、解脱。任何想要体会解脱的人,必须努力净化自己,发展个人良好的德行,在这样的净化中,无论工作或休闲都充满喜悦,由此喜悦自然引发精神的明净、鲜活、平静和宁静,并能自然、自发地用心去思惟与观察,看清"没有任何事物值得追求或存有",自然会放掉过去紧抓、黏着的贪心,从以往事物中的"我"、"我所"挣脱出来,所有的盲目渴求因而止息,痛苦不再有任何栖息落脚处,灭苦的目标于是完成。这是每个人都能用自然的禅修方式获得的成就。这种超越粘着、超越了将任何经验或事物当做我、我所的内在清凉，就是清净道的最后目标，也是佛陀的真正解脱。①

泰国阿姜查系统的禅修正念理论：泰国阿姜查法师依南传传统注重"四念住法门"之修习，不强调任何的打坐方法，也不鼓励人们参加快速成就内观或者开悟的精进课程。在正式的坐禅里，教人先观出入息以调心，等心安住了，继续观察身、心的变化。耐心修学、奉行戒律、生活简朴、保持自然以及观照内心，是其修行要诀。泰国阿姜查法师教导人们要单纯地安住于当下，其心终会契入它原本的和谐状态，这时，修行是自然涌现的。法师会引导学生继续单纯地观照内心，甚至连深刻的内观和开悟经验都不可执着，只是分分秒秒地持续这种不执着的观点。

泰国阿姜摩诃布瓦法师则强调定、慧互动。坚强而稳定的专注力是生起智能的前兆；运用智能透过对身与心的观察与研究，来辅助培养专注力与宁静，然后，以此专注力导引更深的智能。然而对究竟解脱来说，但有定的经验并没有什么价值，能导致解脱的智能才是重要的。日常依戒（道德）生活，维持无悔、愉快、自在的心情，对世人是永远都有必要的。最好是在惑（业、苦）出现时，立即以戒学、定学、慧学的方式去处理。

缅甸雪乌敏西亚多主张禅修心法就是正确的修行态度。正确的态度是禅修时最重要的一件事，修行时不要过于努力专注，不要去控制，不要企图制造任何事物，不要强迫或限制自己。要企图制造任何事物，但也不要拒绝当下正在发生的事。然而，当事情发生或停止发生时，不要忘记它们，要对它们保持觉知。企图制造某件事是贪（lobha），拒绝正在发生的事是瞋（dosa），不清楚某件事正在发生或停止发生是痴（moha）。只有当观照的心没有贪、瞋或烦恼、焦虑（soka）时，宁静（直观）的心才会升起。你必须反复检查自己修行时的态度。你必须同时接纳并观察好与坏的经验。不要有任何期望，不要渴求任何事物，不要焦躁不安，修行是以觉知和领悟（或理解）的心来等待和观察，不是思惟，不是回想，不是批判。要抱着想要得到某物或希望某事发生的心态来修行。这唯一的效果是将使你自己疲累。修行时，你的心应该是轻松与平静的。你的身和心

---

① 详细请参考林崇安编译：《比较不同的南传内观禅修法门》，http://qzlxs.fjsy.net/。

都应该感到舒适。一颗轻松自在的心，使你得到良好的修行。修行就是：不论发生任何事，好事或坏事，接受它，放轻松，并且观察它。不要被自己的意念烦扰，人们修炼的并不是要停止思惟，每当意念生起时，你要觉察并且接纳它。①

缅甸马哈希法师则主张以密集内观禅修，系统地教授四念住的修行方法。主张首先修学前行——四种护念——念佛（十号功德）、慈念（一切有情）、念身（不净）、死念（提起无常生灭及精进修道）。第二、基本练习（坐禅及行禅交替）——对四念处专注能力之开发——分为四阶段。第三、进阶练习——慧观之开发——分为三阶：（1）辨明身心及其缘起，（2）体悟生灭随观智，（3）内观深化，体验涅槃。马哈希导师之禅风特点在于：没有一定的对象（止观之业处）作为开发定力的前方便；一起步，即对刹那变化的身心现象觉照观察，对每一身心生起的现象"命名称念。"这种命名称念的技巧（其他当代南传大师有赞同者亦有反对者在），康菲尔德先生认为有助于把想蕴的内容，导向作为禅修的观察的目标，它帮助瑜伽行者从"各种体验内容认同或介入"跳离。②

此外，葛印卡的内观体系、隆波田的动中禅等都是非常有影响的禅修理论，限于篇幅，笔者就不再一一介绍，但我们要看到的是，这些禅修理论体系都是目前东南亚佛教国家较为普遍的禅修内容。这些禅修理论在中国也有一定的影响。

（二）当代中国南传佛教禅修实践

注重禅定修行，并发展完善的禅修理论体系是南传佛教的特色。20世纪80年代以来，中国南传佛教开始注重发展自己的独特性，强调发扬传统，以西双版纳—思茅地区为例，其南传上座部佛教派别主要以润派为主，因此，在制度层面上的变化相对显得单纯一些。过去在傣历二月份的豪干节，全体比丘以勐为单位集中在中心佛寺的空地上搭建茅棚，精进用功，时间十天十夜。上午、初夜、午夜三次坐禅，早晚集体上殿礼佛诵经，正午集体进布萨堂自恣，然后列队出堂，每人左手持贝叶团扇，右手持禅杖，偏袒右肩，赤脚行走，胸前挂钵，结队到村寨乞

---

① 缅甸雪乌敏西亚多著：《禅修心法——正确的修行态度》，乌德旆尼亚英译，叶文可中译。http://www.xici.net/b99368/d73258063.htm。

② 杰克·康菲尔德：《当代南传佛教大师》，觉悟之路网站。

食，信众们则集中在村边供僧，完全模仿古代僧伽生活方式，这是西双版纳"润派"上座部佛教所特有的。现在的西双版纳傣族自治州橄榄坝的曼听佛寺就一直遵守这一托钵制度和布萨羯磨制度。

当代中国南传佛教仿效东南亚禅修中心，举办中国南传佛教禅修班，满足世俗社会的需要，这是对南传佛教固有的布萨羯磨制度和禅修制度的突破。

目前，内观修行的运动显然已开始在台湾佛教界、大陆佛教界掀起一股"南传佛教"热。佛教正念修行在欧美等西方世界也日益盛行。人们开始反思南传佛教系统的理论，关注南传佛教的内观禅修体系。10余年来，年年都有来自缅甸等东南亚佛教国家的禅师来到我国台湾指导为期10—30日的密集禅修；提倡内观修行的台湾本土佛教道场、寺院也正逐渐增加之中。在大陆，一些汉传佛教寺院也率先打出南传佛教的禅修优势，举办东南亚南传佛教禅修课程培训班，为汉传佛教区域的群众了解南传佛教提供了极大的便利，同时也扩大了南传佛教的影响，使人们开始对南传佛教有了较深的了解。也有不少的佛教徒纷纷前往缅甸和泰国禅修中心，在禅师的指导下进行长期或短期的参学。由于很多人担心缅甸、泰国属于异国，语言不通，有诸多的不便，非常渴望在国内有这样的一个禅修中心，既可省去办理出国手续等诸多麻烦，更可以进行语言交流，因此，他们多次向云南省佛协反映，希望中国南传佛教信仰区域内有这样的一个禅修中心，可以很好地进行身心放松。正是在这样的背景下，为让国内广大喜爱佛教的人亲身感受佛教的修行传统，云南省佛教协会、西双版纳总佛寺会同西双版纳橄榄坝曼听佛塔寺携手常年举办短期剃度出家及止观禅修活动，在课程的选择上，积极向国外禅修中心学习，同时针对我国的实际情况，制定符合中国信众实际情况的课程内容。

1. 教义方面：

学习南传上座部佛教基本教义教理，体悟禅定与经行，共修与独立禅修并行，每日乞食托钵等，从行住坐卧中训练威仪，变化气质，涤尘静虑，深入法乐。

2. 修行方面：

听闻业处指导老师律藏、经藏、论藏开示，初探概念法与究竟法，遨游法海，开发智慧，应个人根性机缘进行业处指导修学，次第教授止观禅法，令每个禅修者受益。

3. 戒法方面：

施行剃度、正授、讲戒、舍戒、在家生活等戒行仪礼，以使禅修贤友戒行清净，如法受持戒律，体会短期出家及止观禅修的殊胜。

近年来，中国南传佛教为了学习佛教教义，践行佛陀戒定慧三学，亲证佛陀教导，从日常行、持、坐、卧中陶冶、熏习，真正体验僧团和乐清净的生活。2009 年 8 月 11 日在云南省佛教协会南传工作委员会众长老的倡导下，首届西双版纳地区各寺院南传长老比库止观禅修营安居期在曼听佛塔寺正式开营。西双版纳曼听佛塔寺的止观禅修活动得到西双版纳境内各寺院住持长老的积极响应，纷纷将本寺的比丘送往曼听佛塔寺止观禅修林，进行止观系列禅法的系统性实修。据曼听佛塔寺都罕听长老介绍："上座部佛教止观禅法是佛陀住世时所传授的系统性极强的修行方法，是每个僧人日常生活所必须的，这样的活动受云南省佛教协会及各寺院长老的委托将长期开展下去，其目的是使佛陀的正法传续国内教区而利益四众。"首届活动的前几期主要由本地区各寺院的主持长老和各寺院的众比丘带领，进行密集型的实修，业处指导教授师为都罕听尊者。在禅修活动中，严格按照佛教教义和戒律进行禅修，其修行生活之严格令整个南传佛教信仰地区所赞叹。

此外，为让国内广大喜爱佛教的人亲身感受佛教的修行传统，云南省佛教协会、西双版纳总佛寺会同西双版纳橄榄坝曼听佛塔寺携手常年举办短期剃度出家及止观禅修活动，笔者在 2009 年 8 月前去调研西双版纳傣族自治州橄榄坝的曼听佛寺禅修中心调研时，就看到有来自北京、上海、南京、昆明、成都等地的禅修者在曼听佛寺禅修中心进行禅修。他们对中国南传佛教在中国举办禅修中心，为大家提供良好的禅修环境的善举赞不绝口。

在修行过程中，为了给大家提供一个清静的修行环境，曼听佛塔寺制定了严格的作息制度和管理制度，具体如下：

曼听佛塔寺止观禅修林作息时间表

5：00 am 起床

5：30—6：30am 共修

6：30—7：00am 早课

7：45am 早餐

8：30—9：30am 清洁卫生/入村托钵
9：30—10：00am 经行
10：00—11：30am 共修
12：00pm 午餐
14：00—15：30pm 共修
15：30—4：30pm 经行/禅修报告
16：30—6：00pm 共修
17：00—6：00pm 个人卫生/沐浴
18：00—7：30pm 共修
20：00—9：00pm 讲经开示
21：30pm 熄灯

除了制定严格的作息制度外，禅修中心还专门依托东南亚南传佛教有关规定，为上座部僧众制定以下规约①：

  基于本次禅修营将会邀请和组织西双版纳等地区的许多长老、比库大德们参加，所以，为了使参加禅修营的僧众们能够更好地做好自己身为人天师范的本分，为了让来自全国各地的信众们对上座部佛教僧人留下良好的印象，今特为上座部僧众制定以下规约：
  1. 上座部出家众除了要遵守《止观禅修营共住规约》之外，还必须严持戒律。比库应持227条巴帝摩卡（pātimokkha）学处及所有其他戒律；沙马内拉应持十戒、75众学法及所有其他相关戒律。
  2. 比库和沙马内拉不得以任何方式接受、使用和支配金钱，包括现金、信用卡、支票、电子记账卡、金、银、珠宝等等。持有金钱的出家人在参加禅修营之前先须舍弃它们。对此规定，无一例外！
  3. 以违律方式所获得的用品，譬如由自己或其他比库所购置之物，不得带来禅修营。
  4. 过了正午一律不得进食，包括不得食用固体食物、煮过或经加工的果汁和蔬菜汁，以及牛奶、豆奶、豆浆、美禄、麦片、咖啡、

---

① 详细请参看中国南传佛教网，http：//www.chinancfj.cn/newsshow.php？tid＝604&cid＝28。

包装饮料、巧克力等食物。

5. 过午允许喝混以冷水并经过滤无渣的鲜榨果汁、糖水/棕榈糖水、蜜糖水及茶。为了预防疾病与消除疲弱，也允许服用生酥、熟酥油、蜂蜜和糖，以及适当的药品。

6. 除了水和牙刷之外，比库所吃的任何东西皆须经过授与，包括食物、七日药和终生药等。授食时可请沙马内拉或在家人帮忙。

7. 比库不得碰触、移动任何未经授与的食物。

8. 吸烟、饮酒、嚼烟草或槟榔、吸服毒品皆属严禁之列。

9. 应齐整地穿着上下衣。进入村寨时，上衣必须通覆双肩，一切应如众学法第1—4条中所制而行。

10. 出家众不得挂念珠，佩戴手珠、金刚绳、保护线、手表等装饰品，手表应挂在腰带上或装在袋子中。

11. 不得从事任何娱乐活动，包括唱歌、哼曲、跳舞、打球、打牌、下棋、听音乐歌曲、观看表演等。

12. 不足5瓦萨（vassa，戒龄）的比库应向一位至少10瓦萨且精通戒律的贤明长老请求依止。

13. 在托钵等公众场合中，应按瓦萨先后整齐排队。

14. 不得驾驶任何交通工具，包括汽车、摩托车等。

15. 禅修营期间，避免与村民和本地人交往。

由于戒律传承等原因，凡参加禅修营的北传比丘、比丘尼，请尊重自己的传统，守持好北传的戒律和清规。平时应穿着长褂，在托钵、用餐、闻法、禅修报告时请披搭七衣（不得擅自披着南传袈裟），同时也不要与上座部比库僧一起参加诵戒甘马（kamma）、计算瓦萨等。

除了创办禅修中心外，云南省佛教协会、中国南传佛教网等还编译了大量的教材，出版译述著作《大护卫经》、《比库巴帝摩卡》、《沙马内拉学处》、《上座部佛教修学入门》、《阿毗达摩讲要》、《上座部佛教念诵集》、《止观法要》等，希望提供人们的禅修实践理论，注重内观禅修系统的完善。

按照中国南传佛教传统，西双版纳禅修体系主要以润派禅修体系为主。现在，根据曼听佛塔寺居士管理小组的德明居士介绍："从2006年开始，曼听佛寺开始以流行于印度和缅甸的葛印卡的内观体系、泰国阿姜查系统的禅修正念理论为主，而自 2009 年至今，开始以缅甸帕奥禅林的止观禅修系统为主要的禅修内容"。① 逐渐以东南亚佛教国家的禅修体系为主，近年来尤其是以缅甸禅修体系为主，表现出极大的流动性特征。

---

① 本节在写作过程中，得到德明居士的大力支持，特此感谢！

第 四 章

中国南传上座部佛教的派别

综观中国南传上座部佛教派别，主要有润派、摆庄、多列、左抵四个派别，分布在中国南传上座部佛教圈的不同区域。这些不同区域的派别各有特色，但其源头都属于斯里兰卡的南传上座部佛教大寺派，传播路线主要经由泰国和缅甸传入。

西双版纳地区的佛教派别较为简单，以润派佛教为主；德宏地区的佛教派别与西双版纳地区相比，较为复杂，也较多，有润派、摆庄派、多列派和左抵派；在临沧地区以润派、摆庄派、多列派为主。考察这些佛教派别，我们不难发现，这些佛教派别形态已经相当成熟，与佛教史籍中所记载的早期佛教派别相比，已经有了很大的发展，形成了各具特色的佛教系统。值得注意的是，由于在中国云南南传上座部佛教圈的不同区域有如此丰富的佛教派别，且各个区域的佛教派别有相同之处，也有不同之处，互有交叉，因此，我们可以推论，这些佛教派别在传入中国云南之前就已经形成了自己的系统，在传入中国经历了本土化过程之后更为完善。

为了更好地考察中国南传上座部佛教派别，我们有必要从源头上对于整个东南亚地区南传上座部佛教派别的发展过程进行一个了解。

第一节 斯里兰卡佛教派别

东南亚南传上座部佛教在各国流传日久，由于对教理和戒律理解的不同，加之风俗习惯的差异，逐渐形成很多部派。但随着东南亚各国民族格局的形成以及各国国力增强、国家对佛教的大力扶持和发展，到14、15世纪时，东南亚斯里兰卡、缅甸、泰国、柬埔寨、老挝等国大体上形成以斯里兰卡大寺派的上座部佛教为佛教正统的局面。因此，了解斯里兰卡佛教派别的发展情况对于泰、掸、傣族文化佛教文化圈的形成有至关重要的影响。

一 大寺派、无畏山寺派、祇多林派

公元前三世纪，印度孔雀王朝的阿育王统一了印度北方，并将实力向南发展。同时整顿僧团，举行了第三次佛教圣典大结集，整理编撰了巴利三藏，并派出9个试图到国外弘扬佛法。其中，阿育王的儿子玛亨德（Mahinda）尊者被派往斯里兰卡布教。玛亨德尊者到达斯里兰卡时，适值兰卡天爱帝须（Devanampiyatissa）国王当政。知识渊博的玛亨德尊者解答了国王提出的一系列问题，并向国王及其大臣们宣讲了《象迹喻小品经》、《天宫事》、《饿鬼事》、《天使经》和《智愚经》等等，让人们正确理解佛法、传授皈依佛法僧三宝的仪轨和戒律，教人们止恶扬善、广积福德。国王百姓闻法后，心生欢喜，纷纷皈依。国王将御花园"大云林园"（Mahameghavanaya）献给玛亨德尊者，并在园内建起"大寺"（Mahavihara）。后来，玛亨德尊者就以此为主，传播佛法。因此这座"大寺"成为当时斯里兰卡的弘法道场，在以后大寺还成为整个南传上座部佛教文化圈的传播中心。①

公元前一世纪，瓦拉甘跋（Valagamba）国王执政期间，南印度进犯，国内也发生反叛事件，国王逃离都城，期间得遇摩诃帝须（Mahatissa）长老的帮助。当动乱平息后，国王为了报答当初摩诃帝须（Mahatissa）长老的恩德，就重建了一座寺院赠送给摩诃帝须长老，并将这座寺院命名为"无畏山寺"（Abhayagiri Vihara）。在当时，僧团规定施主布施的寺院应该是布施给十方僧众的，而摩诃帝须长老接受这样的个人财物是不对的，因此，大寺僧人判定摩诃帝须长老犯了"多与俗人接近"罪，依律将他驱逐出僧团。摩诃帝须长老不服这样的判决，他的弟子巴哈拉玛苏帝须也为自己的老师据理力争，却也被判有罪，禁止参加诵戒。于是，摩诃帝须长老和自己的弟子们就直接在无畏山寺传播佛法，与大寺长老分庭抗礼。虽然，无畏山寺势单力薄，但因其得到国王的支持，所以也逐渐发展起来。这样，斯里兰卡的佛教就分类为大寺派和无畏山寺派。

公元一世纪，大乘佛教在印度兴起，印度僧人法喜来到兰卡，因为他

---

① 邓殿臣：《南传佛教简史》，中国佛教协会，1991年，第7页。

们主张"有我"的主张与大寺派理论格格不入，不为大寺派接受，但无畏山寺却接纳了他们，因此，无畏山寺也被称为"法喜派"。但后来，印度龙树创立大乘中观学派。大乘方广派也传入了斯里兰卡，但却被大寺派僧人不容，而无畏山寺僧人则承认并接受了方广派。但国王责令审查后，认为方广派所传非佛说，于是下令禁止方广派活动。公元3世纪，无畏山寺的方广派又开始活跃，后来有长老率领弟子离开无畏山寺，到南山寺驻锡。因此，到公元3世纪时，斯里兰卡佛教就形成了大寺派、无畏山寺派和南寺（又称祇多林派）三个派别同时存在的局面。

二 林居派和村居派

斯里兰卡还形成了很多其他佛教派别。例如林居派和村居派。但林居派和村居派并不是脱离大寺、无畏山寺和祇多林寺三派之外的两个派系，而是混杂于三派之中的两个派系。[①] 林居派的僧人住在山林里的岩洞或草棚中，严守戒律，专修止观，追求自身解脱；对于经论不大重视。村居派与之相反，他们居住在村镇附近的寺庙中，努力钻研经论，和信众保持着密切联系，而修禅持戒不及林居派用功严谨。村居僧人中有许多博识强记、知识丰富的饱学长老，为满足信众的需要，他们讲经说法，广做佛事，成为人们的导师。他们住锡的寺庙，成为佛教文化的中心和传播文化的基地。两派僧人各有所执，各行其是，共荣互补，一起推动斯里兰卡佛教向前发展。对佛教的认识和实践，两者之间存有矛盾，生活方式也迥然不同。但是，并没有形成对立，更没有出现过激烈的冲突和斗争。可以说，那时只有"林居僧"和"村居僧"的区别，还不存在"林居派"和"村居派"。似乎林居僧在人们心目中的威望略高。他们离欲出尘，苦行修炼，受到信众的普遍敬仰。

公元前1世纪是斯里兰卡佛教史上一个非常重要的时期。数百僧人在曼陀罗寺举行集会，但会上僧人产生了分歧，形成了两个对立的派别：主张修重于学的林居派和主张学重于修的村居派。前者又称为"阿兰若派"，后者又称为"法师派"或"读经派"。公元之后，斯里兰卡佛教中的派系曾发展到13个之多，而就对待修和学、对待戒律和对待经论的态

[①] 邓殿臣：《斯里兰卡佛教林居派及其向泰掸老傣地区的传布（上）》，《东南亚研究》1991年第1期，第48页。

度而言，可笼统地分为林居派和村居派。两大派辩论的结果是村居派得胜，林居派（包括粪扫衣派）默然无言。学重于修既成定论，便成为社会的共识。这种形势发展到 10 世纪前后，一直没有改变，僧人中注释经典、撰写教史蔚然成风。林居派因受到压抑，自曼陀罗辩论大会之后的 1200 年间，发展较为缓慢。在形势不利、处境困难的情况下，林居派对自己的传统观念和作风进行了一些改革。到 6 世纪，它已发展成为一个独立的派系。改革之后，许多林居派僧人也开始研读经论，接触社会，为人们讲经说法。到阿努拉特普罗王朝（公元 437—1058 年）以后，林居派有了较大的发展。当时斯里兰卡佛教界已形成了八大学派。其实力较强、影响较大，与大寺关系密切的"迦勒杜鲁穆拉派"便属于林居派。这说明那时的林居派在学术上也已有了卓著的成就，涌现出了一批著名的佛教学者。帕拉克拉玛巴忽大帝于公元 1165 年发动了一场彻底整顿僧团、统一全国佛教的改革运动，这场运动的领导者便是林居派丁布拉格拉石窟的迦叶波长老。史书上说，当时迦叶波长老已是一位戒行严谨、德高望重的僧伽领袖，所以国王才委此重任。同时，长老也一定是一位精通律制，深研佛法的大德三藏，否则便无法制定律法，审判犯戒僧人。而他所在的丁布拉格拉石窟，也已成为林居派的一个重要学术基地。帕拉克拉玛巴忽国王和迦叶波长老密切配合，冲破重重阻力，终于完成了整顿僧团的任务，兰卡佛教的这一新的形势对林居派的迅速发展是十分有利的，大大提高了林居派在佛教中的地位和声望。因此，僧团的整顿给村居派中一部分僧人以沉重打击，林居派僧人则受到鼓舞。因此，从 12 世纪中期到 15 世纪中期，斯里兰卡佛教的林居派影响较大。这 300 年正是斯里兰卡佛教传入泰、掸、老、傣及整个中印半岛的时期。[①]

在这一时期，就整个东南亚民族分布格局而言，泰、掸、老、傣族民族格局基本定型，泰、掸、老、傣族民族文化圈基本形成，在这一民族文化圈内相似的民族文化渊源以及相互之间的姻亲关系[②]使文化的相互传播成为可能，同时也使佛教在此民族文化圈内广为传播。从斯里兰卡传入

[①] 邓殿臣：《斯里兰卡佛教林居派及其向泰掸老傣地区的传布（上）》，《东南亚研究》1991 年第 1 期，第 45—49 页。

[②] 室萨·旺里颇隆：《华富里的泰东北》，《泰国星暹日报》1997 年号，转引自泰国黎道纲《泰国古代史地丛考》，中华书局 2000 年版，第 221 页。

泰、掸、老、傣族民族文化圈的佛教以南传上座部佛教为主，其中斯里兰卡的林居派又在此时占有主要地位。

第二节　泰国佛教派别[①]

就中国南传上座部佛教文化圈而言，泰国佛教对其的影响是最大的，从目前现存文献资料来看，13世纪以后泰国北部的兰那泰王国对其影响尤大。

一　兰那泰王国佛教派别

1263年，泰国北部泰族部落的孟莱王在清盛的南边建立了一座城市，以他的名字命名为清莱，并把统治中心迁到了清莱。当时，一度统治泰北的孟人的势力已经衰落，高棉人的势力也迅速退却，因此，孟莱王在清莱站稳了脚跟之后，再度向南发展，并一度占领了孟人城市南奔。[②]

1296年，孟莱王又在宾河流域建立了一座新城，即清迈（清迈的意思就是"新城"）。清迈的建立对兰那王国的发展至关重要。清迈的建立开创了泰阮人的新纪元。[③]《新元史》在记载"八百媳妇国"（即兰那王国）的范围时，是这样记载的："东至老挝，南至波勒蛮，西至大古刺，北至孟艮府。"其中，孟艮府指的就是今天的缅甸景栋地区。泰国的史书记载就比较详细了。根据泰国史书的记载，孟莱王统一泰北地区以后，"八百媳妇"的核心地区即包括了今天的清迈、南奔、南邦、清莱等地。另外，孟莱王还派他的儿子去统治今天缅甸景栋地区的勐乃。后来，"八百媳妇"形成了以清莱为中心的北部地区和以清迈为中心的南部地区两大区域。在历史发展的长河里，清迈逐渐发展成了泰北的政治、经济和文

[①] 笔者在写作泰国兰那佛教的过程中，得到云南大学人文学院历史系何平教授的很大帮助，特此致谢。

[②] Hans Penth, "*A Brief History of Nan Na: Civilization of North Thailand*", Silkworm Books, Thailand, 2000, p. 11.

[③] 进入泰北的这些泰人后来被他们的邻居称为"（泰）阮人"（Yuan）或"（泰）允人"（Yun）或"（泰）庸人"（Yon），传说中的"庸那迦"（巴利文拼写为 Yonaka，泰文拼写为 Yonok）即是从这个名称来的。最初，泰阮人居住在今天的缅老泰三国交界一带地区乃至更北边的一些地区。

化的中心，泰北各地泰人的小勐如难、帕等均归附了清迈。①

孟莱王是一个虔诚的佛教徒，他一方面在南奔、清迈等地广造佛寺，一方面又派以应达班（Yingdabanyo）为首的一批比丘到斯里兰卡深造。这批比丘回国后，建立了莲花塘寺（Wabayobo），持阿兰若律（即林居派的戒律）② 这就是直到今日仍然影响很大的莲花塘寺派的发端。③

另外，根据泰北的《清迈纪年》的记载，兰那王国孟莱王出生于泰北清盛地区的恩央王国（又译银扬王国）的统治家族，他的父亲老蒙（Lao Meng）长得非常英俊。老蒙长大以后，他的父亲也就是孟莱王的祖父召老芒（Cao Lao Moeng）派人到统治今天西双版纳地区的景洪王甸陇建仔（Thao Rung Kaen Chai）处为儿子求婚。甸陇建仔很高兴，就把女儿帖帕罕凯（Theppha Kham Khrai）嫁给了老蒙。老蒙在32岁时继父位统治恩央王国以后，把景洪王甸陇建仔的女儿帖帕罕凯升为王后，其地位"高于其他500位王妃。"④ 另外，傣族有关文献，如《佛教圣事大记》等也对此有所记载，西双版纳第四代召片领（即宣慰使）甸陇建仔将女儿嫁到了泰国北部地区。后来生子，即兰那王国的孟莱王。在孟莱王统治时期，他对自己的外祖父母非常孝顺，每年都有大批的礼物送给自己的外祖父母。甸陇建仔也非常疼爱自己的外孙，在自己外孙生日的时候都有很厚重的礼物回赠。因此，这一时期的泰国兰那王国和中国云南西双版纳地区的关系非常好，这为佛教从泰国兰那地区传入西双版纳地区打下了良好的基础。在此后的时间里有大批的巴利语佛经和注释被译为了泰润文，在泰族、傣族、掸族和老族地区流通，促进了这一地带佛教文化的大发展⑤。

此外，在泰国兰那历史上，哥那王（Keu Na，1355—1385年）统治时期是整个泰国北部南传上座部佛教发展的重要阶段。在他的支持下，为了能在清迈建立兰卡林居派僧团，他曾遣使至缅甸邀请林居派的长老乌东

---

① 何平：《"八百媳妇"新探》（待发表稿）。

② 又有一说为斯里兰卡长老亲到清迈建立该寺。见邓殿臣《南传佛教简史》，中国佛教协会出版1991年版，第191页。

③ 邓殿臣：《南传佛教简史》，中国佛教协会出版1991年版，第191页。

④ "The Chiang Mai Chronicle", translated (from Thai into English) by David K. Wyatt and Aroonrut Wichienkeeo, Silkworm Books, Chiang Mai, 1995, pp. 14 – 15.

⑤ 邓殿臣：《南传佛教简史》，中国佛教协会出版1991年版，第191页。

巴拉①（当时乌东巴拉还没到素可泰）。乌东巴拉派他的弟子阿难陀到了清迈，但法事未成。哥那王又从素可泰地区请来了高僧苏摩纳（Sumana）。苏摩纳（Sumana）是斯里兰卡僧领梅唐卡拉的泰族弟子，而梅唐卡拉是斯里兰卡林居派一个支派的传人。所以，苏摩纳所弘扬的戒法属于斯里兰卡的林居派。这一派又称为阿兰若派，比较注重戒行和学问，即佛教中的戒、定、慧三学。在戒学中，它注重的是苦行，因此主张在森林里修行；在慧学方面，他们注重的是阿毗昙（论藏）。因此，苏摩纳在兰那地区非常强调通过经典的研究和讲习来弘法。正是因为他的到来和对佛法的推动，兰那地区的南传上座部佛教得到了巩固和发展。哥那王把自己的花园献给苏摩纳，作为弘法道场和阿兰若派僧团的基地。所以，人们又把苏摩纳所弘扬的佛教派别称为"花园寺派"。后来"花园寺派"传入中国云南西双版纳地区。

15世纪初，兰那泰的比丘25人与吴哥的8位上座前往斯里教兰卡求法，师从斯里兰卡僧领瓦那拉特那（Vanaratana）。他们在那里的凯拉尼耶河上重新受戒——据说该戒坛是当初佛祖到楞伽岛时设立的，因此具有无上的权威性。从此，斯里兰卡的大寺的戒系就正式传到了泰国北部地区，这就是兰那的僧伽罗派。他们回到泰国后，组成了庞大的僧团开始大规模的弘法活动，先后到大城、素可泰、清迈、哈里奔猜等地为多人披剃，培养了大批斯里兰卡派僧人，使泰国各地的佛教进一步走上了兰卡化的道路。② 1441年，兰那泰的三界王（Tilokaraja）登基后，佛教进入了一个飞速发展的阶段。在这一阶段，兰那泰的佛像趋于成熟，头上佛光作宝珠状，佛发造型为螺髻，面含微笑，佛身细腰宽肩，线条流畅。这是斯里兰卡佛像在泰国的进一步发展。③ 这是佛教在兰那王国本土化的趋于成熟的标志。随着佛教在兰那王国的进一步本土化，1477年，兰那泰又进行了一次佛教的结集活动，重新整理了巴利文三藏，显示出兰那的佛教已经在理论方面有了长足的发展。随着结集的完成，兰那本地的佛教僧人的理论创造活动示活跃起来，涌现了大量的佛教理论著作，如妙吉祥（Sri Mangala）的《吉祥灯论》（Mangalathadipani）、智称（Nanakitti）的《阿

---

① 邓殿臣：《南传佛教简史》，中国佛教协会出版1991年版，第194页。
② 同上书，第193页。
③ 宋立道：《从印度佛教到泰国佛教》，台湾东大图书股份有限公司2002年版，第114页。

毗达磨释记》（Abhidhammayijana）以及宝智（Ratana Panna）所作著名的《胜者时鬘》（Jinakalamalini）等。这些著作的出现标志着兰那王国本土化进程取得了更大的成就。值得注意的是，在孟莱王和哥那王统治时期，缅甸景栋地区是兰那泰王国的版图的一部分。因此，在兰那王国佛教本土化进程中，于1369年和1373年两次由兰那地区的比丘弘法僧团将兰那泰的上座部佛教经过缅甸景栋地区传入中国云南西双版纳地区。

二 素可泰王国等泰国佛教派别

在泰人的先民迁徙的过程中，另外还有一些支系进入了湄南河流域，一些人与当地的孟人和高棉人统治集团成员通婚融合，逐渐形成了一个新的族群——泰暹人或暹泰人。泰国学者黎道纲先生认为："湄南河流域的各个王系，由于文化相同，彼此通婚联合，逐渐形成一个单一民族，这个民族就是高棉人、占婆人和周边国家人们口里的 Syam 人。所谓 Syam 人……也就是今日泰国境内的暹泰民族。"暹泰人或者叫泰暹人大概在13世纪40年代控制了素可泰城，但直到兰甘亨于1279年左右继承其兄为王之后，素可泰才真正成为一个暹泰族的政治中心。当时，素可泰通过扩张兼并了周边许多高棉人的城邦和已经居住在当地的泰人的小勐，形成了一个规模较大的泰人国家。在兰甘亨统治时期，素可泰成为一个富裕而强大的中心，国王兰甘亨是一位虔诚的佛教徒，大力弘扬南传上座部佛教，使南传上座部佛教取代了早期的原始宗教而成为国教。素可泰王朝昆罗康恒王在位时期（1277—1317），因礼请锡兰大寺派僧侣来泰说法、传戒，始确定南传上座部为主要信仰。曼谷王朝建立后，拉玛一世于1788年召集230名硕学比丘和30名皇家学者，对已收集的三藏典籍进行整理编定，此被称为泰国佛教史上的第九次结集，编写的三藏名为"结集版三藏"或"皇家版三藏"，共计288箧。19世纪，曼谷王朝的拉玛四世（1851—1868）改革佛教，创法宗派（或称为"正法派"），要求严格遵守戒律；原有众多僧众即称大宗派，这就是今日泰国的两个主要佛教派别。这两派在教理上没有重大差别，只在遵守戒律方面有所宽严。

第三节 缅甸地区的佛教派别

缅甸是一个历史悠久的佛教国家，约有80%的人信仰南传上座部佛教，全国有寺院2万多座，僧侣11万多人。

一 蒲甘王朝时期佛教派别

　　缅甸蒲甘王朝的阿奴律陀国王于1044年统一全缅建立蒲甘王朝后，就进行宗教改革。他遵从一位孟族高僧阿罗汉的教导，大兴上座部佛教。据缅甸《琉璃宫史》、《佛教史》载，阿罗汉原在缅甸南部的达通，初到蒲甘布教时住在蒲甘城外的林间。后得阿奴律陀信任，出任国师之职，使缅甸成为一个发达的佛国。阿奴律陀遵从阿罗汉的意见，从南方孟族地区的达通取来巴利三藏，并礼请大批孟族高僧到蒲甘布教。同时，阿奴律陀又遣使兰卡，取来一套完备的巴利三藏。1058年始创缅文字母，音译了上座部佛教三藏典籍，奠定缅甸上座部佛教的基础。蒲甘佛教文化盛极一时，成为南传上座部佛教的中心。1071年，锡兰国王毗舍耶摩诃一世遣使者来缅，求赐三藏，请派僧团传戒，一时缅甸成为南传佛教的中心。

　　阿罗汉圆寂之后，由班达古长老继任国师。班达古赴斯里兰卡修学7年，深受兰卡佛教的影响。接任班达古国师之职的郁多罗耆婆长老也带了孟族沙弥车波多等大批僧人到斯里兰卡求学。车波多10年后归国，还带了斯里兰卡、柬埔寨、印度等几个国家的比丘一同回到蒲甘。他们一到蒲甘，便宣称唯有兰卡佛教最为纯正，并大力弘扬。他们依照兰卡仪轨，在江中水上结界，为很多人传授戒法，收大批弟子门徒。因为得到国王的护持，兰卡派佛教在缅甸迅速发展壮大起来。初期的蒲甘佛教，一半来自金地达通，一半来自斯里兰卡。后经几位国师及车波多的努力，使兰卡派佛教逐渐成为缅甸佛教的主流。那时的斯里兰卡已取缔无畏山寺和祇多林寺两派，变成了大寺派的一统天下。但林居派和村居派依然存在，传入缅甸的是林居派还是村居派，尚难以断定。阿奴律陀还大肆扩张疆域，向东征服了掸族诸邦，并纳一掸族公主为妃，密切了蒲甘和掸区的关系。发达的蒲甘佛教文化很自然地传向掸区，又通过掸区传到泰、老、傣族地区。

二 南北朝时期佛教派别

　　13世纪末，蒲甘王朝崩溃，缅甸出现了南北朝分立，但南北朝都信奉佛教，北方在阿瓦大造寺庙佛塔，南方也修建大金塔。此后历代国王都将大金塔增高，并敷金箔，增设回廊，形成现代所见的形态。上座部佛教经过蒲甘王朝的辉煌后继续蓬勃地发展。佛教从孟缅地区向境内其他少数民族地区的传播取得了更好的成效。1287年元朝蒙古军队南下，推翻了蒲甘王朝。缅北的掸族乘机南下，把势力扩展到中部和南部地区。缅甸出现了群雄割据、互相征战的混乱局面。北方掸族王国邦牙聚集了许多阿奴律陀时代被驱逐的阿利教僧侣，上座部佛教十分微弱。后来上座部比丘小罗汉和天眼来邦牙弘法，得到国王的崇信和扶植，佛教才开始发展起来。1324年乌那继位后，建立77座佛寺供养来自蒲甘的阿罗汉派和阿难陀派僧侣。两派发展，人数增至数千。1364年实皆王他拖弥婆耶战胜邦牙并迁都阿瓦。由于国王信奉阿利教，上座部佛教又受到暂时的压制。1368年明吉斯伐修寄王登位，礼请其师大寺派高僧差摩遮罗长老担任国师，上座部佛教才得以快速发展。1429年斯里兰卡高僧室利萨达磨楞伽罗和信哈罗摩诃萨弥带着五佛舍利来缅弘法，受到勃固国王的冷遇。阿瓦国王闻讯后派遣40艘船只亲迎其来阿瓦弘法。阿瓦佛教逐渐兴旺起来。[①] 但阿瓦王国的佛教因僧团内部的见解不同，又分为三派：阿兰若派、村居派和因国王捐赠田产而有了收益的"国僧"派。总之，缅甸佛教在部派争论方面，12世纪时，来自大寺派的比丘建立斯里兰卡宗派，遂与来缅甸原有的宗派形成对立，达200年之久。15世纪后期根据勃固国王达磨悉提的旨意而统一起来的僧团，由于对戒律理解的不同而孕育着分裂的迹象。

三 东吁王朝时期佛教派别

僧团间的争论在18世纪达到了高潮。1700年东吁王朝娑尼王时期，求那比兰伽罗长老认为披袈裟袒右肩和用棕榈叶扇遮阳不违反戒律，因而受到排斥。僧团由此分裂成两派：偏袒派和被覆派。东吁王朝时被覆派势力较大，而到贡榜王朝时主张偏袒右肩的阿杜罗长老出任雍籍牙王的国师，偏袒派占了上风。到孟云王时期，由于国王认为偏袒派论据不足，命令其与被覆派统一。1784年两派结束部派之争，重归统一。结束了几百年的宗派纷争。一般说来，12—19世纪末，僧伽罗僧伽派和末罗姆摩僧伽派逐渐分裂，形成善法派、瑞琴派、门派等。今缅甸佛教僧团主要有哆达磨、瑞景、达婆罗三派，前二者为传统宗派，达婆罗派则为19世纪末由哆达磨派的革新者所成立，僧众最少。三派教义无别，惟于戒律所见有异，特别是所持用物、着衣法及生活仪节主张不同。缅甸佛教僧制甚严，

---

① 钟智翔：《缅甸的佛教及其发展》，《东南亚研究》2001年第2期。

在南传佛教中具有十分重要的地位。

总的来说，目前缅甸正式登记注册的佛教宗派有善法派、瑞京派、大门派、根门派、西河门派、竹林派、捏顿派、目古多派和摩诃英派等九个派别。其中最大的善法派有僧侣近10万人，约占全国僧侣总数的90%。[①]

第四节　中国云南南传上座部佛教派别

现存云南的南传上座部佛教派别主要有润派佛教、摆庄派、多列派和左抵派四个佛教派别。对于南传上座部佛教传入中国云南西双版纳的路线，学术界经过长期的研究已有定论：至今流传于西双版纳地区的南传上座部佛教主要是从泰国清迈经过缅甸的景栋传入的；至今流传于德宏地区的南传上座部佛教有从西双版纳传入的，也有直接从缅甸传入的；临沧地区南传上座部佛教有从西双版纳传入的，也有直接从缅甸传入的，还有从德宏地区传入的。就中国南传上座部佛教派别的分布而言，润派佛教主要分布于西双版纳地区、德宏地区、临沧地区，尤其在西双版纳地区占有绝对优势。另外，摆庄派、多列派和左抵派在德宏地区、临沧地区都有分布。兹分别论述如下：

一　润派佛教

润派佛教是中国南传上座部佛教派别中分布最广的，几乎在中国南传上座部佛教佛教各个区域都有分布，尤其在西双版纳地区占有绝对优势，在德洪、临沧和思茅地区也都有润派佛教的信徒。润派佛教主要是从泰国北部兰那地区经由缅甸景栋传入中国云南境内。历史上，云南与泰国北部的"八百媳妇国"（兰那王国）关系十分密切，佛教能够从泰国兰那地区传入缅甸的景栋，又进一步传入到中国云南西双版纳地区。就其传入的佛教派别而言，由缅甸、泰国传入中国云南的上座部佛教，主要分为林居派和村居派，林居派住在山林中，村居派住在村落或寨边，这两派都是从泰国清迈传入缅甸的景栋，据傣族文献和相关资料记载，其中村居派又从景栋传入西双版纳的勐龙、景洪、勐腊、勐捧、易武、勐养、勐旺的傣族地区；林居派主要流行于布朗族和部分傣族地区。而后来这两派界限缩小，

[①] 杨曾文：《当代佛教》，东方出版社1993年版，第113页。

林居的僧人越来越少。后来，泰国北部的兰那王国的孟莱王派以应达班（Yingdabanyo）为首的一批比丘到斯里兰卡深造。这批比丘回国后，建立了莲花塘寺（Wabayobo），持阿兰若律（即林居派的戒律）①，此派是经泰国清迈先传入缅北的景栋，再由景栋传入，主要在西双版纳的西定布朗山区和勐遮、勐海、勐混、大勐龙、景洪、勐罕等傣族地区流行。后来，泰国北部兰那王国的哥那王时期，兰那王国出现了苏摩纳所弘扬的佛教派别——"花园寺派"。"花园寺派"也传入了中国云南西双版纳地区，并在中国云南流播开来。莲花塘寺派主张严守林居派戒律，花园寺派则主张改革。这两派由于在戒律问题上发生分歧，于是分别建立寺庙和布萨堂，分别组织佛事活动。再往后，润派佛教才传入德宏、临沧地区。②

润派佛教的经典源于巴利语，在云南地区流传的润派佛教经典主要有西双版纳地区古傣文和德宏地区古傣文两大类。用西双版纳地区古傣文写的叫"经"，傣语称"坦"。经又有大经小经之分，但无论是大经还是小经，它们的内容大多是音译过来的，内容多为教规戒条；而德宏地区古傣文书写的叫"书"，傣语称"利勿"，主要是注疏，是对经的解释。由于经的内容很深奥，又是用老傣文抄写的，因此，真正能解释其含义的僧侣已经不多。根据规定，在寺院里，大本的经、书都是用木支架固定的，念诵者必须端坐诵经。诵经时每一位僧侣都要大声吟唱，但在读大经和小经时又有区别，读大经时要全体一起读，在读小经时，自己可以手持经书念诵。

润派佛教因在戒律上稍有分歧，又分为四个小的佛教派别。

摆孙派：

摆孙，傣语"花园房屋"的意思。其寺院多建立在平坝区的村寨里，所以人们又称之为"田园派"。该派的僧人可以住在楼房里，持戒较宽，可以吃荤，可以拥有田产，同时还允许经商，因此，此派僧团经济条件较其他派别好，僧侣和信徒较多。

---

① 又有一说为斯里兰卡长老亲到清迈建立该寺。见邓殿臣《南传佛教简史》，中国佛教协会出版1991年版，第191页。

② 关于兰那佛教润派与云南的关系，详参本书第62页"兰那佛教传入西双版纳地区"部分。

摆坝派：

摆坝，傣语"山林房屋"的意思，人们习惯称之为"山林派"。该派寺院大多分布在山林里，远离村寨，民间常称之为"野佛寺"。僧人持戒较严，不茹荤腥，严格恪守过午不食的规定，不置田产，主张苦行。

摆润派：

该派主要流行于云南临沧地区。根据傣族文献记载，在傣历八三五年（1473年，明朝成化九年），有忙雨寨百姓波岩望等四人往励艮经商，因参与赌博，将银钱输光。四人闲游至勐坑一缅寺，听得诵经之声抑扬幽雅，乃访该寺长老，长老告以佛事诸多好处。波岩望等即向长老求得佛像一尊，并由英达、转达二位佛爷护送至耿马。当时正值耿马土司罕边法在位。土司见之甚喜，乃于傣历八三五年（1473年）建寺于东门之半满燕。于是，摆润派佛教经缅甸掸邦的勐艮（今景栋）地区传入耿马。后来佛教又传播到耿马的勐角懂、勐撒、孟定等地。至傣历910年（1548年，明嘉靖二十七年），土司罕庆法时建盖景戈大佛寺（汉译称洼佛寺）以及洼广、洼蝶、洼允相、洼回坎等佛寺。至土司罕朝瑷以后又建盖洼坎（睡佛寺）、洼墨（小街佛寺）、洼勒（甘东寺）、洼楞（官佛寺）、洼东户（野佛寺）、洼吾（观音阁）等寺。于是佛教就在耿马全县的傣族、佤族、布朗族、德昂族等民族地区传布开来。据统计，仅耿马县共有佛寺202所，长老和比丘705人，沙弥2155人。[①] 但就临沧地区的摆润派来看，其中心主要集中于耿马县城一带，并在传教过程中，得到罕氏土司的大力支持，因此，此派在耿马地区占绝对优势。后来临沧县、[②] 沧源县的傣族、佤族等也接受了佛教。至清末民初，佛教在临沧地区发展到鼎盛时期。[③]

摆顺派：

摆顺派是17世纪从缅甸贺南地区传入云南耿马地区的。最初在南蚌河的四坪建寺。它是介于摆润派和多列派之间的佛教派别，其经典、教义与摆润派和多列派相通。但此派人数极少，20世纪60年代仅有比丘2

[①] 《云南省志·宗教志》，第24页。
[②] 现在的临沧市临翔区。
[③] 临沧地区民族宗教事务局编《临沧地区民族志》，云南民族出版社2002年版，第66页。

人，信徒50余户、佛寺1座。①

一般说来，润派佛教的各个支系在举行佛教仪式时还有一些区别，例如：摆孙派由和尚晋升佛爷时，在举行升和尚仪式时，晋升者要躲到园子里，然后被人找回来再举行仪式；摆坝派晋升者要事先跑到山上躲起来，然后群众背着刀枪，敲锣打鼓，鸣放鞭炮，吵吵嚷嚷地去找。找到后，再请回佛寺举行仪式。据说，升佛爷时，事先躲起来是表示谦虚，并且每晋升一次都要如此行事。临沧地区的润派佛教和尚晋升"佛爷"时要藏在山林。村民找到他以后，用扎着鲜花的轿子抬回来，再举行晋升仪式。以此说明他很想过林居生活，在群众的请求下随缘而至。

此外，在德宏地区广泛流传着佛祖的很多传说，相传佛主"果他麻"即将外出传教，他那已怀孕的妻子要求随同前往。果他麻应允，二人行到缅甸的锡袍（邻近腊戍）地方，妻即分娩。当地百姓在一寺中搭一伙房，让她住下抚养孩子。不久，佛主的妻子又要求跟随布教行善。果他麻又答应了妻子的请求，但提出两个条件：第一、只能穿白衣而不能穿黄衣，以示区别男女；第二、女人为佛行善限期至二千年为止。故后来的尼姑庵就是从那时开始流传下来的，迄今已二千余年了。据说"从前瑞丽尼姑亦多，由于超过佛主规定的时间，所以尼姑日益减少"。又传说：当佛主的孩子长大后，他日夜思念父亲，想和父亲相会。但佛主认为出家人不能承认自己的儿女，就叫儿子去找地方官——混贺罕，并佯称混贺罕即是他的父亲。混贺罕收养了佛主的孩子，买鞋给他穿，不料他竟穿着鞋跑进佛堂。有人把情况告诉佛主："穿鞋进佛堂违反了教规。"佛主回答："小孩子没关系。"后来混贺罕买长刀给孩子玩，孩子挂着长刀闯入佛堂。有人去告诉佛主，佛主仍说没关系。混贺罕又给孩子买一匹马，他竟骑马冲进佛堂。佛主依然用同样的话回答了前去告状的人。不久，混贺罕缝制了黄单，送孩子去奘房当和尚，后来就成为润派。故此派比较随便，能挂长刀、骑马、可杀生、可养家禽家畜等。所以百姓往往称这派为有钱人的派，或称作官家的教。②

---

① 王海涛：《云南佛教史》，云南美术出版社2001年版，第395页。
② 张建章：《德宏小乘佛教教派及改革》，《世界宗教研究》1990年第1期。

二 左抵派佛教

左抵派创始人洼拉是缅甸芒海人，为曼德勒比丘。清朝末年，左抵派分为两条线路传入云南。一条线路是有缅甸的仰光传入德宏的芒市，另外一条线路是从缅甸南罕传入德宏瑞丽和临沧的孟定地区。佛寺建在村外，允许妇女出家，妇女受戒后，被称为"雅好"（沙弥尼），因着白色衣服，故又被称为"白衣女"。妇女一旦成为"雅好"后，就必须严格遵守教规。寺院里专门为"雅好"设置的房子，以便"雅好"居住和修行。左抵派佛教持戒最严格，僧侣终生不茹荤腥，过午不食，不准抽烟喝酒，并绝对不能吸鸦片，更不准杀生。除了可以留一只用于报晓的公鸡外，不养牲畜家禽，且不能让禽畜闯入寺中。寺院大门有很高的门槛，并设有经常关闭的木栅以防牲畜进入。禁止屠夫进寺。僧侣生活简单，除经常披一件黄红色布袈裟外，不许再穿衣服；即使冬天夜卧也不能用被褥；睡觉时不用被褥，也不挂蚊帐。僧侣一般无故不出门，更不许入民家。如果有事要出寺门，必须赤足而行。人们见到大佛爷须叩首礼拜，俯伏在大佛爷的身前为之搓脚捏腿，然后始能与大佛爷谈话。

这一派规定：佛寺中供奉的佛像不能分送他处。而且供佛的箭尾无弓和弦，仍保留箭的式样，供佛只能用鲜花，不能用纸花、绢花或塑料花等替代物。[①]

僧侣没有永久的固定寺院，一般不能久住于一个寺院，每隔一段时间，大佛爷就会带着弟子们离开寺院到其他地方，在另一个地方居住一段时间，又再离开。

全派僧侣结合成一个大集团，统属一个大佛爷率领，过着全体一致的生活。每到一地，不住佛寺，信奉此派的民众为之建一僧侣住宅区（或称寺院），住几年又迁徙他去，寺院便空下来，一直要等到这个大集团有机会再游返原地时，这座寺院才再有僧侣居住。中缅两国左抵派的活动中心一直固定在掸邦勐密和仰光。左抵僧侣大集团财富充裕，原因是该派只有这两个集团，而信奉的人民则各地皆有，有缅族、掸族、茶山（景颇族的一个分支）、德昂等民族信奉，该集团所到之处，日常生活自有寨民供给，而远方的信奉者，都积储了银子来供奉，因此他们的财富便愈积愈

[①] 张建章：《德宏小乘佛教教派及改革》，《世界宗教研究》1990年第1期。

多了。凡左抵僧侣集团所到的村寨，不仅不再需要人民供应，且有余钱周济寨中贫户，所以各地人民以至土司都多方派人迎请，以期借助他们的财富使村民得到一些经济上的好处。

左抵僧侣集团要迁往他处时，有一项特殊风俗：把一个火盆放在佛殿前，火盆里插一支村人供奉的剪纸小幡，便表示要离此它去了。村人见了此种表示，当诚心挽留。若殿前火盆里的佛幡撤回去了，便是接受挽留的表示；若是未撤去，可再度挽留；若小幡加多为二支，是表示去意甚坚，但仍可挽留；倘若火盆中插上三支佛幡，那是表示去意已决，挽留无效，村人便准备欢送了。

左抵派佛教仅流传于德宏地区的芒市、瑞丽和临沧地区的孟定境内，因其持戒过严，信徒人数较少。后来在民国时期在德宏地区因为受到摆庄派的排挤，长老就率领信徒迁徙到缅甸境内，从此云南境内的左抵派佛教一蹶不振，[①]很多教徒后来改信多列派佛教。

1988年芒市镇东里教长肖二和思华章等老人讲述了左抵教来源的传说：很久以前，有位傣族佛爷，名洼腊左底。他眼见佛门教规不严，世风日下，便叛逆而去，决心严格遵循教义，另立教派，弘扬佛法。他只身来到缅北八莫一带，寻到一个幽静的三岔洞，便留此修行。一日有位傣族猎人在幽暗的洞中发现一头"大黄麂"，他立即弯弓搭箭，瞄准射击，但箭头却奇怪地飞至右侧岩壁下。他又射出第二箭，箭头又落入左侧石旮旯里。他大感不解，意识到倘若再射第三箭，肯定利箭会穿透自己的心脏！这时，那头"神麂"突然发话了："你这个臭虫啊，杀牲害命是背罪过的！"猎人这才认出不是大黄麂，而是位相貌不凡的佛爷。他吓得倒头便拜，佛爷用佛经训导猎人，猎人皈依了佛门，猎人以箭为香，顺手采了束野花供佛。猎人回寨一宣传，村人皆感神奇，于是敲着铓击鼓，集队前往佛洞，请佛爷入寨传教。有信徒问佛爷："此教可有教名？"佛爷沉思道："我叫洼腊左底，就以我的名字作教名吧！"

德宏州的左抵寺院平时无僧侣。1950年以前，曾有来自缅甸掸邦勐密的游方僧人到寺院小憩。寺院的寺务由教长主持，教长每年初春均赴缅甸勐密忏悔和捐送功德钱。据1956年潞西县法帕区曼应金寨曾到勐密忏悔过的帕戛说：勐密是个二十余户的掸族村落，但勐密佛寺的占地面积却

[①] 王海涛：《云南佛教史》，云南美术出版社2001年版，第402页。

比民房面积大一倍以上，住着一百多个和尚。①

左抵派佛教是非常特殊的，不仅和尚有极严格的戒律，就是信奉此派的民众在日常生活上也须受到宗教戒律的约束。凡信奉此教派的民众要严格遵守下列诸戒条：

（1）绝对禁止饮酒。

（2）禁杀生，但可食肉（见杀不吃）——他人杀死者可购买来吃。

（3）家内不许养鸡、猪、猫、狗。牛可畜养——因为这是耕田不可少的，但不能屠宰。

（4）禁止打猎及捕鱼。旁观他人打猎及捕鱼亦在禁止之列。

（5）禁止售卖犯物——系指足以用来致人于死的物件。例如：火柴可以用来引火焚死人，刀可以杀死人，绳索可以勒死人，棍棒可以打死人，水可以溺死人等，都属于犯物之列。此诸物只可买来自用，不可转卖给他人。

（6）不信鬼，不上坟。

三　摆庄派佛教

摆庄派又称耿龙，明朝中叶由缅甸传入，主要分布于德宏地区的芒市、瑞丽、遮放、盈江、陇川、连山等地。根据德宏地区的长老介绍，此派是从缅甸的瓦城传入德宏地区的。②

摆庄派与润派中的摆孙派有些接近，戒律较宽松。僧侣可以养牲畜家禽，允许信徒杀生、食荤腥，也可以吸烟饮酒。寺院多建于村寨中，有寺产。摆庄派在德宏地区的傣族、德昂族、阿昌族等民族中拥有较多的信徒。③当地信徒传说，摆庄派有八大罗汉：嘎沙拉阿、苏巴拉、沙拉吉雅、玛玛法、管定牙、欧哈里苟达、阿路勒他、雅沙。前四位已经涅槃，后四位依然健在，住世人间。因此，信徒们信念坚定，要让摆庄派传法永驻人间。④其经典、戒律以及佛教仪轨与润派佛教较接近，尤其是与润派佛教中的摆孙派接近，村民们见到佛爷后可以自由交谈，没有严格的礼节

---

① 张建章：《德宏小乘佛教教派及改革》，《世界宗教研究》1990年第1期。
② 邓殿臣：《南传佛教史简编》，中国佛教协会出版1991年版，第196页。
③ 王海涛：《云南佛教史》，云南美术出版社2001年版，第397页。
④ 同上书，第400页。

和界限。

关于摆庄派的来历，有这样的传说：从前有两个和尚外出化缘，路过一片山林地时已近黄昏，他俩决定露宿。忽见一年轻妇人在林间呼救，并恳求二僧做伴。小和尚坚决不肯。大和尚却可怜她身陷困境，同意了她的请求。入夜，小和尚爬上树丫歇宿，偷偷监视躺在树下休息的大和尚与妇人的动静，无异常发现。翌日返寺，小和尚即向佛报告大和尚不守教规，与妇女有私交。佛反驳："你疑心大，别人无错，错在于你。"佛又对大和尚说："你和妇人同一地歇宿是有罪的，除非做一次摆才能消除罪过"。做摆叫摆中，所以形成后来的摆中派。因谐音关系，即成摆庄派。①

四　多列派佛教

多列派又称摆多派、耿章。傣语为"好山"，意思是好的山林。相传于明朝中叶从缅甸传入，主要流行于临沧、德宏的傣族和德昂族地区，其中在德宏傣族景颇族自治州以芒市和瑞丽信仰多列派的佛教徒居多，而在临沧地区以耿马县孟定的傣族信仰人数最多。

多列派的创始人阿拉含师出斯里兰卡大寺派门下，后来到泰国传教，另立门户。阿拉含弟子众多，因对教义教规各持己见而发生分裂，形成多列派、左抵派、摆庄派等。其中多列派在上座部佛教中属于较保守的教派。相传此派创始人因为违反了戒规。他的师傅就以钵盛水，在钵底捅一孔，让水一滴滴地滴落下来。师傅命其将钵挂于脖颈前行，水滴尽时，方可以在所到之处居住。于是，这弟子走到山林时，水刚好滴完，他便在山林里建寺修行，创建了多列派。

多列派的寺院一般建立于山林之中，不在村寨里。民间有一种解释，认为缅语"多"是指"树林"之意，"列"是指"来住下"之意，故民间把在山林里住下的这派僧侣称为"多列派"。后来，因僧侣住在山上森林中，每天都得下山化缘，有些不便，故逐渐把寺院建在村寨中。但是它又与润派佛教的摆坝派那样把寺院建在远离闹市的山林村寨之中不同，而是离村寨不近不远，大约有数百米的距离。

多列派允许妇女出家，与左抵派相同，妇女受戒后，被称为"雅好"

---

① 张建章：《德宏小乘佛教教派及改革》，《世界宗教研究》1990 年第 1 期。

（沙弥尼），只能着白色衣服修行。妇女一旦成为"雅好"后，就必须严格遵守教规。寺院里专门为"雅好"设置房子，以便"雅好"居住和修行。僧侣过午不食，但可以食荤腥，凡不是自己杀的猪、鸡、鱼等均可以吃。佛寺不得留宿外人。僧侣和男性信徒入寺必须要脱鞋和洗脚，妇女只能在外堂行礼。

多列派在缅甸北部非常兴盛，一时成为佛教发展的中心。但后来由于对戒律的理解方面有发生细微的分歧，多列派又分为四个小的派别。

达拱旦派：

傣语"左搭袈裟"之意。该派僧侣习惯将袈裟折叠搭于左肩，故人们以此称之。其派大约于明朝传入云南，主要分布在德宏地区的盈江、梁河、连山、陇川、芒市、遮放一带。当地的傣族和德昂族多数属于达拱旦派。但后来在民国时期，此派受到润派佛教的排挤，有的信徒就改信摆庄派，慢慢地此派不再流传。据调查，到20世纪60年代，仅有芒市、遮放一带还有佛寺和信徒，其余地方已经无存。

舒特曼派：

于清朝从缅甸传入，起初仅仅在德宏地区的瑞丽、陇川两地流传。到民国初年，连山的摆庄派比丘乌丙巫德到缅甸参学后，就改信仰"舒特曼"，他回到云南后在连山和盈江地区传法，于是舒特曼派在这些地区流传开来。

瑞竟派：

其传播区域主要集中在德宏和临沧地区两地。相传在傣历九〇八年（1546），缅甸瑞竟派高僧塔马撒拉、麻哈撒朱二人到临沧孟定传教，云南始有瑞竟派的流传。后来该派在孟定允景等地建立了11个佛寺。民国初，缅甸瑞竟派又有2人到德宏地区的盈江传教，于是盈江十三村的摆庄派信徒全部改信瑞竟派。以后又有连山比丘伍已腊到缅甸学习瑞竟派，他在20世纪40年代初回到连山传法，一时影响甚广，但到20世纪60年代后瑞竟派慢慢归于沉寂。[①]

缅坐派：

大约在清朝末年从缅甸传入德宏，但只在瑞丽地区流行。因该派僧侣常常有将坐垫麂皮折叠搭于肩上的习惯，因此人们就以此称之为"缅

[①] 王海涛：《云南佛教史》，云南美术出版社2001年版，第396页。

坐"。其派与达拱旦派相似,流传不广,影响也不大。

多列派佛教在明末清初一度非常繁荣,仅仅在临沧地区的孟定、勐简就有很多所寺院。但在清朝道光年间,多列派佛教和润派佛教发生冲突,多列派佛教受到排挤,部分僧众迁往免得,寺院中心转移到弄门。到清末和民国初年,多列派佛教寺院又多次遭遇兵火之灾,至 1950 年前仅仅余少数寺院。1951 年临沧地区允景的英德嘎长老从缅甸勐束学成回国,重新开始弘扬此派。在临沧地区以允景佛寺为中心,发展多列派佛教。多列派佛教寺院在临沧发展到 11 所,僧侣 135 人。1958 年,英德嘎长老被选为云南省佛教协会副会长。1967 年后,寺院被毁,1980 年得以恢复。1982 年,有寺院 12 所,僧侣 203 人,其中长老 7 人,和尚 196 人。1980 年后,临沧地区的多列派佛教主要是由孟定滚来佛寺长老苏米达主持。1987 年,苏米达长老被选为全国佛教协会理事、云南省佛教协会副会长。[①] 直至今日,笔者在 2006 年至 2009 年间多次前往临沧调研的过程中,发现临沧地区的多列派佛教现在主要集中于孟定一带,以孟定滚来佛寺长老苏米达的影响最大。此外,在德宏地区仍然有流传。

这一佛教派别最大的特点是较多保留缅甸佛教传统,缅式佛教文化色彩较浓,除了研习用傣文写的巴利语经典之外,还出现了用傣文写的缅语经典,有少数经典直接用缅语写作,在佛教仪式中也使用缅语诵读经文。

---

① 临沧地区民族宗教事务局编:《临沧地区民族志》,云南民族出版社 2002 年版,第 66 页。

第三编

中国南传佛教的宗教管理模式

南传上座部佛教自传入中国云南境内后，就一直在努力适应着云南多民族多宗教的多元文化环境。在经历了一个冲突、对立、适应和融合的漫长发展过程后，中国南传上座部佛教逐渐形成了不同于汉传佛教、藏传佛教乃至东南亚南传上座部佛教的具有鲜明民族特色和本土化特征的体系。中国南传上座部佛教的宗教管理模式作为这一体系的重要支柱也逐渐发展完善。

　　南传佛教之所以成功地融入世俗生活中，在少数民族社会领域有序发展，这与中国南传佛教独具特色的宗教管理模式是分不开的。在长期的发展过程中，它不仅有僧团组织管理模式、有佛寺佛塔组织管理模式，同时还形成了具有鲜明的区域性特征中国南传佛教僧阶管理模式。这一管理模式的出现标志着中国南传佛教内部管理系统已经成熟，也是其不同于汉传佛教、藏传佛教的一个特点，同时也是其区别于东南亚南传佛教管理体系的不同之处。

　　中国南传佛教的居士管理模式也是其不同于汉传佛教之一大特色。其独特的波章管理系统的建立是中国南传佛教利用地方社会精英队伍，有序处理佛教社会事务的成功典范。此管理模式的建立，成为中国南传佛教有序进入少数民族社会管理体制的一个桥梁。

第五章

中国南传佛教社会的世俗组织制度

第一节 传统的政教关系模式

一 传统的中国南传佛教与政治的关系

中国南传佛教在处理与统治政权、社会的关系问题时，从政治认同、制度认同、思想认同、文化认同等方面实现着国家、社会、群体之间的良性互动，使宗教成为促进社会和谐稳定的建设性力量。

（一）中国南传佛教以政治认同的方式来实现宗教与国家政权之间的和谐

在历史发展进程中，中国南传上座部佛教重要的政治功能之一就是为国家政权提供着合法的政治论证。在南传上座部佛教信仰区域内，统治集团的最高统治者往往都被赋予神圣的统治地位特权，"君主的独裁统治是以神性原则为背景的，这是整个南亚和东南亚佛教国家政治观念中的共同性，这种观念的流行与上座部佛教密不可分。君主专制是中央政权同各地封建主斗争的必然产物，佛教在理论中提出了自己的政治支持。对于东南亚社会，这种合法性的论证尤其重要，因为那里并未形成明确的君主继承方法。任何时候，只要改朝换代，都必然伴随一系列不同利益集团的冲突，往往有好几个称王者在争夺较量。就南亚和东南亚社会背景说，佛教当中最有说服力的理论是业的说法。"[①] 这样的情况不仅出现在东南亚国家，也存在与同东南亚国家很多民族有天然民族血缘关系的中国南传佛教信仰区域。

---

① 宋立道：《神圣与世俗——南传佛教国家的宗教与政治》，宗教文化出版社2000年版，第75页。

中国南传上座部佛教在社会中通过法和业报轮回理论为核心思想，让人们接受了统治阶级的特权神化的政治和谐思想。中国南传上座部佛教进入傣族世俗社会制度和社会生活之后，就赋予了世俗社会制度一种神圣的特征。世俗社会的社会秩序和政治秩序都被置于佛教认可和佛主保佑的光环之下，世俗社会政治集团最大的统治者——召片领在这一神圣认同之下获得了神化身份——"至尊佛主"。

根据傣族史籍《泐史》记载，公元1180年，傣族部落联盟首领叭真在西双版纳建立"景洪金殿国"时就自称"至尊佛主"。显然，在傣族人民的眼里，自己世俗社会的最高首领与佛教的关系是最密切的，他甚至成为世俗社会与神圣社会的最高沟通者和神圣社会神圣意志的体现者和颁布者。在傣族社会，就佛教的僧阶而言，在云南西双版纳，僧侣被分为十级，最高等级为"阿嘎牟尼"，其下为"松列"、"帕祜召"、"常卡拉嘎"、"祜巴"、"都龙"等，一般说来，由于种种原因，平民出身的人最多只能升到"祜巴"一级，而"祜巴"以上各级的佛爷只能是由召片领或召片领的亲属担任。佛教事实上在很大程度上是由统治阶级控制的。

为了在世俗社会中充分地展示这一神圣身份的认同，傣族社会在任命官员的时候都要选定重要的佛教节日在相应等级规格的寺院中举行一定的仪式。官员的分封仪式，傣族人民称之为滴水礼，这是举行宣誓效忠的仪式，是君臣关系重新建立和巩固的仪式，是召片领向臣民们公布自己的统治秩序的正式建立和伦理秩序的仪式，也是显示臣属们对于召片领忠诚与否的仪式。因此这一仪式对于召片领和各级官员来说是很重要的，举行需要更高层次上的认同，而这样的认同最好的莫过于神圣世界的宗教认同。于是这样的分封仪式都固定在每年的傣历9月15日关门节和傣历2月15日开门节期间在寺院里举行。

以分封仪式为例，每年9月15日，召片领就带领议事庭官员及各勐的召勐到全区的中心佛寺拜佛，举行滴水礼，即在大殿内将水慢慢滴进滴水盆内，祭祀召片领的祖先和佛主，祈求保佑。9月16日，召片领等人到大佛寺拜佛，向全区最高等级的佛爷祜巴勐献袈裟（"帕干厅"）。这天清晨，议事庭官员及各勐召勐、头人代表等事先到议事庭集中，然后在仪仗队的护送下，召片领率领大家走到大佛寺。当召片领一行来到大佛寺后，鸣炮三响，侍从们将召片领搀下大象，这时鼓乐齐鸣，人们发出"水"、"水"、"水"的喝彩声，迎接召片领进入大殿。随从、亲兵、仪仗队则在大殿外等候。这时在大殿外等候多时的佛爷、议事庭官员及各勐召勐、头人代表在召片领步入大殿时,全都肃穆低头静坐,向召片领致敬。召片领点燃蜡条拜佛,佛爷诵经祷告,然后召片领向佛爷献袈裟。献毕,召片领滴水祭祀祖先。礼毕,再鸣炮三响,列队护送召片领还宫。16日下午,就在议事庭举行加封任免会议,报召片领批准。9月17日,在召片领宫廷内举行委任仪式。被委任加封者端着内装蜡条的银盘,膝行到召片领宝座下,俯伏跪拜。召片领接过盘内蜡条,依次轻轻抚摸受委封者的额头,以体现召片领对被委任加封者的恩赐,而受委任加封者的虔诚跪拜,则表示对召片领的无限忠诚。仪式结束时,由文书念颂词,集体朝拜召片领。此后,各级官员由左到右依次从召片领宝座下跪拜而过,召片领抚摩朝拜者的头顶,以示赏恩。至此,加封仪式结束。[①]

如果说官员的分封仪式的佛教色彩还不是太浓烈的话,那么召片领即位时的受洗仪式就鲜明地体现出佛教色彩。一般说来,西双版纳的最高统治者去世,新统治者继位,要举行承袭仪式。承袭仪式一般在傣历1月举行,如果召片领死时距1月尚远,则由其子先行袭位,俟期至再正式承袭。举行仪式的日期,一般都是由佛寺的佛爷选定。

召片领即位时,要举行受洗仪式。由议事庭官员引领着承袭的召片领及其夫人来到佛寺宝座坐定,由礼官将银盆里的"金花水"经过芭蕉叶做的水管,流到一个布兜中冲出,再从承袭者的头上流到全身。受洗毕,召片领夫妇穿上新衣,然后步行返回宣慰司署,加戴金银冠冕及金银披肩,坐入殿堂之宝座。这时礼官捧出印玺,放在桌案上;桌案上还放着召片领所管辖的地名清册、世传御用宝刀、金伞、月牙斧、金瓜仗、孔雀尾以及各勐召勐和议事庭所献之礼物。礼官将所献的礼品一一唱名,献给召片领,由领唱人领唱颂歌,礼成。随即举行加封官员的仪式,由新上任的召片领加封委任各勐召勐和属官,重新建立君臣关系。

值得注意的是,此承袭仪式不但要先在寺院里举行,还必须在寺院举行灌顶仪式才能表明国王的神圣身份是深受佛教影响之后形成的。案国王继位时要举行灌顶仪式本是印度传统,对此佛经多有记载,后此灌顶传统传入东南亚各国后为各国沿袭下来。例如,佛经《佛说解夏经》记载:

[①] 详参曹成章《傣族社会研究》,云南人民出版社1988年版,第103页。

尔时尊者舍利弗白佛言。世尊。我今对佛身口意业所有不善求佛可忍。佛告舍利弗。汝今所有身口意业我当忍可。于意云何。汝舍利弗。具戒多闻少欲知足。断诸烦恼。发大精进。安住正念。具等引慧。闻慧。捷慧。利慧。出离慧。了达慧。广大清净慧。甚深慧。无等慧。具大慧宝。未见者令见。未调伏者。令得调伏。未闻法者而为说法。具瞋恚者而令欢喜能为四众说法无倦。譬如金轮王子。而受灌顶继绍王位依法而治。汝舍利弗。亦复如是。为我之子。受灌顶法绍法王位。如我所转无上法轮。如我漏尽证得解脱。是故汝舍利弗。所有三业我今忍可。时舍利弗闻佛忍可。投诚礼谢。复白佛言。世尊。如佛为我忍可三业。于此会中五百苾刍。身口意业所有不善。唯愿世尊。亦如是忍。佛告舍利弗。五百苾刍所有三业我亦可忍。于意云何。此五百苾刍皆是阿罗汉。诸漏已尽所作已办。除诸重担逮得已利。尽诸有结心善解脱。唯一苾刍现居学位。而此苾刍我已授记。见法得法当证满果。舍利弗。是故我于五百苾刍所有三业皆悉可忍。①

又如：《佛本行集经》卷第六十记载：

尔时长老摩尼娄陀。说前语已。重说偈言：
我自思惟往昔时　　依住在于波罗奈
负卖薪柴以为业　　值遇尊者婆斯咤
见已布施一飡食　　故生豪贵释种姓
其名号曰尼娄陀　　善解音声复能舞
拍手歌咏讽颂等　　并及一切诸技艺
我今已自知宿命　　及以昔世所生处
往于三十三天上　　于彼七反往来生
彼处或作释天王　　及以自在天宫内
一切随我所造作　　如是治化于诸天
复经七反作人主　　灌顶成就刹利王
自在大力降伏众　　不行刀兵诸戎仗

---

① 《大正新修大藏经》第 1 册 No.0063。

如法治化大地中	多有无量诸珍宝
于我境界悉丰饶	所生家中大巨富
资财增长无有数	于诸人中最为首①

又如佛经《佛说众许摩诃帝经》卷第二记载：

> 尔时有大国王名婆罗捺嚩惹。其王命终无子嗣位。辅相大臣共议斯事。未委何人可当灌顶王位。有一大臣白群臣言。先迦啰拏王有一太子。名曰瞿昙。舍父王位于山林间。事讫里瑟拏吠波野囊仙人。彼是释种。可得诏嗣灌顶王位群臣闻已即往山中。诣仙人所头面礼足白言。大仙。过去迦啰拏王有一太子。名曰瞿昙。今在何处。大仙白言。久已命终。复为群臣具说上事。大臣闻已，心生懊恼。我等今者甚得大罪。作是语已。见二童子身相端严。问是谁耶。金仙答言。此即瞿昙所生之子。群臣闻已俱怀踊跃。今此童子是王种族。即令继绍灌顶王位。是故立姓名甘蔗王。此王之后子孙相继。有一百甘蔗王。都补多落迦城。其最后甘蔗王生其四子。一名乌罗迦目佉。二名迦罗尼。三名贺悉帝曩野。四名苏曩布啰迦。生四王子已。于其后时，妃后命终。王即愁恼以手揩颐情怀悲痛。时有大臣见王不乐。而共奏言。大王。云何而怀愁恼神情不悦。王即答言。我为妃后今忽无常有斯痛苦。大臣闻已而白王言。我闻邻国小王王有一女。具大福德端正殊妙。堪为国后。王语群臣。彼小国王欲侵我境，云何成亲。大臣白言。别有小国亦生端正殊胜之女。若纳为妃甚适王情。王既闻已即遣使臣。往彼小国具述王意。欲娉其女立为妃后。小王闻已欢喜庆慰。乃告使臣。若大国王欲娉我女立为妃后。如生男子令绍灌顶王位。我即许之。②

从以上部分记载可知，国王即位必须举行灌顶仪式本是印度传统，后经佛教为传播载体，在东南亚各国广为传播。这些经文虽是汉语系大藏经内容，记录的虽不是东南亚国家的情况，但东南亚国家受印度文化浸染较

---

① 《大正新修大藏经》第3册 No.0190。
② 《佛说众许摩诃帝经》卷第二，《大正新修大藏经》第3册 No.0191。

深,也接受了此习俗。在傣—泰文化交流过程中,此仪式也为傣族地区统治阶层所接受,并通过这一仪式而赋予了傣族最高首领——召片领神圣身份的象征。这一宗教世界的神圣认同使得召片领及其统治系统获得了神圣性特征,从而在世俗世界的管理中取得了某种程度的合理性和不可侵犯性,和谐地处理了世俗世界统治权力分配的问题。同时,也使中国南传上座部佛教与世俗世界的政治权力之间处于和谐有序的状态。这在某种程度上既保证了世俗世界政治权力的有效实施,同时也有力地保障了中国南传上座部佛教的顺利发展。

(二)中国南传上座部佛教以制度认同的方式来实现宗教与国家制度之间的和谐

和谐社会的构成不仅需要政策的引导,更需要制度化的保障。中国南传上座部佛教进入傣族社会之后,就通过对世俗社会组织制度的神圣性认同体现出它与世俗世界的政治组织制度的和谐关系。它一方面赋予世俗社会制度以神圣特征,并以宗教特有的功能有力地支撑着世俗制度,同时中国南传上座部佛教以世俗社会组织制度为范本,建立了自己特有的组织制度,以与世俗社会相似的组织机构来进行宗教管理,这从根本上消除了宗教与世俗社会之间的文化异质性,以世俗社会所接受的管理模式来营造佛教组织制度与国家制度之间的和谐。

在傣族社会发展的历史长河中,云南傣族地区逐步形成了制度严明的社会组织制度。这一制度本身是等级森严的,但由于其是在社会发展进程中逐步形成的,是符合傣族地区实际,因此,在实施的过程中,能够为统治阶层和被统治阶层所接受,可以在和谐的社会环境中贯彻落实。

元朝开始,元朝中央统治集团就在云南西部地区设车里军民总管府,将云南西部地区正式纳入到中央统辖范围之内,明朝初期中央统治集团在云南推行土司制,在傣族地区设立三级权力机构:宣慰司、宣抚司、长官司。最高权力结构是宣慰司,行政长官称宣慰使,傣族人民称之召片领。明初分封的傣族土司有六个宣慰司,其中车里宣慰司所管辖的范围就是西双版纳地区。中国云南傣族地区,尤其是在西双版纳地区傣族封建领主召片领的行政管理系统是较为完整的。由于在傣族社会政权与神权的关系十分密切,因此世俗社会行政组织管理系统为中国南传佛教管理系统的形成和完善起到了良好的范本作用。①

西双版纳宣慰使司署有完整的统治体系,行政机构庞大,组织严密。"召片领",意为"广大领土的主人",是最大的领主和最高统治者。召片领管辖有30个勐,分别由被封为"波郎勐"的四大卡真、八卡真等官员管辖。各勐都有称为"召勐"的土司,有土司司署。勐之下还设有"陇"一级的行政组织,"陇"之下又设有"火西"一级的基层政权"火西"②,为首的叫"召火西"。而村寨则是在"火西"领导下的最基层的行政组织。各级之间的上下级管理关系非常清楚。如下图所示:

西双版纳行政组织机构及行政官员等级示意图

行政组织机构	官员名称
最高一级	召片领
第二级:勐	召勐
第三级:陇	召陇
第四级:火西	召火西
第五级:基层组织——村社	寨父、寨母③

除了有完善的行政组织机构外,傣族社会还形成了完善的行政权力机关。"召片领"、"勐"、"火西"都设有议事庭,傣语称"召片领"议事庭为"司廊",称"勐"的议事庭为"勒贯"。这些议事庭既是议事机关,也是行政权力机关。

"司廊"联盟议事会是西双版纳地区最高议事会,是各猛召猛(土司)之间的联盟组织。"司廊"联盟议事会又设立内议事庭和外议事庭两个机构。这是西双版纳地区特有的地方行政权力机构。其中内议事庭由召片领直接控制,外议事庭则由召景哈主持。内外两个议事庭之间相互制约,相互牵制。议事庭是封建领主的议事会,直到20世纪40年代末,议事庭仍然保留着其常设的权力机关的性质。所有关乎西双版纳的重大事

---

① 关于傣族社会组织制度与中国南传上座部佛教的关系,详参郑筱筠《历史上中国南传上座部佛教与社会组织制度之互动》,《世界宗教研究》2007年第4期,第42页。

② 傣族社会由于各个区域的不同,在行政组织的具体划分也有所不同。例如有的地区就没有"陇"一级,而直接在勐下面设"火西"这样的基层组织。

③ 村社较特殊,有自己独立的行政机构,对此将另文讨论。

件，首先由议事庭处理，再转报召片领；召片领对议事庭的决议拥有否决权。凡是议事庭议决的事项，如果召片领不同意，可交回议事庭重议或者直接给予否决；召片领交议的事项，如果议事庭不通过，也可以否决。总之，召片领已经成为一个拥有实权的最高行政统治者和军事首领。[①] 一旦"司廊"联盟议事会决定并且通过的事情，下面各级就一定要坚决贯彻落实。首先由"勐"议事庭商量，如需要往下一级安排的，就布置给"陇"一级，"陇"又继续往下布置给"火西"一级行政组织，"火西"接到命令后，就组织"火西"议事庭安排布置，最后落实到村社一级。由村社来具体执行。如图所示：

西双版纳行政权力机关示意图

级别	名称		负责人
最高议事会	"司廊"联盟议事会	内议事庭	召片领直接控制
		外议事庭	召景哈主持
第二级	猛议事庭		各猛召猛
第三级	"陇"（或播）、议事庭		帕陇
第四级	"火西"议事庭		"火西"
基层组织	村社		寨父、寨母

西双版纳傣族地区社会组织制度严密，等级分别，任何一级都有自己的权限，绝不敢逾越自己的管辖范围。对此，明朝《百夷传》有明确记载，"其下称宣慰曰召，犹中国（汉地）主人也；其官属叨孟、昭录、昭纲之类，总率有差。叨孟总统政事，兼领军民，多者总十数万余人，少者不下数万；昭录亦万余人，赏罚皆任其意；昭纲千人；昭百百人；昭哈斯五使人；昭准十人……虽贵为把事、叨孟，见宣慰莫敢仰视。凡有闻对，则膝行以前，三步一拜，退亦如之"。

---

① 参见张晓松等著《云南民族地方行政制度的发展与变迁》，云南人民出版社 2005 年版，第 71 页。

正是在此分工严密、等级森严的和谐的佛教系统以外的社会组织制度的影响下，为了便于管理佛教事务，更好地适应傣族社会，中国南传上座部佛教以傣族社会组织制度形式为摹本，在佛寺的组织管理系统方面、寺院建筑规格等方面、佛塔管理、信徒的管理等方面都逐步建立了制度严密、等级森严的组织管理制度，以此来实现自身系统内部的和谐，从而为其能与社会和谐打下了坚实的基础。

（三）中国南传上座部佛教以思想认同的方式来实现宗教与社会思想之间的和谐

中国南传上座部佛教以思想认同的方式为个人提供了伦理价值标准，心理和谐是社会和谐的内核，实现了社会成员的心理和谐就能使社会成员的行为和谐，有效地化解了人们之间的各种潜在冲突，有助于改善邻里关系、营造良好的社会关系、构建着和谐的人际关系。

早在佛教传入云南傣族地区之前，傣族社会就已经形成了自己的提倡平等博爱的伦理道德观念，其中傣族原始的集体主义道德伦理观念更是与南传上座部佛教伦理道德的平等博爱主张有不谋而合之处。这是傣族社会接受南传上座部佛教伦理道德观念的基础和前提，也是中国南传上座部佛教以思想认同的方式来实现宗教与社会思想之间的和谐的基础。

与其他民族相比，傣族社会伦理道德的演变和发展有其特殊之处。那就是在傣族原始社会时期形成的原始的集体主义伦理道德观念一直贯穿着傣族社会历史的发展进程。[①] 早在傣族远古的狩猎时代它就已经形成，并在历史发展的长河中成为傣族社会的伦理道德的核心而被傣族人民世代传承下来。为了民族的生存，它把维护氏族成员的共同利益作为人们一切思想和行为的天然尺度，认为要努力狩猎劳动、共同劳动、共同生存，互助合作和平等自由，主张人人平等，凡是猎获了野兽，见到的人都能分到一份。它是原始社会人们行为规范的基础。这一原始伦理观念一直延续至今，并且作为基本的伦理道德关系和道德观念沉淀下来，成为傣族社会伦理道德体系的核心和基础。当然，傣族社会形态发展的特殊性是这一原始的集体主义伦理观念得以传承的根本保障。

[①] 杨布生：《试论傣族的伦理观及其道德规范》，见《傣族哲学思想史论集》民族出版社1993年版，第128页。

宗教文化的认同的过程，同时也是傣族社会的民族文化、原有宗教文化对南传上座部佛教的认同的过程。

傣族民间流传的著名故事《谷魂奶奶》所叙述的谷魂奶奶与佛祖之间相互斗争、妥协以及和谐相处的故事就是这一艰难过程的真实写照。① 在宗教仪式方面，僧侣还常常参与傣族原始宗教活动，例如替人占卜禳灾、主持丧葬仪式、超度亡灵、为民众驱鬼等等。在庄严肃穆的佛寺旁常常建造有祭祀原始宗教神祇——"丢吾拉"的神龛，这正是中国南传上座部佛教与傣族原有宗教神系相互融合的反映。此外，中国南传上座部佛教还注意文学艺术等文化教育的普及，中国南传上座部佛教一方面大量吸收傣族民间神话传说故事，丰富自身的故事内容，另一方面又对傣族民间神话故事加以改造，让民间神话故事富有佛教教义、教理和佛学思想。通过傣族化的佛教故事广泛传播于民间来进一步弘扬佛法。这种以佛教故事进行传播的方式，远远胜过在寺院中的讲经布道。而佛教故事的出现也大大地丰富了民间神话故事的内容，其题材和叙述方法也充实了傣族民间文学宝库。② 这些都是中国南传上座部佛教积极适应与傣族社会的民族文化、固有宗教文化，努力营造社会和谐的文化体系的具体表现。

二 社会组织制度对中国南传上座部佛教的能动作用

（一）傣族社会组织制度从世俗的角度在乡规民约，甚至法律等方面为中国南传上座部佛教组织制度的合理性提供行政保证

为了保障中国南传上座部佛教组织制度的充分运行，傣族社会组织制度从乡规民约，甚至法律等方面对社会组织体系中各层面的管理者和群众的权限、权利和义务都作了明确的规定。

例如在《西双版纳傣族封建领主的法律》中明确规定了村民们对待佛爷和尚和佛教应该具有的态度：规定："那些想反对佛爷、和尚的人，不懂道理，来告时不给他赢"；在"犯上"一条中规定："卡（奴隶）想反土司，和尚想反佛爷，家奴想反主人，儿子想反父亲，这些人都忘恩负义，不懂道理。来告时不给他赢，对那些不反对的人，就要保护，好好对

---

① 详参郑筱筠《佛教与民族文学》，新华出版社2001年版，第292页。
② 详参郑筱筠《佛教与民族文学》第三章，新华出版社2001年版。

待。"而在民事诉讼中要充当证人必须信佛,他们必须是:"有福气的人"、"忠实于佛的人"、"不偷抢和守佛礼、爱劳动的人"、"经常赕佛和施舍穷人的人"、"经常听经念佛的人"等等。

在《喜广召》中规定:知道孝敬父母、孝敬师父、孝敬头人、波朗、佛爷、贵族的人,是聪明的、懂道理、有出息的人,应该加以保护;刺杀官家者,斩首示众,所以儿女都做管家奴隶;拆毁佛寺、佛像和砍伐菩提神树者,重者杀头,轻者罚为寺奴。

如果说在《西双版纳傣族封建领主的法律》中明确规定了村民们对待佛爷和尚和佛教的权利和义务外,那么为了进一步保护佛教的利益,西双版纳的社会组织制度不但在乡规民约、在法律法规方面对群众有约束,同时它也对自己社会组织制度的各层面的管理者也有约束。在《召勐头人必须遵守的规则》中就对头人的权利和义务作出了相应的规定:当头人不懂教规、赕规和头人规以及无视族礼族规都有罪无礼。[①]

值得注意的是,在这里明确地把不懂教规、赕规(傣族佛事活动的规则)作为评判头人行为是否有罪的一个标准,这无疑既是对社会组织制度内在机制的一种鞭策,同时也体现出社会组织制度对佛教的全方位的支持。

(二)傣族社会组织制度中村社制度对佛教的发展产生了深刻的影响,并使中国南传上座部佛教在佛事活动、寺院供养制等具体宗教事务方面都形成了自己鲜明的本土化特征

傣族社会是很特殊的,从其社会组织制度而言,西双版纳的各级权力机构是多层次的,从召片领议事庭到村社议事会,共有五级政权,其中召片领、召勐议事庭和村社议事会是起主要作用的机构。村社是傣族社会组织制度中最基层的单位,它不仅是傣族整个政治组织和社会结构的基础,而且全面反映着傣族最基本的社会关系。它与上一级组织的关系是紧密,又松散。西双版纳是主要的傣族聚居区之一,一般说来,傣族集中居住的坝子多为海拔较低的宽阔的河谷盆地,而且主要是围绕着一个主要河流为中心,这有利于形成一个水利灌溉体系。在一个坝子里,大多分散着很多

---

① 参见杨胜能《西双版纳封建地方性法规浅析》附录,《首届全国贝叶文化学术研讨会论文集》(下册),2001年4月,西双版纳,第523页。

自然村落。几个或几十个自然村落组成一个"勐",一个坝子往往由一个或几个"勐"组成。"勐"与自然村落的上下级关系形成这种类型村落结构和组织的基本特点。值得注意的是,村社在保持与上一级行政组织有紧密联系的同时,它自己又有完整的政治组织系统,同时也是一个独立自存的社会组织。它的双重性特征对佛教的发展产生了深远的影响,并使中国南传上座部佛教在佛事活动、寺院供养制等具体宗教事务方面都形成了自己鲜明的本土化特征。

首先,从社会组织制度的角度而言,村社有完整的政治组织,村社的最高权力机关是"村社民众大会",执行机关是"村社议事会"。村社议事会由波曼("寨父",即正职头人)、咪曼("寨母",即第一位副职头人,系男性)、"陶格"(类似乡老)、"波板"(负责通信联络)和共同办事的另一"先"级头人组成。议事会由咪曼召集,在他的家里开会,波曼("寨父")一般不出席,但咪曼要向他事前请示,事后报告。村社民众大会由全体村社成员参加,会议由波曼主持。村社头人一般由社员群众推举产生。对于办事不公的人,群众有权要求罢免。村社组织中的"陶格"是群众公认的权威人士,他有权参加村社的一切会议并代表群众发表意见。对于有的决定,如果他持否定态度,那么即使是会议作出的决定,也是无效的。其次,从社会组织的结构而言,村社虽然是社会组织制度做基层的单位,但傣族地区的村寨制度是非常严格的,它自己在长期的社会发展过程中已经形成了严密的分工,这使村社本身就成为了一个独立的政治实体。而正是这一点极大地影响了中国南传上座部佛教的发展。

在历史发展的长河中,在傣族社会,家庭是最小的社会单位,而村寨则是把这些家庭联系起来的最基本的社会组织。每一个村寨就是一个自给自足的单位,人们的生产生活基本都不出这个范围。而村社作为一个独立的社会组织单位,它有各种管理社会生活的人员。村社头人"寨父"和"寨母"负责全寨居民的迁徙问题,可以代表全村社接纳新的成员,并承担管理村社土地、征收各种负担、管理宗教事务、家庭婚姻以及调解各种纷争的职责。在村社头人之下,它又设有管理武装的"昆悍",负责通信联络的"波板"、司文书的"昆欠"、管理水利的"板闷"、管理祭祀"寨神"的"波摩"、管理佛寺的"波章",此外还有男女青年的头头"乃冒"和"乃少"等等。这一严密的组织分工使傣族村社成为一个相对稳定、相对独立的实体。

在傣族社会，纯粹的个人是不存在的，村社的成员都只是作为集体的一员而存在；纯粹的私有也是不存在的，土地只能是集体所有。在进入阶级社会的初期，村社内部各成员之间还保持着相对的平等地位，土地的村社集体占有是村社成员保持这种平等的基础。而村社就以平分土地的方式来分配负担，通过各种强制手段把负担分配到每一个村民的头上。在这里，每一个人都必须承担负担，以取得村社成员的身份，才能分得份地使用。承担负担是分得村社土地使用的前提，不承担负担，即使是村民也不能分得村社土地使用。在各种负担中，宗教活动的开支是较主要的内容。早在佛教传入之前，各种原始宗教活动的开支具体落实到各村社共同承担已经成为一个不成文的规矩。

例如，在历史上，祭祀勐神（地方神）是全勐各村社共同的事。勐笼景龙三年一祭勐神，祭祀所需劳务和实物都由有关村社分担，其劳务分工如下：龙勤挑祭品到祭祀地点；曼秀负责挑饭；曼达负责端盆；曼两伞负责抬篾桌；祭祀时，曼破、曼养派人去值勤；曼达、弄罕派一人去看守祭祀用的牛；曼宰派二人去看守拴牛、拴白马的桩子；曼达负责搭祭勐神的祭台……而祭品的分担是这样的：曼桑负责出土锅、扇子；曼破、曼养负责出汤锅、菜碗、竹筒、竹碗、竹饭盆、拌糯米饭用的木盆等；曼景脸、曼景罕负责饭碗和洗牛用具；曼宰提供酒、米……此外，祭祀的其他费用也由各村社平均承担。[①]

正是因为在历史上已经形成了这样的古规，因此，佛教传入之后，所有佛事活动的开支仍然按照原先宗教惯例由各村社平均分担。修建佛寺、佛塔，塑造佛像，村寨集体送小孩入寺当和尚，和尚升佛爷、祜巴等重大宗教活动，都绝非个别家庭可以组织或承担的，也不是个别家庭的事情，而是全村社的共同事务，是村社的集体事业。其所有的宗教开支全部由村社成员共同负担。例如赕佛活动是傣族人民表达其宗教情感的主要方式，活动的组织在极大程度上依靠村寨势力的执行。赕佛活动的所有宗教开支全部都要经过村社组织机构研究后分摊到具体村社成员头上。

除了每年的佛事活动开支必须要由村社成员来承担外，村社成员在日常生活中还必须承担寺院每天的供养。南传上座部佛教一直保持着原

---

① 《傣族社会调查资料》之五，云南人民出版社1985年版，第26页。

始佛教的纯洁性，严格恪守着僧侣不蓄金银的戒律。任何僧侣无论其僧阶高低，都不蓄金银。各个寺院无论其级别高下都对此在寺规中作出了严格的规定，例如在《西双版纳巴维尼西哈（寺规15条）》就明确规定：

出家僧侣不得挪用寺内佛衣、佛具。

僧侣、召勐、头人都必须尊重和严格遵守教规教义，不能用新教规取代原来的教规。违者有罪。

不能动用佛寺内的砖瓦、木料去盖房子、修仓库；出家修行的佛爷和尚不能谈论国事、勐事、寨事，不许制作金银首饰，不许玩弄妇女，不许做买卖经商。[①]

中国南传上座部佛教寺院经济的这一特点就使得中国南传上座部佛教在发展过程中不能直接掌握经济大权，或者说缺乏经济的强有力支撑。其所有的经济来源和经济开销必须要依赖世俗社会。这就使之与世俗社会组织制度产生了最为直接的密切联系——寺院的发展及僧侣的供养必须依靠信教群众和世俗社会的供养，就中国南传上座部佛教的组织体系而言，其最基本的寺院单位就是村寨佛寺，寺院的供养落实到社会组织的最基层就是村社，因此，村寨佛寺僧侣的饮食也由村社成员轮流供应，因此寺院的供养制是完全建立在村社这一世俗社会组织制度基础之上的。从这一点上，可以说村寨作为傣族社会组织制度最基层的行政组织单位，从寺院供养制的角度为寺院组织制度的存在提供了最基本的保障。

值得注意的是，正因为傣族地区的社会政治组织制度是建立在农村公社的基础之上的，封建统治者的权力某种程度上受到了村社势力的遏制，而南传上座部佛教又与村社建立了紧密的联系，得到了村社的全面支持，因而封建统治者不能把佛教置于自己的直接隶属之下，而佛教虽然受到村社的全面支持，但由于村社是分散的，佛寺也是零散的，不能形成集中的强大力量，在政治上无法取代统治者，无法危及社会统治阶层的利益。这就形成了傣族社会虽然全面信佛，佛教组织制度和社会组织制度关系密切但却不能实现政教合一制度的主要原因。

---

① 参考杨胜能《西双版纳封建地方性法规浅析》附录，《首届全国贝叶文化学术研讨会论文集》（下册），2001年4月，西双版纳，第523页。

综上所述，中国南传上座部佛教与世俗社会组织制度之间的关系是互动的、能动的，却也是相互制约和发展的。中国南传上座部佛教一方面为世俗社会组织制度提供着神圣的解释系统，同时也以世俗社会组织制度为自己的摹本建立了自己的相对完善、等级特征鲜明的组织制度，另一方面，世俗社会组织制度也从乡规民约、法律法规以及寺院供养制等方面为佛教组织制度的生存和发展提供了最基本的世俗保障。其中尤其是世俗社会组织制度最基层的组织单位——村社对中国南传上座部佛教的发展产生了深刻的影响。

第二节 中国南传佛教的发展与村社制度

在历史发展的长河中，由于村社在意识形态方面的重要作用，村社将个人的信仰行为转换为集体的信仰行为，以村社集体的力量来推动傣族社会信仰南传上座部佛教。同时村社制度通过在法律、经济层面成功地把村民的宗教职责转换为自己的世俗义务，从而成为中国南传上座部佛教的重要生命线。此外，村社制度也是南传上座部佛教有序化发展的重要保证，村社文化的地域性特征、"波章"尽职地管理佛事活动、村社内部成员相对固定等都使佛事活动有序化、佛教事务管理有序化。

东南亚南传上座部佛教一经传入中国云南，就走上了不同于汉传佛教和藏传佛教的发展道路，在漫长的历史长河中，它融入中国云南信仰南传上座部佛教的各个少数民族社会、生活和文化之中，可以说它已经成为世俗化佛教。在其发展的过程中，傣族社会制度，尤其是村社制度的作用是不容忽略的。这主要表现在村社制度是傣族社会实现全民信仰南传上座部佛教的主要途径、村社制度是南传上座部佛教发展的重要生命线，村社制度是南传上座部佛教发展有序化的重要保证等方面。

一 傣族社会信仰南传上座部佛教的主要途径

村社制度是傣族社会组织制度中最基层的单位，它不仅是傣族整个政治组织和社会结构的基础，而且全面反映着傣族最基本的社会关系。村社制度与上一级组织的关系是紧密的，它是世俗社会组织制度中最基本的组织单位，是构成世俗社会组织制度不可缺少的部分。但是它在保持与上一级行政组织紧密联系的同时，自己也有一套完整的政治组织系统，成为一附：

西双版纳行政权力机关示意图

级别	名称	负责人	
最高议事会	"司廊"联盟议事会	内议事庭	召片领直接控制
		外议事庭	召景哈主持
第二级	"勐"议事庭	各勐召勐	
第三级	"陇"（或播）、议事庭	帕陇	
第四级	"火西"议事庭	"火西"	
基层组织	村社	寨父、寨母	

（二）村社在意识形态方面的重要作用使佛教进入村社成为可能

一般说来，西双版纳的"卡里斯玛"统治管理系统是比较完整的，但其最大的不足在于：没有任何一级行政机构设立管理文化科学教育的部门，整个意识形态的工作基本上是由村社及其群众自发开展的。因此，村社在意识形态的发展方面起到了很重要的作用。文化科学教育、社会价值取向的引导等思想意识形态方面的工作全部落在了村社一级组织的肩上。

当佛教作为一种新的意识形态出现在村社时，它就必须借助于村社在意识形态方面的影响才能顺利地进入村社文化之中。幸运的是，佛教思想中所包含的平等、宽容、慈悲、团结、博爱等伦理道德观念与西双版纳傣族社会固有的伦理道德思想有相通之处。

盖早在傣族原始社会时期形成的原始集体主义伦理道德观念一直贯穿着傣族社会历史的发展进程。[①] 早在傣族远古的狩猎时代它就已经形成，为了民族的生存，它把维护氏族成员的共同利益作为人们一切思想和行为的天然尺度。认为要努力狩猎劳动，共同劳动、共同生存，互助合作和平等自由。主张人人平等，凡是猎获了野兽，见到的人都能分到一份。它是原始社会人们全部道德生活的基础。这一原始伦理观念一直延续至今，并且作为基本的伦理道德关系和道德观念沉淀下来，成为傣族社会伦理道德体系的核心和基础。这在思想意识形态层面上就表现为原始的平均主义思想。一直就存在于傣族社会生活中，尤其是在傣族村社生活。因此，当佛

---

① 杨布生：《试论傣族的伦理观及其道德规范》，见《傣族哲学思想史论集》，民族出版社1993年版，第128页。

教作为一种新的思想意识进入傣族村社时，它所包含的很多内容与傣族村社文化的期待视野是吻合的，因此傣族村社文化是有可能接受佛教的。

（三）村社将个人的信仰行为转换为集体的信仰行为，以村社集体的力量来推动傣族社会信仰南传上座部佛教

既然村社文化的接受视野有容纳佛教的可能，因此，为了进一步发挥村社在意识形态中的重要作用，村社努力将个人的信仰行为转换为集体的信仰行为，以村社集体的力量来推动傣族社会信仰南传上座部佛教。

傣族社会是村社集体占有土地、村社成员对土地有使用权，但没有占有权，而所有的土地总的来说又由最高"卡里斯玛"权威——封建领主召片领占有的大土地所有制的封建领主制社会。在傣族社会，纯粹的个人是不存在的，村社的成员都只是作为集体的一员而存在；纯粹的私有也是不存在的，土地只能是集体所有。在进入阶级社会的初期，村社内部各成员之间还保持着相对的平等地位，土地的村社集体占有是村社成员保持这种平等的基础。而村社就以平分土地的方式来分配负担，通过各种强制手段把负担分配到每一个村民的头上。在这里，每一个人都必须承担负担，以取得村社成员的身份，才能分得份地使用。承担负担是分得村社土地使用的前提，不承担负担，即使是村民也不能分得村社土地使用。任何人不得例外，即使是土司头人或是村社的头人等都没有任何特权。

同时为了进一步体现平等和民主，村社以集体的力量定期调整土地，使村社内几乎每户成员都占有大致相等的一份份地，基本上保证了村民都有土地耕种。同时将好的土地和坏的土地重新进行分配，保证每一位村社成员的利益不受侵犯。因此村社具有较强的集体凝聚力，从而使村社和整个社会的生活比较稳定，不容易发生剧烈的社会矛盾。与此同时，村社成员个人的积极性也被调动起来，有强烈的集体观念，他们自觉地履行自己应尽的义务。在完成交纳了自上而下的各种负担之外，他们还和头人一起共同维护集体利益，把守村社地界，一起防御外界对村社事务的干涉和侵犯；齐心协力、自觉出钱去举办公共事务。村民们似乎都心甘情愿地牺牲个人的利益来维护村社利益，捍卫村社尊严，而他们则把有限的物质期待和精神追求都寄托于村社，甚至觉得自己不能失去对村社的依靠。

与此同时，作为一个相对独立的实体，村社有完整的政治组织机构

来全面维护村社生活。村社的最高权力机关是"村社民众大会",村社民众大会由全体村社成员参加,会议由波曼主持。村社头人一般由社员群众推举产生。对于办事不公的人,群众有权要求罢免。村社的执行机关是"村社议事会"。村社议事会由波曼("寨父",即正职头人)、咪曼("寨母",即第一位副职头人,系男性)、"陶格"(类似乡老)、"波板"(负责通信联络)和共同办事的另一"先"级头人组成。议事会由咪曼召集,在他的家里开会,波曼一般不出席,但咪曼要向他事前请示,事后报告。村社组织中的"陶格"(类似乡老)是群众公认的权威人士,他有权参加村社的一切会议并代表群众发表意见。对于有的决定,如果他持否定态度,那么即使是会议作出的决定,也是无效的。因此,在村社中任何决定都必须是出于对集体、对村民有利的,才会得到真正的执行和拥护。村社就是民主、平等、团结的象征,一般都能得到村民的拥护。

因此正是出于村社的集体凝聚力,出于村民们对村社的精神追求的依赖性和信任感,个人的事在村社中不仅仅是个人的事,而是集体的事,个人的信仰行为不仅仅只是个人的,而是集体的信仰行为,因为整个村社宗教信仰的价值取向是由村社发挥集体的力量来引导的。因此我们可以说,正是由于村社发挥了自己在思想意识层面的重要作用,运用了集体的力量,成功地将个人的信仰行为转换为集体的信仰行为,从而使南传上座部佛教能自上而下地逐渐为傣族人民接受。而村社制度是傣族社会实现全民信仰南传上座部佛教的主要途径。

二 中国南传上座部佛教的重要生命线

任何宗教的发展都离不开社会法律、乡规民约的保护,离不开世俗社会经济的支持。这是宗教发展的生命线。就中国南传上座部佛教而言,信徒对社会法律、乡规民约中对于佛教等相关条约规定的遵守、对于佛教的经济支持就是一种宗教职责。而傣族社会中特殊的村社制度就是从宗教职责入手,成功地将信徒的宗教职责转换为村民的世俗义务,从而既维护了村民的利益,又进一步推动了佛教的发展。一般说来,村社制度主要是通过在法律、经济层面来实现宗教职责与世俗义务之间的转换,并成功地让村民把宗教职责当作自己的世俗义务,村社制度因此而成为中国南传上座部佛教的重要生命线。

(一) 傣族社会从法律规范层面为中国南传上座部佛教的发展提供行政保证，来保障佛教的发展

为了实现宗教职责与世俗义务的转换，为了保障中国南传上座部佛教组织制度的充分运行，傣族社会从乡规民约，甚至法律等方面对社会组织体系中各层面的管理者和群众的权限、权利和义务都作了明确的规定，尤其是对村民们的宗教职责进行了规定。例如在《西双版纳傣族封建领主的法律》中首先明确了村民们对待佛爷和尚和佛教应该具有的态度："那些想反对佛爷、和尚的人，不懂道理，来告时不给他赢"；在"犯上"一条中规定："卡（奴隶）想反土司，和尚想反佛爷，家奴想反主人，儿子想反父亲，这些人都忘恩负义，不懂道理。来告时不给他赢，对那些不反对的人，就要保护，好好对待。"

傣族社会的法律除了在宗教方面明确信徒的职责外，在世俗生活中也努力在强化村民们的佛教意识。例如在民事诉讼中要充当证人必须信佛，他们必须是："有福气的人"、"忠实于佛的人"、"不偷抢和守佛礼、爱劳动的人"、"经常赕佛和施舍穷人的人"、"经常听经念佛的人"等等。在证人的根本条件中"忠实于佛"、"守佛礼"、"经常赕佛和施舍穷人、"经常听经念佛"等显然是属于宗教职责的范围，但在民事诉讼中却将之作为标志判断是非曲直、公平公正、严谨正直的定位标准，说明宗教职责的标准开始成为世俗生活的标准，宗教职责开始转换为世俗义务。

此外，在《喜广召》还有这样的规定：知道孝敬父母、孝敬师父、孝敬头人、波朗、佛爷、贵族的人，是聪明的、懂道理、有出息的人，应该加以保护；刺杀官家者，斩首示众，所以儿女都做管家奴隶；拆毁佛寺、佛像、佛塔、砍伐菩提神树者，杀害僧侣、祭司者，重者杀头，轻者罚为寺奴。其子女也罚为寺奴。[①]

显然，在这样的法律条文中我们已经很难区分宗教职责和世俗义务之间的界限。可以说村民们宗教职责和世俗义务之间的转换在法律层面开始实现。

值得注意的是，西双版纳傣族卡里斯玛统治权威法律不但促进了村民们宗教职责和世俗义务的转换外，它也在相关条约中促使自己社会组织制

[①] 参杨胜能《西双版纳封建地方性法规浅析》附录，《首届全国贝叶文化学术研讨会论文集》（下册），2001年4月，西双版纳，第523页。

度的各层面的管理者进行宗教职责和世俗义务的转换。在《召勐头人必须遵守的规则》中就对头人的权利和义务作出了相应的规定：当头人不懂教规、赕规和头人规以及无视族礼族规都有罪无礼。① 在这里明确地把教规、赕规（傣族佛事活动的规则）和族规相提并论，作为评判头人行为是否有罪的一个标准，这无疑淡化了宗教职责和世俗义务之间的界限，促使各级头人进行宗教职责和世俗义务之间的转换。

（二）村社在经济层面上进行宗教职责向世俗义务的转换

中国南传上座部佛教寺院经济不同于汉传佛教和藏传佛教，因为南传上座部佛教一直保持着原始佛教的纯洁性，严格恪守着僧侣不蓄金银的戒律。任何僧侣无论其僧阶高低，都不蓄金银。各个寺院无论其级别高下都对此在寺规中作出了严格的规定，例如在《西双版纳巴维尼西哈（寺规15条）》就明确规定：

出家僧侣不得挪用寺内佛衣、佛具；

僧侣、召勐、头人都必须尊重和严格遵守教规教义，不能用新教规取代原来的教规。违者有罪。

不能动用佛寺内的砖瓦、木料去盖房子、修仓库；出家修行的佛爷和尚不能谈论国事、勐事、寨事，不许制作金银首饰，不许玩弄妇女，不许做买卖经商②

中国南传上座部佛教寺院经济的这一特点就使得中国南传上座部佛教在发展过程中没有形成强大的寺院经济支柱，不能直接掌握经济大权，或者说缺乏经济的强有力支撑。其所有的经济来源和经济开销必须要依赖世俗社会。这就使之与世俗社会组织制度产生了最为直接的密切联系——寺院的发展及僧侣的供养必须依靠信教群众和世俗社会的供养，就中国南传上座部佛教的组织体系而言，其最基本的寺院单位就是村寨佛寺，寺院的供养落实到社会组织的最基层就是村社，村寨佛寺僧侣的饮食也由村社成员轮流供应，因此寺院的供养制是完全建立在村社这一世俗社会组织制度基础之上的。从这一点上，可以说村社是中国南传上座部佛教的重要生

---

① 杨胜能：《西双版纳封建地方性法规浅析》附录，《首届全国贝叶文化学术研讨会论文集》（下册），2001年4月，西双版纳，第523页。

② 参考杨胜能《西双版纳封建地方性法规浅析》附录，《首届全国贝叶文化学术研讨会论文集》（下册），2001年4月，西双版纳，第523页。

命线。

对此，村社依靠在经济层面上实现宗教职责向世俗义务的转换来建立中国南传上座部佛教独特的寺院供养制，并进行佛教活动。

1. 村社沿袭宗教惯例在经济层面上进行宗教职责向世俗义务的转换，将信众的佛教职责转换为世俗义务。

承担宗教活动的开支是傣族社会古已有之的宗教惯例。早在佛教传入之前，各种原始宗教活动的开支具体落实到由各村社承担已经成为一个不成文的规矩。所有村社都自觉地遵守这一规则。如果是村社自己组织的宗教活动则由全体社员来平均分担，如果是由上一级组织机构组织的宗教活动则由其管辖范围内的各个村社共同承担。

例如，在历史上，祭祀勐神（地方神）是全勐各村社共同的事。勐笼景龙三年一祭勐神，祭祀所需劳务和实物都由有关村社分担，其劳务分工如下：龙勤挑祭品到祭祀地点；曼秀负责挑饭；曼达负责端盆；曼两伞负责抬蔑桌；祭祀时，曼破、曼养派人去值勤；曼达、弄罕派一人去看守祭祀用的牛；曼宰派二人去看守拴牛、拴白马的桩子；曼达负责搭祭勐神的祭台……

而祭品的分担是这样的：曼桑负责出土锅、扇子；曼破、曼养负责出汤锅、菜碗、竹筒、竹碗、竹饭盆、拌糯米饭用的木盆等；曼景脸、曼景罕负责饭碗和洗牛用具；曼宰提供酒、米……此外，祭祀的其他费用也由各村社平均承担。①

正是因为在历史上已经形成了这样的古规，因此，佛教传入之后，所有佛事活动的开支仍然按照原先宗教惯例由各村社平均分担。修建佛寺、佛塔，塑造佛像，村寨集体送小孩入寺当和尚，和尚升佛爷、祜巴等重大宗教活动所产生的费用，都绝非个别家庭可以组织或承担的，也不是个别家庭的事情，而是全村社的共同事务，是村社的集体事业。其所有的宗教开支全部由村社成员共同负担。例如赕佛活动是傣族人民表达其宗教情感的主要方式。但赕佛活动的组织却在极大程度上依靠村寨势力的执行。赕佛活动的所有宗教开支全部都要经过村社组织机构研究后分摊到具体村社成员头上。

因此，从宗教经济学的角度来看，沿袭宗教惯例是将村民们的宗教职

---

① 《傣族社会调查资料》之五，云南人民出版社1985年版，第26页。

责转换为世俗义务的一个行之有效的方法。

2. 村社制度固有的"火西"制度和"黑召"制度成为村社转换宗教职责和世俗义务的主要方式。

傣族社会在征收赋税和各种徭役时实行"火西"制度和"黑召"制度。首先，"卡里斯玛"统治权威将西双版纳地区划分为十二个大的负担单位，称为版纳，一个版纳包括几个勐，勐以下分为陇和火西；一个火西包括几个相同等级农民组成的村社①。因滚很召和傣勐所出负担的内容不同，故将负担同样内容的农民等级编在一起。这些组织既是一级行政单位，又是一级负担单位。村社内部分为若干负担户"火很"，一个负担户由若干个自然户（个体家庭）组成。负担户是用来分摊负担数的单位。每个村社、火西、陇、勐的负担户数，是由宣慰使议事庭决定，按上述负担系统，层层分派给负担户，召片领委派波郎监督执行，村社头人负责征收。属于全勐的负担，由勐议事庭召开会议，各火西的头人参加议定数量，照火西实有负担户平摊。再由火西分配给负担户。各负担户再按实有个体家庭平均分摊。一户不交或少交，村社头人便对之实行驱逐出寨，没收其财产的惩罚，而该户负担则由其他各户承担，因而各户之间起着连环的作用。

村社内部为了平分劳役负担，实行一种"黑召"制度，即将劳役分为"甘召"（为各级领主服务的劳役），"甘勐"（全勐性的地方劳役）和"甘曼"（村社内部劳役）等几类，并按服役时间的长短分为"尾肯"（一夜）、"黑晚"（一天）、"黑三晚"（三天）、"黑哈晚"（五天）、"黑西哈晚"（半月）、"黑熊"（一月）六种。又按照性别区分男劳役为"甘宰"、女劳役为"甘影"（女的负责纺纱、织布、煮饭、炒菜等）村社内部按负担户把各农户编成几个循环组，以竹筒、木板作轮流值日牌，在组内传递，依次轮流。农民服役之后，或用簿子登记，或发给竹签为据。到一定时间，对各户服役情况进行结算。计算时根据服役的具体情况折算天数，如在生产季节、雨天、战争时期，虽服了三天劳役，也可当平时的五天、七天计算。不过轮到哪呼，无论该户当时发生什么情况，都得去服役。如果应该出三天劳役，一去就干了十天、半月，多出的时间可以记下

---

① 傣族社会将农民分为两个大的等级——滚很召、傣勐，同时又再进一步细分。

列，抵偿以后的劳役，也可以转让给他人。①

自上而下分配负担的"火西"制度与村社内部自下而上征派劳役的"黑召"制度相结合，形成了一个严密的网络，被网织在这一制度上的农民，其家庭就是村社的"火很"——负担户，其本人则变成为"滚很"——负担人。只要生活在村社之中就必须自觉地遵守"火西制度"和"黑召制度"的规则。较为成熟的"火西制度"和"黑召制度"已经把村民们的经济生活和政治文化生活编织为不可分割的一部分。

在"火西制度"和"黑召制度"下村社要承担的各种负担中，宗教活动的开支是较主要的负担内容。同时，除了每年的佛事活动开支必须要由村社成员来承担外，村社成员在日常生活中还必须承担寺院每天的供养。值得注意的是，在承担各种经济负担时，村民们很自然地把承担宗教负担看作自己应该承担的义务，其中包括承担佛教活动的负担。因此，我们可以说，分配负担的"火西制度"和"黑召制度"成为村社将村民的宗教职责转换为世俗义务的重要保证和途径。

三　南传上座部佛教有序化发展的重要保证

美国学者杨庆堃在其著名的《中国社会中的宗教》② 一书中提出了"分散性宗教（diffused religion）"和"制度性宗教（instituonal religion）"两个概念，并将佛教划分为属于与"分散性宗教（diffused religion）"相对的"制度性宗教"。③ 他在第十二章里指出：中国原始的本土宗教，几乎是作为发散性宗教的一种形式被整合到世俗社会制度里的。也就是说，分散性宗教虽然不是独立性宗教，却是有结构性基础的，并且其功能的实现是依托于诸如帝王体制和亲属系统这样的政治社会机构的。④ 即其宗教功能通过中国社会的世俗结构而发生作用——家族制度和帝国大规模的

---

① 详参曹成章《傣族社会研究》，云南人民出版社1988年版，第157页。
② ［美］杨庆堃著，范丽珠译：《中国社会中的宗教——宗教的现代社会功能与其历史因素之研究》，上海人民出版社2007年版。
③ 关于这两个概念的划分是否科学合理并不属于本文的讨论范围。但笔者是不赞同这分法。
④ ［美］杨庆堃著，范丽珠译：《中国社会中的宗教——宗教的现代社会功能与其历史因素之研究》第十二章，上海人民出版社2007年版。

社会政治网络。笔者认为这虽然是中国传统宗教的一个特点，但它却也是作为制度化宗教的中国南传上座部佛教发展的一个特点[①]——佛教活动是以村社为最基本行政单位，以村社生活的秩序为其基础，以村社的组织结构为其活动单位，以村社的行政力量来管理佛教活动。佛教的功能就是通过村社结构来发生作用。在这里村社发挥了重要的作用。显然这是中国南传上座部佛教不同于汉传佛教和藏传佛教之处。在某种程度上，我们可以把村社看作是中国南传上座部佛教的组织者和管理者。[②] 这主要表现为以村社为单位的宗教活动的有序化、信徒管理的有序化。

（一）中国南传上座部佛教活动开展的有序化

中国南传上座部佛教与汉传佛教最大的差异在于：中国南传上座部佛教具有非常明显的组织性特征。这一特征不仅仅表现为中国南传上座部佛教拥有非常严密的等级森严的组织制度[③]，而且还表现为宗教活动的组织化、有序化、信徒管理的有序化等方面。正是由于这一组织性特征，佛教信仰成为几乎所有傣族人民共同的宗教信仰。因有了共同的信仰，而增强了邻里之间的关系，增强了民族意识，同时，由于其与家庭和乡村生活的秩序为基础的组织、结构相关的，因此，更便于进行管理，这一管理不仅仅是日常行政事务的管理，也在于在宗教事务方面的管理。因为中国南传上座部佛教的组织管理模式是与政府行政管理模式相适应的。

一般说来，中国南传上座部佛教活动的有序化主要是由村社文化的地域性特征决定的。在云南西双版纳傣族地区，村社是建立在土地集体所有制基础上的。由于封建领主制社会实行的份地制度使每个村社拥有相对固定的土地。村社之间严格的村社界限是早期农村公社时期遗留下来的，后来成为各个村社承担负担的界限。每个村社的范围是非常稳定的，一个勐与另一个勐之间，一个村寨与另一个村寨之间的界限是非常明确的。村社土地属于集体所有，任何人不得转让卖给其他人或其他村社。如果某一村寨的人因为战争，而逃亡了，那么战争结束后，他们回来了，他们原先拥

---

① 事实上，这也是作为制度化宗教的中国南传上座部佛教与杨庆堃先生主张的不同之处。详参郑筱筠等著《制度性宗教VS分散性宗教》，《世界宗教化》2010年第5期。

② 中国南传上座部佛教的组织和管理是较为复杂的，笔者将有专文讨论。

③ 郑筱筠《历史上中国南传上座部佛教与社会组织制度之互动》，《世界宗教研究》2007年第4期。

有的土地仍然是属于他们所有。因此，当村社要举行宗教活动或者是参加上级组织的宗教活动时，各个村社也严格按照世俗社会组织制度的规定进行宗教活动，按照行政区划来围绕着寺院、佛塔开展各种佛事活动。总之，村社的活动完全有地域界线的，是有序地进行的。

（二）佛事管理的有序化

从社会组织的结构而言，村社虽然是社会组织制度最基层的单位，但傣族地区的村寨制度是非常严格的，它自己在长期的社会发展过程中已经形成了严密的分工，这使村社本身就成为一个独立的政治实体。这一独立的政治实体不仅在村社生活中进行着日常行政事务的管理，而且也对宗教事务方面进行着管理。在村社组织内部的宗教分工是非常细致，是有专人管理，各司其职。

在历史发展的长河中，在傣族社会，家庭是最小的社会单位，而村寨则是把这些家庭联系起来的最基本的社会组织。每一个村寨就是一个自给自足的单位，人们的生产生活基本都不出这个范围。而村社作为一个独立的社会组织单位，它有各种管理社会生活的人员。村社头人"寨父"和"寨母"负责全寨居民的迁徙问题，可以代表全村社接纳新的成员，并承担管理村社土地、征收各种负担、管理宗教事务、家庭婚姻以及调解各种纷争的职责。在村社头人之下，它又设有管理武装的"昆悍"，负责通信联络的"波板"、司文书的"昆欠"、管理水利的"板闷"、有男女青年的头头"乃冒"和"乃少"、有管理祭祀"寨神"的"波摩"、管理佛寺的"波章"等等。傣族村民们都必须按照过去的习俗来履行自己的义务。即使是在宗教活动中也仍然要按照农村公社内部组织的分工来进行，，他们可以说是各司其职，分工管理。互不干涉。就中国南传上座部佛教而言，"波章"是专门负责管理佛教事务的。他负责组织村民们开展佛事活动。事实上，"波章"一职正是中国南传上座部佛教传入傣族社会后与傣族村社文化相结合之后的产物。[①] 而"波章"为了不辜负村民们和村社的信任，同时也为了不辜负佛教界的信任，总是积极尽职地组织开展佛事活动。同时，村社土地界限的固定也就使村社内部成员相对固定，这极大地

---

① 可以说他是神圣世界与世俗世界的沟通者。但是他所起的作用就是一个沟通，而不能成为神圣世界的象征。由于篇幅所限，笔者另有专文对"波章"的作用进行讨论，在此就不再累述。

方便了村社组织进行有效的管理。

例如，以傣族"关门节"为例，"关门节"时间为傣历 9 月 15 日（即公历 7 月中旬），"开门节"时间为傣历 12 月 15 日（即公历 10 月中旬），从"关门节"到"开门节"共有三个月的时间。在"关门节"的这三个月里，要进行一次大赕，十次小赕。在举行大赕活动时，"波章"就要组织整个村社的村民参加，要在佛寺举行大规模的佛事活动。而在小赕活动期间，由于小赕主要是在佛寺中对祖先的一种祭祀活动，并不是整个村社的村民都参加，而是在村社里分组进行。每组赕佛时，都要凑钱买牛或猪、鸡等宰杀，共同做成饭菜，到佛寺中祭祀祖先之后，就在佛寺听佛爷念经，以求祖先保佑。祭祀完成之后，就在家请亲戚们吃饭，共同缅怀祖先。

总之，傣族地区佛教活动是以村社为最基本行政单位，以村社生活的秩序为其基础，以村社的组织结构为其活动单位，以村社的行政力量来管理佛教活动。佛教的功能就是通过村社结构来发生作用。村社文化的地域性特征以及村社内部组织的宗教分工细致化——"波章"专门管理佛事活动，使佛事活动得以有序化。同时，村社土地界限的固定也就使村社内部成员相对固定，这极大地方便了村社组织进行有效的管理。

综上所述，傣族社会是自上而下地接受南传上座部佛教的。当具有"卡里斯玛"权威特质的召片领统治集团号召傣族人民信仰南传上座部佛教时，村社是会将之作为一项行政命令去执行的。由于村社在意识形态方面的重要作用，村社将个人的信仰行为转换为集体的信仰行为，以村社集体的力量来推动傣族社会信仰南传上座部佛教。而村社制度主要是通过在法律、经济层面来实现宗教职责与世俗义务之间的转换，并成功地让村民把宗教职责当作自己的世俗义务，从而成为中国南传上座部佛教的重要生命线。此外，村社制度也是南传上座部佛教有序化发展的重要保证，村社文化的地域性特征、"波章"尽职地管理佛事活动、村社内部成员相对固定等都使佛事活动有序化、佛教事务管理有序化。

值得注意的是，在看到村社对佛教发展的影响的同时，我们还要清楚地看到村社的不足：村社作为基层组织，它是独立的政治实体；同时它又是作为提供负担的单位，这又限制了其发展。这样的双重性导致社会生产发展非常缓慢。由于村社制度具有相对的独立性，缺乏强有力的经济力量，村社本身经济发达与否直接决定着寺院发展的速度，村社经济的发达程度成为制约佛教发展的一个因素。村社模式的相对滞后性又制约着中国南传上座部佛教的发展。这是世俗社会组织制度对佛教发展的消极作用的体现。此外，正因为傣族地区的社会政治组织制度是建立在农村公社的基础之上的，封建统治者的权力某种程度上受到了村社势力的遏制，而南传上座部佛教又与村社建立了紧密的联系，得到了村社的全面支持，因而封建统治者不能把佛教置于自己的直接隶属之下，而佛教虽然受到村社的全面支持，但由于村社是分散的，佛寺也是零散的，不能形成集中的强大力量，在政治上无法取代统治者，无法危及社会统治阶层的利益。这就形成了傣族社会虽然全面信佛，佛教组织制度和社会组织制度关系密切但却不能实现政教合一制度的主要原因。

第三节 中国南传佛教社会的当代世俗社会组织制度

20世纪50年代以后，随着各级人民政府及其相关行政职能部门的设立，中国南传佛教信仰区域内，各个少数民族世俗社会传统的组织管理模式发生了很大的变化。

就西双版纳傣族自治州而言，随着世俗社会组织管理模式的变化，当代南传佛教的政治作用自20世纪50年代以后已经发生了根本的变化。1950年，西双版纳地区成立了车里（现为景洪）、佛海（现为勐海）、南峤（现为勐遮）和镇越（现为勐腊）4个县级人民政府。1953年1月23日西双版纳傣族自治州成立，这是云南省第一个成立的少数民族自治州，全州土地面积1.91万平方公里，现在辖一市两县（景洪市、勐海县、勐腊县）和三区（西双版纳旅游度假区、磨憨经济开发区、景洪工业园区），有31个乡镇和1个街道办事处，220个村委会，2221个村民小组。辖区内驻有1个农垦分局，10个农场和6个中央、省属科研单位。这一世俗社会组织制度的变化也反映在中国南传社会领域。

佛教的宗教价值在于它提出了对终极实在的看法，并将现实世界纳入到佛教观念的时间和空间维度中。在佛教的宇宙观和世界观影响下，神王观念是南传佛教政治作用之重要表现。20世纪50年代以前，南传佛教的社会责任之一就是为王权的存在提供合理性的证明，这是中国南传佛教一个重要的政治作用。

这一政治作用在中国南传佛教信仰社会中，反映为中国南传上座部佛教的组织制度与傣族社会组织制度之间的关系是互相依托的①。中国南传上座部佛教通过神圣化的仪式和突出等级职责的宗教行为，为世俗社会组织和制度提供着神圣的合法性与政治认同，而世俗社会的组织制度，特别是各级头领，则从参与宗教仪式和经济支持等方面来维系和扩大佛教的发展。在傣族人民的眼里，自己世俗社会的最高首领与佛教的关系是最密切的，他甚至成为世俗社会与神圣社会的最高沟通者和神圣社会神圣意志的体现者和颁布者。

20世纪50年代中期，西双版纳傣族自治州进行了"和平协商土地改革"，废除了封建特权和压迫制度，传统的世俗政治体系最终被废除，同时，传统的寨子里的头人被农民领导小组取代。宗教摆脱了封建领主土司的控制和利用，隔断了国外宗教势力对境内宗教的操纵，还其纯粹宗教、精神信仰的本来面目，开始走上革新之路。如今，中国南传佛教为王权的存在提供合理性证明的政治作用已经不复存在。虽然在一些宗教活动中，仍然会有政府部门的领导出席，但这些政府部门的领导不再需要佛教赋予其神圣性的卡里斯玛式的领袖人物特权，他们更多的是把这样的活动看作是一项政治任务或自己职责管辖范围内的工作。例如，2004年11月20日，以泰国外交部部长顾问帕拉查·库纳嘎信为团长的泰王国布施团，在西双版纳总佛寺举行了布施捐赠泰王国国王御制袈裟仪式。西双版纳傣族自治州有关部门的领导等参加了捐赠仪式。② 但州委、州政府领导出席宗教活动仪式，其意义仅限于文化交流，而不再具有任何宗教意义。

当然，我们也要看到，在中国南传佛教世俗社会组织制度的变化过程中，在对历次运动和中央政府行政制度的适应过程中，中国南传佛教的很多行为模式被重新塑造了，这是其自身发展的变化。同时，我们也要看到，在当代社会，随着通讯和交通的发展，大量的汉文化以及其他民族的

---

① 关于中国南传上座部佛教组织制度与世俗社会组织制度之关系，详参郑筱筠《历史上中国南传上座部佛教与社会组织制度之互动》，《世界宗教研究》2007年第4期，第42页。

② 详参岩温香《西双版纳报》2004年11月20日。

文化也进入了中国南传佛教信仰区域，对其传统的文化格局产生了影响，因此，中国南传佛教与东南亚佛教社会之间的文化联系格局也在逐渐地发生变化，可以说中国南传佛教已经形成与世界接轨，同时又具有自身独特性的佛教体系。[1]

---

[1] 详参郑筱筠《宗教传播与发展的云南模式》，宗教蓝皮书《2010年中国宗教报告》，社会科学文献出版社2010年版，第238页。

第 六 章

中国南传上座部佛教的僧阶制度及僧团管理模式

第一节 传统的僧阶管理模式

南传佛教之所以成功地融入世俗生活中，在少数民族社会领域有序发展，这与中国南传佛教独具特色的宗教管理模式是分不开的。在长期的发展过程中，它不仅有僧团组织管理模式、佛寺佛塔组织管理模式，同时还形成了具有鲜明的区域性特征中国南传佛教僧阶管理模式。这一管理模式的出现标志着中国南传佛教内部管理系统已经成熟，也是其不同于汉传佛教、藏传佛教的一个特点，亦是其区别于东南亚南传佛教管理体系之处。

南传佛教自东南亚传入中国云南境内所面临的最大问题就是如何适应当地政治制度和社会结构，这是中国南传佛教融入社会的必须要解决的问题。为此，在其传播发展的历史长河中，它以傣族地区封建领主制社会行政组织系统为范本，逐步形成了自己独特的金字塔型的组织管理制度。其等级特征之鲜明、制度之严密是中国南传上座部佛教与汉传佛教乃至东南亚南传上座部佛教所无的。

南传上座部佛教自传入中国云南境内后，就一直在努力适应着云南多民族多宗教的多元文化环境。在经历了一个冲突、对立、适应和融合的漫长发展过程后，中国南传上座部佛教逐渐形成了不同于汉传佛教、藏传佛教乃至东南亚南传上座部佛教的具有鲜明民族特色和本土化特征的体系。在元朝以后，中国南传上座部佛教的组织制度作为这一体系的重要支柱逐渐发展完善起来。① 中国南传上座部佛教组织管理系统的严格也同样反映在僧侣等级制度上。随着南传上座部佛教在各个区域的本土化进程越来越深入，有的区域也出现了自己的僧阶体系。中国南传上座部佛教僧阶制度之严格，等级分类之多，是其他南传上座部佛教国家所未有，而且也是大乘佛教无法相比的。在云南，一般说来，僧阶是按年龄、戒腊、学行来划分的，但是僧阶只是一种荣誉，并不意味在神圣世界或者在世俗世界享有一种特权。

一　西双版纳地区的僧阶制度

（一）傣族信仰的南传佛教僧阶制度

在西双版纳傣族地区，按年龄、戒腊、学行逐渐形成了十个僧阶。这些僧阶大体可以分为：

第一级：帕诺（行童）一级
第二级：帕（相当于汉传佛教的沙弥）；
第三级：都（相当于汉传佛教的比丘）；
第四级：都龙（僧都）
第五级：祜巴（都统长老）；
第六级：沙密（沙门统长老）；
第七级：僧伽罗阇（僧王、僧主长老，这一僧阶长期来虚职无人）；
第八级：帕召祜（阐教长老）；
第九级：松迪（僧正长老）；
第十级：松迪阿伽摩尼（大僧正长老）。

值得注意的是，这些僧阶在不同地方也会有差异，例如有的地方在帕之前没有帕诺（行童）一级，在都之后没有都龙（僧都）一级则为十级。

自五级以上的晋升程序十分严格，最后两级在整个西双版纳地曾经区只分别授与傣族僧人和布朗族僧人各一位，成为地区最高宗教领袖。一般说来，做了大佛爷之后，他不仅是寺院里最德高望重、学识渊博的，而且也是整个村寨中地位最高的人。即使是去到本村寨以外的其他地方，也是

---

① 由于在中国南传上座部佛教文化圈内最具有代表性的是傣族佛教信仰系统，因此在本部分，主要以傣族地区佛教和社会行政组织系统为例来进行分析。

深受人民尊敬的。在政治地位上，大佛爷可以和土司平等对话，在宗教场合里，土司见了大佛爷之后，还要非常恭敬。

根据统计，1957年西双版纳景洪地区有七位祜巴：祜巴勐、祜巴扎捧、祜巴飞龙、祜巴曼沙、祜巴曼阁、祜巴广龙、祜巴曼嘎。现在自2001年，西双版纳地区景洪洼龙总佛寺的都龙庄升为祜巴，改称祜巴龙庄勐之后，目前西双版纳地区仅有一位祜巴。

(二) 布朗族信仰的南传佛教僧阶制度

西双版纳和双江等地布朗族信仰南传佛教，宗教的一切活动完全接受了傣族的一套仪式，佛寺的形式、佛经、法器同傣族的一样。与社会等级制度相适应，布朗山的佛寺内和尚有10个等级。由于等级不同，袈裟上的条纹和方格也不同。10个等级是：

第一级：小和尚（初进佛寺者）；

第二级：进佛寺较久的小和尚，以上二等披一套黄色布披单；

第三级：大和尚，能披一套格少的袈裟；

第四级：都因（二佛爷），可披条纹方格多的袈裟1套；

第五级：都比因（大佛爷），可披多纹方格袈裟2套；

第六级：沙底听，可披袈裟6套；

第七级：叭帕沙弥，可折袈裟8套；

第八级：沙底桑，可披袈裟12套；

第九级：松领，可披袈裟8套至16套；

第十级：帕召苦，可披袈裟24套至30套。

这10个等级的升迁制度也完全和傣族相同。此外，还有"都布"，"都布"是还俗后，来佛寺当大佛爷的。人们认为男孩都要进佛寺当一次和尚，否则将受到众人的轻视，姑娘也不愿嫁给他。进佛寺后，要先学念经，然后正式当和尚。当和尚时要在寺中做些杂活，食物由各家每天按时送到佛寺。

二 德宏地区僧阶制度

德宏地区润派佛教就有不同僧阶：戛比、尚或贺（沙弥）、翁（比丘）、厅、沙弥、尚召、祜玛召、苏玛利苏玛亮等。根据江应梁先生在20世纪30年代的调研资料显示，当时佛寺和尚还有几个层次："即小和尚、和尚、二佛爷、大佛爷等。大佛爷地位最高，掌管寺内一切事务。"①

江应樑著、江晓林笺注《滇西摆夷的现实生活》是这样表述20世纪30年代四个等级的僧阶制度的：

1. 小和尚：初送入寺为僧的小孩，仍穿俗人衣服，戴一顶黄布僧帽。俗称"小和尚"。摆夷送子女入寺为僧的原因有三：

    A. 父母早死，失怙养；

    B. 父母家贫，无钱养活；

    C. 命中算定应做和尚。

小和尚在寺庙里除做点轻微的洒扫工作，主要的事就是学习夷文，但大多数时间都是嬉戏玩耍，生活是很自由的。

2. 和尚：做了小和尚若干年后，学会了夷文，并能记诵经典时，便可求"大佛爷"的许可，升为"和尚"，脱去俗衣，改穿黄布。这才正是成为社会中的僧侣阶级。

3. 佛爷：从和尚再升一级，便是"二佛爷"。这相当于佛寺中的副住持，长老的助手。有些地方，二佛爷之下，尚有"三佛爷"一个阶级。和尚须先升为三佛爷，再升为二佛爷。

4. 大佛爷：这是僧侣阶级中最高的一个等级。每一个佛寺或每一个宗派的大集团中，有"大佛爷"一人，实即该寺或该集团的长老。他必须由二佛爷升任。做大佛爷须具有如下的资格：

    A. 修道高深，信仰坚定，得一般人民的拥护；

    B. 经典熟悉，且有特殊了解；

    C. 富有办事经验能力；

    D. 进寺之年代最先。

做了大佛爷之后，不仅掌握一寺的大权，且在社会地位上，可以与土司贵族阶级平肩。夷语称大佛爷kietsau，有"主子"、"领袖"的意思。据说昔日大佛爷的身份很高，土司对之均必为礼，现（指20世纪30年代——笔者注）此俗已不存。土司与大佛爷在宗教上居于对等的地位；

---

① 江应樑著，江晓林笺注：《滇西摆夷的现实生活》，德宏民族出版社2003年版，《序言》，第19页。

在政治上，大佛爷仍是土司的下属。①

江应樑先生记录的是20世纪30、40年代德宏地区南传佛教的僧阶制度情况。但即使在德宏地区，也还是会存在因地域差异而有僧阶制度的不同。

三　临沧地区僧阶制度

1. 临沧地区润派佛教僧阶制度：润派僧侣的划分较细，分为三等九级：和尚为三等九级；小佛爷和大佛爷分为二等八级和七级；四长老、三长老、二长老、大长老、副印长老、印长老为一等，分别为六、五、四、三、二、一级。②

2. 临沧市多列派僧阶制度：临沧市的孟定多列派曾经实行过三等九级僧阶，即一等芽宝、芽金、芽银；二等叶宝、叶金、叶银；三等花宝、花金、花银，但现未流传下来。③ 临沧市的沧源县多列派把僧侣分为四等：长老、佛爷、和尚和预备和尚。

3. 摆庄派僧阶也是四级，与多列派相似，但称号不同：嘎比（可以看作是预备和尚）、尚旺（相当于沙弥）、召们（比丘）、召几（长老）。

4. 左抵派只有比丘一级，在这个系列里，又分为大和尚、小和尚。

一般说来，人们是对僧侣按年龄、戒腊、学行来划分僧阶，这是对僧侣自身学识修养和品德、修行深浅的一种神圣性认同，虽然只是一个荣誉，并不意味着任何的特权，但是，对于僧侣来说，进一步的晋升僧阶既是在佛教体系内部对自己精进不懈、勤修佛法的整个修行实践行为的神圣认可，同时也是世俗社会对其本人的神圣权威的一种认可。因为僧侣晋升僧阶并不是由僧侣本人提出来，而是由其所在佛寺所属的村寨或者是某一区域的信众们认为其已经符合晋升的条件，经过慎重考虑后才提出来的，经过相当复杂的程序，最后该僧侣同意，并且经该僧侣所在佛寺的大佛爷同意之后，村寨举行隆重的升和尚仪式，才逐步晋升的。选拔和申请晋升和尚的整个过程是在僧团制度之外进行的，是世俗社会在自己的组织管理

---

① 江应樑著、江晓林笺注《滇西摆夷的现实生活》，德宏民族出版社2003年版，第368页。

② 陈卫东主编：《沧源佤族自治县统战史》，云南民族出版社2006年版，第36页。

③ 参见邱宣充《耿马县小乘佛教》，载《云南少数民族社会历史调查资料》（五），云南人民出版社1985年版，第348页。

机构内部，以自己的管理方式对佛教僧侣的神圣性认可，但是其选拔的结果却必须要得到神圣世界的同意方可。而就中国南传上座部佛教管理体系而言，逐级晋升、等级分明的僧阶制度既是对僧才的认可，也是对僧才进行严格管理的一种制度，有助于进一步有序地管理佛教事务，更是中国南传上座部佛教体系成熟的一个体现。

第二节　当代中国南传上座部佛教的僧阶认定

一　南传佛教僧侣的称谓与僧阶

在南传佛教信仰区域内，可以根据其称谓来判断一位僧侣在僧阶制度中的地位。赵桐女士研究，按照在僧界僧职的高低，斯里兰卡的僧侣"有 Mahanayaka（大导师或大首领）和 Nayaka（头领或导师）等称谓。前者用于称呼某一教派的大首领或全国性佛教组织的领导，在斯里兰卡，主要有三个教派。这些教派的首领加上其他几个小教派和全国性组织的头领，能称为 Mahanayaka 的僧人不过十人。在使用这一称谓时，通常称为 Naha nayaka Hamuduruwo。Nayaka 一般用来称呼地方省或区的僧领，或大寺之住持，通常称为 Nayaka Hamuduruwo，这一称谓与 Loku Hamuduruwo 可以互用。"[①] 另外，斯里兰卡的僧侣还可以按照其职业进行称呼。在南传佛教国家，僧人可在政府、学校及其他社区部门任职，因此根据他们各自不同的职业有不同的称呼方式，如：Veda Hamuduruwo（从医的法师）、Nakathbalana hamuduruwo（占星师）Chitra-adina ham uduruwo（美术师）、Guru hamuduruwo（老师）等。不管僧人地位多高，从事何种职业，一律住在寺院中，过僧团集体生活，并在寺院中担负一定的职责，因而，可根据僧人在僧团中的任职称呼之。如：Bana kiyana hamuduruwo（说法师）、Pirith kiyana hamuduruwo（诵保护经师）、Kavi bana kiyana hamuduruwo（偈陀讲法师）、Kruhtyadikari hamudu ruwo（掌财师）等。

由于寺院生活相对简单、清净，有利于僧人的学习与修行，因而僧团中的著名学者或学问僧层出不穷，他们或在国内外的大学中获得博士学位，或通过佛教界的全国考试，获得班达（或译为班智达）学位。这些法师深得僧俗各界的尊重，获得博士学位的，一般称为 Doctor 某某，

[①] 赵桐：《上座部佛教的称谓系统》，《法音》1999 年第 8 期（总第 180 期），第 21 页。

如：Ven. Dr. Dhammajoti；获得班的达学位的则称呼 Pandita hamuduruwo。据说，班的达学位甚是难考，考生不仅要熟练掌握梵、巴文，而且要能诵多部经，并擅说法布道。每年考试通过率仅为2%。[①]

而在中国南传佛教信仰区域，僧侣的称谓主要是按照僧阶制度来称呼的，例如，在西双版纳地区，原来是"都"（或"都龙"）这一级别的，就在出家名字前面冠以"都"（或"都龙"），表示该僧人在僧阶制度中属于"都"（或"都龙"）这一级别，而如果属于"祜巴"这一级别的，就在出家名字前面冠以"祜巴"，表示该僧人在僧阶制度中属于"祜巴"这一级别。

但是中国南传佛教僧侣称谓系统不是一成不变的，而是随着僧侣僧阶的改变而变。如果说这位僧侣原来是属于"都"（或"都龙"），后来升为"祜巴"级别了，那么他的名字前面的称谓就改为"祜巴"了。

二 探索当代中国南传佛教僧阶制度认定的独特性

作为制度化宗教，中国南传上座部佛教具有独立于社会组织制度之外的僧团，这一组织管理体系在20世纪50年代后，随着傣族地区封建领主制社会等地区的行政组织系统的解体而弱化，因此，探索当代中国南传佛教僧阶管理制度的经验就显得非常重要。为此，在全国政协常委、中国佛教协会副会长、云南省佛教协会会长刀述仁居士，全国政协常委、中国佛教协会副会长、云南省佛教协会副会长、西双版纳州佛教协会会长祜巴龙庄勐以及中国佛教协会常务理事、云南省地州各级佛教协会会长，如都罕听长老、提卡达希长老等人的推动下，中国南传佛教一直在努力探索。在佛教界以及社会各界的共同努力下，当代中国南传佛教僧阶的管理在最近几年得到了有效的规范和发展。

（一）中国南传佛教界在各个信仰区域内分别制定了适合自己本区域内的佛寺管理规则和教职人员职责

例如笔者在2008年在临沧调研时，就看到临沧市佛教协会制定了《临沧市南传佛教佛寺管理规则和教职人员职责》手册（汉语版和傣语版），结合临沧的实际，对于佛寺的职责义务、僧侣的职责义务、南传佛教教职人员的职责，尤其是在对帕祜巴（大长老）、帕涮米厅、帕希提厅

---

① 赵桐：《上座部佛教的称谓系统》，《法音》1999年第8期（总第180期），第21页。

（吴巴赛）、比丘（都、帕、召章）、沙玛念（小和尚）的职责进行了明确的规定，应该说，这是临沧市南传佛教在当代社会的积极探索和实践。另外，其他区域，如西双版纳、德宏、普洱市等地也分别结合自己的实际情况，进行了广泛的探索。

（二）在整合各地管理经验的基础上，积极探索制定适合整个中国南传佛教信仰区域的方法

2007年中国佛教协会南传工作委员会就拟定《中国南传佛教教职人员认定办法》，并开始在各个信仰区域内试行。2009年4月29日云南省佛教协会南传佛教工作委员会扩大会议在芒市召开，来自西双版纳、思茅、临沧、保山、德宏五州市的南传佛教高僧大德共63人参加会议。全国政协常委、中国佛教协会副会长、云南省佛教协会会长刀述仁就南传佛教的制度建设、僧才培养、设立中心佛寺等问题作了详细阐述，希望佛教界人士进一步解放思想、更新观念，冲破落后思想和一些不适应时代发展要求的束缚，提高自身素质，增强参与经济建设的本领；在当地党委、政府领导下，带领广大信教群众，依法开展正常宗教活动，参与捐资助学、禁毒防艾、修桥补路等社会公益事业，积极参加社会主义新农村建设，为全面建设小康社会服务。随后，与会高僧大德学习了《宗教教职人员备案办法》、《宗教活动场所主要教职任职备案办法》，并就《中国南传佛教教职人员认定办法》的制定进行了讨论。

三 具有划时代意义的《南传佛教教职人员资格认定办法》

2010年2月中国佛教协会第八次全国代表会议在北京开幕。会议总结了中国佛教协会第七次全国代表会议以来的工作，提出今后的工作任务和目标，并将选举产生新一届理事会领导机构，会议表决通过了《藏传佛教教职人员资格认定办法》、《南传佛教教职人员资格认定办法》，这一《资格认定方法》（详见下）的公布为中国南传佛教教职人员管理提供了依据，具有划时代的意义。这一《认定方法》的出台解决了很多困惑人们的问题，这主要表现在以下几个方面：

（一）厘清了南传佛教教职人员和短期出家修行者之区别

在《南传佛教教职人员资格认定办法》第二条，首先明确地规定了，"南传佛教教职人员是指受过比库戒、具有相应职称或荣誉称号的比库（都、法、召章）、帕希提（吴巴赛）、帕萨米、帕祜巴、帕松列、帕松列

尚卡拉扎等南传佛教僧侣"。南传佛教信仰区域内的少数民族都有男子一生中必须到寺院出家修行的习俗，这是南传佛教不同于汉传佛教的一个特点。只要一出家，那么该男子就成为南传佛教僧团中的成员，虽然按照南传佛教僧阶管理制度，他还处于僧团中的"预备"阶段，还未完全进入僧团，有可能在短期修行之后就还俗。因此在资格认定方面，就存在两难境界。为此，《南传佛教教职人员资格认定办法》第二条明确规定必须要受过比库戒、具有相应职称或荣誉称号的比库或以上僧阶的人才能被认定为南传佛教教职人员。这一规定既尊重了中国南传佛教的传统，同时也规范了中国南传佛教僧侣的管理。

（二）明确了南传佛教僧侣不同僧阶的区别

《南传佛教教职人员资格认定办法》第四条明确规定：

比库（都、法、召章），在当地州（设区的市）或县（市、区）中心佛寺培训、考察一个月以上，有一定的佛教学识；

帕希提（吴巴赛），戒律严明，具有较高的佛教学识，在信教群众中有一定威信，具有管理寺院和本寺僧团的基本能力；

帕萨米，戒律严明，在云南佛学院接受过培训，有较高的佛教学识；

能管理好本寺僧团，能引导信教群众过好宗教生活；帕祜巴，戒律严明，在云南佛学院受过正规教育，有较高的佛教造诣和较强的教务管理能力；

帕松列、帕松列尚卡拉扎，有深厚的佛教造诣及献身佛教事业的精神，品德高尚，在信教群众中有较高威望。如佛教造诣很深、持戒严谨、信教群众特别需要，戒腊标准可适当放宽。这一规定意义重大，针对中国南传佛教信仰区域内僧侣在僧阶认定方面各有自己的规则，认定标准混乱的现象进行规范，使中国南传佛教僧侣在僧阶认定方面有法可依。

（三）明确了中国南传佛教僧阶的年龄和僧腊认定标准

《南传佛教教职人员资格认定办法》第四条规定了年龄、僧腊的区别，如比库（都、法、召章），年龄在20岁以上；

帕希提（吴巴赛），受比库（都、法、召章）戒10腊以上，年龄在30岁以上；

帕萨米，受比库（都、法、召章）戒15腊以上，年龄在35岁以上；

帕祜巴，受比库（都、法、召章）戒20腊以上，年龄在40岁以上；

帕松列、帕松列尚卡拉扎，受比库（都、法、召章）戒 40 腊以上，有深厚的佛教造诣及献身佛教事业的精神，品德高尚，在信教群众中有较高威望。

（四）强调了僧侣在佛教学识造诣以及管理能力方面的区别

《南传佛教教职人员资格认定办法》第四条规定了中国南传佛教僧侣在僧阶认定方面关于佛教学识造诣以及管理能力的区别标准。

比库（都、法、召章）必须在当地州（设区的市）或县（市、区）中心佛寺培训，考察 1 个月以上，有一定的佛教学识；

帕希提（吴巴赛）必须具有较高的佛教学识，帕萨米，戒律严明，在云南佛学院接受过培训，有较高的佛教学识；能管理好本寺僧团，能引导信教群众过好宗教生活；

帕祜巴必须戒律严明，在云南佛学院受过正规教育，有较高的佛教造诣和较强的教务管理能力；

帕松列、帕松列尚卡拉扎必须具有佛学本科或相当于本科以上学历，有深厚的佛教造诣及献身佛教事业的精神，品德高尚，在信教群众中有较高威望。

（五）规定了僧阶认定的程序

《南传佛教教职人员资格认定办法》第五条规定：

比库（都、法、召章）人选由本人所在地信教群众推荐，本人同意，经所在寺院管理组织同意并提出申请，经县（市、区）佛教协会审核同意后报州（设区的市）佛教协会认定；

帕希提（吴巴赛）、帕萨米、帕祜巴人选由本人所在地县（市、区）佛教协会提出，经州（设区的市）佛教协会审核同意后报云南省佛教协会认定。其中，如本人在州（设区的市）佛教协会任职，由该佛教协会提出，报云南省佛教协会认定；如本人在云南省佛教协会任职，由云南省佛教协会提出并认定；

帕松列、帕松列尚卡拉扎人选由云南省佛教协会提出，报中国佛教协会认定。同时，省、州（设区的市）佛教协会在认定教职人员时，应当对拟认定人选进行考察，听取各方意见。这一规定的出台在尊重中国南传佛教传统的僧阶逐级提升习俗的同时，大大强化了各级佛教协会的作用，有利于中国南传佛教的有序发展。

四 当代中国南传佛教寺院住持的管理模式

在长期的历史发展过程中，中国南传佛教形成了自己独特的僧阶制度，严格遵循以戒为核心的僧团制度，因此在寺院的住持任命方面也形成了与当地社会相适应的管理方式，并规定了各个寺院住持应该履行的职责和义务。例如，中心佛寺住持的职责是：第一，主持本区内佛教内部事务和活动，尤其是负责主持每个月个村寨佛寺僧人到自己佛寺中的布萨堂集中进行羯磨内省活动，第二，平时还要监督下属各个村寨佛寺僧人严格遵守戒法。

2011年9月22日中国佛教协会第八届理事会第一次常务理事会议通过《南传佛教寺院住持任职办法》，结合中国当地社会发展的实际情况，对南传佛教寺院住持的任职进行了详细的规定。

如果对比在2009年5月8日中国佛教协会第七届理事会第四次会议通过，2010年1月10日公布《汉传佛教寺院住持任职办法》，我们就会发现2011年9月22日中国佛教协会第八届理事会第一次常务理事会议通过，2011年11月3日公布的《南传佛教寺院住持任职办法》详细规定担任住持需具备的基本条件：例如"（一）具备南传佛教教职人员资格；（二）拥护中国共产党的领导和社会主义制度，爱国爱教，遵守国家的法律、法规、规章和政策，维护民族团结；（三）信仰坚定，戒行清净，有较深的佛学造诣，品德服众，有较高威望"；还对于寺院住持的年龄做了相应的规定：南传佛教的住持"年龄20岁以上，已受比库（比丘）戒"。这与《汉传佛教寺院住持任职办法》中规定的汉传佛教的住持"年龄30岁以上，戒腊10年以上"相比，显然放宽了南传佛教寺院住持的年龄限制，但是，如果对比南传佛教的《南传佛教教职人员资格认定办法》第四条："教职人员除具备本办法第三条规定的基本条件外，按职称或荣誉称号不同还应具备以下条件：（一）比库（都、法、召章），年龄在20岁以上，本人自愿出家并经父母同意；在当地州（设区的市）或县（市、区）中心佛寺培训、考察1个月以上，有一定的佛教学识。"这一规定，我们就会发现，这一年龄规定是符合南传佛教社会的现实情况的。

我们应该看到，随着《南传佛教教职人员认定办法》、《南传佛教寺院住持任职办法》的公布和实施，这标志着中国南传佛教管理模式与时俱进，在当代进一步规范化和完善，具有鲜明的时代特征。

附录一：

《南传佛教教职人员资格认定办法》

（2009年5月8日中国佛教协会第七届理事会第四次会议通过，2010年1月10日公布）

第一条 根据《宗教事务条例》和国家有关规定，以及中国佛教协会有关规章制度和南传佛教教义教规及传统，制定本办法。

第二条 本办法所称南传佛教教职人员（以下简称教职人员）是指受过比库戒、具有相应职称或荣誉称号的比库（都、法、召章）、帕希提（吴巴赛）、帕萨米、帕祐巴、帕松列、帕松列尚卡拉扎等南传佛教僧侣。

第三条 教职人员应当具备以下基本条件：

（一）拥护中国共产党的领导，拥护社会主义制度，爱国爱教，遵守国家的法律、法规、规章和政策，维护民族团结。

（二）坚持独立自主自办的原则，积极引导信教群众与社会主义社会相适应。

（三）热爱佛教事业，信仰纯正，品行良好；受过正规的佛学教育，有一定的佛教学识；遵守教规戒律和佛教协会的规章制度。

（四）身体健康，六根具足。

第四条 教职人员除具备本办法第三条规定的基本条件外，按职称或荣誉称号不同还应具备以下条件：

（一）比库（都、法、召章），年龄在20岁以上，本人自愿出家并经父母同意；在当地州（设区的市）或县（市、区）中心佛寺培训、考察1个月以上，有一定的佛教学识。

（二）帕希提（吴巴赛），受比库（都、法、召章）戒10腊以上，年龄在30岁以上；戒律严明，具有较高的佛教学识，在信教群众中有一定威信；具有管理寺院和本寺僧团的基本能力。

（三）帕萨米，受比库（都、法、召章）戒15腊以上，年龄在35岁以上；戒律严明，在云南佛学院接受过培训，有较高的佛教学识；能管理好本寺僧团，能引导信教群众过好宗教生活。

（四）帕祐巴，受比库（都、法、召章）戒20腊以上，年龄在40岁以上，戒律严明，在云南佛学院受过正规教育，有较高的佛教造诣和较强的教务管理能力。

（五）帕松列、帕松列尚卡拉扎，受比库（都、法、召章）戒 40 腊以上，具有佛学本科或相当于本科以上学历，有深厚的佛教造诣及献身佛教事业的精神，品德高尚，在信教群众中有较高威望。如佛教造诣很深、持戒严谨、信教群众特别需要，戒腊标准可适当放宽。

第五条 教职人员认定程序：

（一）比库（都、法、召章）人选由本人所在地信教群众推荐，本人同意，经所在寺院管理组织同意并提出申请，经县（市、区）佛教协会审核同意后报州（设区的市）佛教协会认定。

（二）帕希提（吴巴赛）、帕萨米、帕祜巴人选由本人所在地县（市、区）佛教协会提出，经州（设区的市）佛教协会审核同意后报云南省佛教协会认定。其中，如本人在州（设区的市）佛教协会任职，由该佛教协会提出，报云南省佛教协会认定；如本人在云南省佛教协会任职，由云南省佛教协会提出并认定。

（三）帕松列、帕松列尚卡拉扎人选由云南省佛教协会提出，报中国佛教协会认定。

省、州（设区的市）佛教协会在认定教职人员时，应当对拟认定人选进行考察，听取各方意见。

第六条 省、州（设区的市）佛教协会认定教职人员后，应按照《宗教教职人员备案办法》的有关规定，向政府宗教事务部门备案。

第七条 在本办法生效前已经按照南传佛教教义教规认可的教职人员，一般不再按本办法规定的程序重新认定，但要按《宗教教职人员备案办法》履行备案程序。

第八条 教职人员跨县（市、区）、州（设区的市）从事教务活动，时间在 1 个月以上的，需经其僧籍所在地和前往从事教务活动地佛教协会同意，并分别报当地宗教事务部门备案。

第九条 教职人员资格证书由中国佛教协会统一制定式样，由云南省佛教协会统一颁发。

第十条 教职人员所在寺院和所任职的佛教协会，负责对教职人员进行监督和管理，并定期进行考核。

第十一条 教职人员有下列行为之一的，视情节轻重分别给予劝诫、暂停教职人员资格、撤销教职人员资格等惩处：

（一）违反国家法律、法规、规章和政策的；

（二）违犯佛教戒律和有关规章制度的；

（三）散布不利于社会稳定和谐言论的；

（四）不称职的。

第十二条　劝诫的决定由教职人员所在寺院或者所任职的佛教协会作出；暂停教职人员资格、撤销教职人员资格的决定，按照认定其教职资格的程序和权限作出。

第十三条　对教职人员作出暂停或者撤销教职人员资格的惩处决定的，应当报原备案的人民政府宗教事务部门备案。

第十四条　被作出暂停教职人员资格惩处的教职人员确有悔改表现，取得信教群众谅解，可以撤销惩处决定。撤销惩处的决定，按照作出惩处决定的程序和权限作出，并报原备案的人民政府宗教事务部门备案。

第十五条　教职人员辞去教职，应提前3个月向认定其教职的佛教协会提出申请，由认定其教职的佛教协会审核同意后，收回其证书，并报请原备案的人民政府宗教事务部门备案。

第十六条　本办法由中国佛教协会负责解释。

第十七条　本办法自公布之日起实施。

附录二：

南传佛教寺院住持任职办法

(2011年9月22日中国佛教协会第八届理事会第一次
常务理事会议通过 2011年11月3日公布)

第一条　为了规范南传佛教教务管理，根据《宗教事务条例》、《宗教活动场所主要教职任职备案办法》的相关要求和《中国佛教协会章程》等有关规定及南传佛教教义教规，制定本办法。

第二条　南传佛教寺院住持对外代表常住，对内统理大众。担任住持需具备下列基本条件：

（一）具备南传佛教教职人员资格；

（二）拥护中国共产党的领导和社会主义制度，爱国爱教，遵守国家的法律、法规、规章和政策，维护民族团结；

（三）信仰坚定，戒行清净，有较深的佛学造诣，品德服众，有较高威望；

（四）年龄20岁以上，已受比库（比丘）戒；

（五）具有较高文化水平，毕业于中等以上南传佛教院校或具有同等南传佛学水平；

（六）能够讲经说法、主持法务活动，具有较强的组织协调和管理能力。

第三条　住持的产生必须贯彻民主协商、选贤任能的原则，按照以下程序产生：

（一）由该寺前任住持或该寺院民主管理组织提出人选；

（二）当地县佛教协会按照本办法第二条规定的条件对住持人选进行审查后，提交该寺院两序大众民主评议；

（三）住持人选经僧团民主评议获半数以上赞成，由寺院民主管理组织报当地县佛教协会；

（四）当地县佛教协会审核同意后，由该寺院民主管理组织按照《宗教活动场所主要教职任职备案办法》的规定报县级人民政府宗教事务部门备案。

第四条　南传佛教全国重点寺院的住持人选，在履行任职备案手续之前，应由所在地州（设区的市）佛教协会提出审核意见并报云南省佛教协会同意。

南传佛教全国重点寺院的名单，由云南省佛教协会提出并报中国佛教协会备案。

第五条　住持每届任期一般为五年，可连选连任。

第六条　寺院住持原则上不得兼任其他寺院住持。有特殊情况需要兼任其他寺院住持的，按照《宗教活动场所主要教职任职备案办法》相关规定办理。

第七条　住持必须以身作则，领众熏修，维护常住，摄受大众，忠于职守，廉洁奉公。

第八条　住持接受寺院民主管理组织、僧团、佛教协会的监督。住持有下列行为之一的，由所在地佛教协会根据情节轻重给予劝诫、撤销职务的惩处：

（一）违反国家法律、法规和规章的；

（二）违犯佛教戒律和规章制度的；

（三）散布不利于社会稳定和谐言论的；

（四）未按《宗教事务条例》有关规定履行职责的；

（五）重大寺务不按民主程序办事，造成严重后果的；

（六）违反财务管理制度，侵吞或者挥霍寺院财产的。

劝诫的决定，由该住持所在地县佛教协会的会长办公会集体讨论作出，并以书面形式告知本人。

撤销职务的决定，由该住持所在地县佛教协会常务理事会集体讨论作出，报该住持所在地州（设区的市）佛教协会同意，并由原任职备案的人民政府宗教事务部门注销其备案后实施。

对南传佛教全国重点寺院住持作出撤销职务的决定，需报云南省佛教协会同意，并由原任职备案的人民政府宗教事务部门注销其备案后实施。

第九条　住持本人提出辞职或还俗的，应当经寺院民主管理组织审核同意后，报原备案的人民政府宗教事务部门注销备案。

第十条　佛教协会对住持人选作出任免或者对住持作出惩处决定前，应征求相应人民政府宗教事务部门的意见。

第十一条　本办法由中国佛教协会负责解释。

第十二条　本办法自公布之日起施行。

附录三：

汉传佛教寺院住持任职办法

(2009 年 5 月 8 日中国佛教协会第七届理事会第四次

会议通过 2010 年 1 月 10 日公布)

第一条 为了规范汉传佛教教务管理，根据《宗教事务条例》、《宗教活动场所主要教职任职备案办法》的相关要求和《中国佛教协会章程》等有关规定及佛教教义教规，制定本办法。

第二条 汉传佛教寺院住持对外代表常住，对内统理大众。担任住持需具备下列基本条件：

（一）爱国爱教，遵纪守法；

（二）信仰坚定，戒行清净，有较深的佛学造诣，品德服众，有较高威望；

（三）年龄 30 岁以上，戒腊 10 年以上；

（四）具有较高文化水平，毕业于中等以上佛教院校或具有同等佛学水平；

（五）能够讲经说法、主持法务活动，有较强的组织协调和管理能力。

第三条 住持的产生必须贯彻民主协商、选贤任能的原则，按照以下程序产生：

（一）由该寺前任住持或该寺院民主管理组织提出人选；

（二）当地佛教协会按照本办法第二条规定的条件对住持人选进行审查后，提交该寺院两序大众民主评议；

（三）住持人选经两序大众民主评议获半数以上赞成，由寺院民主管理组织报当地佛教协会；

（四）当地佛教协会审核同意后，由该寺院民主管理组织按照《宗教活动场所主要教职任职备案办法》的规定报人民政府宗教事务部门备案。完成备案后礼请之。

第四条 汉传佛教全国重点寺院的住持人选，在履行任职备案手续之前，应由其所在地省、自治区、直辖市佛教协会提出审核意见并报中国佛教协会同意。

汉传佛教全国重点寺院的名单，由中国佛教协会提出。

第五条　住持每届任期三年，可连选连任，连任一般不超过三届。

第六条　75 岁以上的教职人员，原则上不新担任寺院住持。

第七条　寺院住持原则上不得兼任其他寺院住持。有特殊需要兼任其他寺院住持的，按照《宗教活动场所主要教职任职备案办法》相关规定办理。

第八条　住持必须以身作则，领众熏修，维护常住，摄受大众，忠于职守，廉洁奉公。

第九条　住持接受寺院民主管理组织、两序大众、佛教协会的监督。住持有下列行为之一的，由所在地佛教协会根据情节轻重给予劝诫、撤销职务的惩处：

（一）违反国家法律、法规和规章的；

（二）违犯佛教戒律和规章制度的；

（三）散布不利于社会稳定和谐言论的；

（四）未按《宗教事务条例》有关规定履行职责的；

（五）重大寺务不按民主程序办事，造成严重后果的；

（六）违反财务管理制度，侵吞或者挥霍寺院财产的。

劝诫的决定，由该住持所在地佛教协会的会长办公会集体讨论作出，并以书面形式告知本人。

撤销职务的决定，由该住持所在地佛教协会常务理事会集体讨论作出，报该住持所在地省、自治区、直辖市佛教协会同意，并由原任职备案的人民政府宗教事务部门注销其备案后实施。

对全国重点寺院住持作出撤销职务的决定，需报中国佛教协会同意，并由原任职备案的人民政府宗教事务部门注销其备案后实施。

第十条　住持本人提出辞职的，应当经寺院民主管理组织审核同意后，报原备案的人民政府宗教事务部门注销备案。

第十一条　佛教协会对住持人选作出任免或者对住持作出惩处决定前，应征求相应人民政府宗教事务部门的意见。

第十二条　本办法由中国佛教协会负责解释。

第十三条　本办法自公布之日起施行。

第三节　中国南传佛教僧团管理模式

就中国南传上座部佛教的组织制度与傣族社会组织制度之关系而言，它们之间逐渐形成了较为密切的互动关系。作为制度化宗教，中国南传上座部佛教具有独立于社会组织制度之外的僧团，长期以来一直恪守原始佛教的纯洁性，严格坚持戒律，并严格执行布萨羯磨制度，辅助以佛寺、佛塔的管理体系来加强对僧团内部的管理。

一　以布萨羯磨仪式来加强僧团管理的凝聚力

布萨羯磨（巴利语 Uposatha Kamma）是佛教古老的仪式，是出家众最重要的一种宗教生活。比丘必须每半个月在布萨堂集中，举行比丘集会。中国南传上座部佛教一直恪守印度原始佛教古老的传统，非常重视每个月布萨羯磨仪式。比丘们每个月在傣历每月十五日与二十九日（小月）或三十日（大月）都自觉地集中到"布萨堂"进行布萨羯磨活动。即使外出做活动，也会及时赶回来，集中到"布萨堂"中进行布萨羯磨活动，这已经成为每一位比丘重要的宗教生活内容。比丘们在"布萨日"都要诵《别解脱律仪》等，然后对自己在这半个月里所犯过失进行忏悔。"布萨堂"里所做的忏悔是严格保密的，任何人不准泄露。在"布萨日"的"布萨堂"里参加布萨羯磨的人只能是比丘一级的僧人。一般的小沙弥和俗人都不得参加，妇女更是不能靠近"布萨堂"。事实上，笔者 2007 年在云南临沧地区调研时，就有寨子里的老人说，就是在平时，妇女们也被告知"布萨堂"是不可以靠近的，而在"布萨日"更是严格禁止妇女靠近"布萨堂"。中国南传上座部佛教的僧团从古至今一直都严格地遵守着这一规矩。

值得注意的是，中国南传佛教在组织僧团进行布萨羯磨活动时，正是按照着佛寺、佛塔金字塔型的管理体制来组织的。并不是所有的佛寺都可以有"布萨堂"的，它是严格按照中国南传佛教组织管理体系的规定来设置的，即只有中心佛寺和总佛寺具备拥有"布萨堂"的资格。"布萨堂"成为中心佛寺和总佛寺的身份标志。在调研过程中，老百姓告诉笔者，民间衡量一个佛寺是否是中心佛寺，只需要看其寺院里是否设置有"布萨堂"即可。这就意味着中心佛寺下辖的几个村寨佛寺的僧侣们要参加布萨羯磨仪式，就必须集中到自己所在地中心佛寺。

每半月都定期到中心佛寺集中布萨羯磨这样的制度，这既有利于整顿僧团的纪律，保持南传上座部佛教的纯洁性，同时有助于强化中心佛寺以及上级佛寺的权威地位。正是通过定期地集中到上级佛寺过布萨羯磨制度这样的宗教生活，强化了中国南传佛教佛寺、佛塔的管理制度，同时也强化了僧团的制度化管理意识。

二 以六和敬精神来统摄僧团，促进僧团内部和合

释迦牟尼佛创建原始佛教之时，领导的僧团有比丘、比丘尼、沙弥、沙弥尼、式叉摩那、优婆塞、优婆夷等七众弟子，以佛陀身旁的常随众而言，就有千二百五十人之多。因此，为了更好地管理僧团，释迦牟尼佛提出"六和敬"精神来作为摄众的方法之一。这一方法能有效地在区别七众弟子的差异的同时，又在其团体生活的原则上将之统一起来管理，使大家在团体生活中互相敬重，和谐合聚，清净快乐。中国南传佛教遵循了印度原始宗教的传统，在僧团内部的管理方面，非常强调六和敬精神。

所谓六和敬精神包括"见和同解"、"戒和同修"、"利和同均"、"意和同悦"、"身和同住"、"口和无诤"六个方面。其中"见和同解"、"戒和同修"、"利和同均"，是和合的本质；"意和同悦"、"身和同住"、"口和无诤"，是和合的表现。六和敬强调僧以和合为义。和合有二义：一理和，同证灭理也，是在见道以上之圣者。二事和，此有六种，即六种敬具也。属于见道以前之凡僧。

1. "身和同住"，"同礼拜等之身业也"。是指大家同住在一起，必须要做到身业清净，和睦相处，不发生磨擦，打架等粗暴野蛮的举动，具足僧相的风度和庄严。

2. "语和无诤"："同赞咏等之口业也"。大家同住在一起，必须要做到语业清净，普出一切音声语言，与一切乐，即说话的语气，要谦和礼貌，悦耳可爱，不宜恶口粗声，引人不快，以致发生争吵的事件。

3. "意和同悦"："同信心等之意业也"。菩萨常住无缘大慈三昧以修其意，慈善根力能不起慈定，现诸心意，与众生乐，大家同住一起，必须要做到意业清净，即要有善良的用意，坦白的胸怀，有值得欢心快意的事，要大家一起和悦，不能为了追求个人的快乐而不顾大众的欢乐，更不

能把个人的快乐建立在大众的痛苦之上。

4."戒和同修":"同戒法也"。佛教七众,各有戒律,大家都应该共同遵守各自的戒律俩进行修行实践。如以比丘僧团为例,比丘就有共同受持的二百五十条的戒法。此外,不同僧阶的僧侣应按照规定持戒修行,在家居士也如此。

5."见和同解":"同空等之见解也"。见即是意见、见地或见解。大家同为教徒,在见解思想上,必须要相同统一,教团的力量才不会分化,否则,各持成见,那么这个团体一定不能清净,因此,"见和"是非常重要的。

6."利和同均":"同衣食等之利也"。利就是大家所获得的利益,必须要大家平均分配,平等享受,不因厚此薄彼,使之发生利害冲突,或养成营私肥己的恶习,不能使教财成为公产,致引起争权夺利的纠纷,会影响到僧团的团结。

总之,僧团共住,僧众能够和合的一个重要前提就是要求所有成员在见解上、思想上,保持高度的统一,思想统一,行动统一,这样僧团才能和合。此六和敬精神不但成为统摄中国南传佛教团体的生活准则,同时也影响着中国南传佛教社会的其他团体,表现出社会活动或者佛事活动时的高度团结精神。

第七章

中国南传上座部佛教居士管理模式

第一节 中国南传上座部佛教的居士制度

一 "五戒"信徒和"八戒"信徒

一般说来，佛教徒由出家信众和在家信众两大部分构成。在我国，通常将在家信众称为居士。古代的佛教教团即包括出家的僧尼（比丘、比丘尼）和在家的男女居士（优婆塞、优婆夷）两个部分。公元前6世纪，释迦牟尼佛教在印度成道后即广收僧俗弟子，并根据当时的实际和佛教发展的需要，对僧伽和居士的地位、职责等作了相应的规定。明确僧伽作为佛教"三宝"之一，具有住持佛教、摄受、教化居士之责，居士则具有礼敬、供养三宝、护持佛教之责。这种自然的定位和分工，既符合佛教发展的实际，又能大大促进佛教的发展。居士既是僧团教化、引导的对象，又是僧团的僧源所在和生存、发展的支柱。僧伽和居士的互补与良性互动，促进了佛教的全面发展，由此构成佛教的整体形象。

佛教在传播与发展过程中，面对各种异质文化和不断发展的社会文明，自身也发生了很大的变化，突出地表现在部派佛教、大乘佛教、密乘佛教三期佛教的形成，由此也使僧伽与居士的关系发生了相应的变化。在部派佛教中，从《阿含经》及有关律典不难看到许多长者居士行善积德、修行证果的事例，从中也反映出佛教界适应时代、适应社会、入世度生的倾向，表明居士的作用和影响增强；而在从大众部发展起来的大乘佛教中，反映以居士身行菩萨道、成圣成贤的内容就更多了，如《维摩诘经》、《胜鬘经》、《华严经》、《法华经》等经中的维摩居士、胜鬘夫人、善财童子、龙女等都是备受称道的"居士"典型，他们的地位似乎远在作为僧伽象征的舍利弗等十大弟子之上，从而极大地鼓舞了广大居士积极修证佛法、弘法利生的热忱。这一方面是大乘佛教重视心法、积极入世、超然于形式和教条的思想境界的体现，同时也是现实生活中居士的地位和作用大大增强的反映。而南传佛教在长期的传播过程中，形成了迥异于汉传佛教的居士团体。

居士是中国南传佛教佛教徒最大的组成部分，又是僧团的僧源所在和生存、发展的支柱。在信仰中国南传上座部佛教的少数民族村寨，一般说来，当人们年龄满了40或50岁时就不再承担任何赋税负担，有的老人在家里甚至就不再从事家务劳动了。没有任何负担之后，人们就可以专心地念佛、拜佛、坐禅，定期到寺院参加宗教活动。人们常常把这些老人称为优婆塞、优婆夷。一般说来，每个月他们按照世俗社会组织制度的行政区划，定期到自己所在村社所属的寺院参加宗教活动，接受"五戒"或"八戒"，其膳食由各家各户自理。

就解脱之路而言，遵守戒律是一切善法的基本前提。戒律不仅是对信众的约束，也是他们的修行法门。"五戒"、"八戒"、"十戒"等戒律本身绝不是目的，它们是到达最高境界的重要前提，也是恒常的伴随物。这些观念随着佛教的传播已经深入民心。人们认为只有信佛并且遵守戒律的人能得到善报，反之则受到恶报。在著名的《四方戒》（共1422行的宗教训诫诗）中就表达了这样的意思："十条佛戒要牢记，要当作座右铭。三宝五戒不践踏，赕佛修行不间断。以便明灯照前程，登天路上不离开。没有三宝携在身，怎能腾空上天国，只有涅槃才能上天国。没得到涅槃的人，只在人间轮回生。人人积德为后路，人人行善为下世。喂养牲畜勿践踏，所有动物勿气压。杀生害命不吉利，仇缘结下转来世。来世道路还方长，两冤相遇必相报。不杀生，不害命，是戒律第一条。杀生害命结冤缘，转生来世仇必报。"[①] 在佛教的影响下，傣族人民追求的是有"戒"有"德"有"福"的精神境界，忍让、修身、积善行德、敬香赕佛成为云南傣族社会伦理道德观念基本内涵。在傣族社会著名的四部伦理道德书——《爷爷教育子孙》、《土司对百姓的训条》、《父亲教育儿子处世的道理》、《教育妇女做媳妇的礼节》都深深地打上了佛教伦理道德观念的烙印。道德宗教化成为傣族社会伦理道德的重要特征。南传佛教传入傣族地区后，它所包含的伦理道德观念在很大程度上满足了统治阶级的需要。

---

① 伍雄武、岩温扁著：《傣族哲学思想史》，民族出版社1997年版，第95页。

甚至相关的法律文书都带有浓厚的佛教色彩，例如著名的《西双版纳傣族封建领主法律》规定，要充当证人必须信佛，他们必须是："有福气的人"、"忠实于佛的人"、"不偷抢和守佛礼、爱劳动的人"、"经常赕佛和施舍穷人的人"、"经常听经念佛的人"。此外在"犯上"一条中规定："卡想反土司，和尚想反佛爷，家奴想反主任，儿子想反父亲，这些人都忘恩负义，不懂道理。来告时不给他赢，对那些不反对的人，就要保护，好好对待。""那些想反对佛爷、和尚的人，不懂道理，来时不给他赢"。佛教的影响由此可见一斑。

一般说来，中国南传佛教信徒有"五戒"信徒和"八戒"信徒之分，大多数信徒是"五戒"信徒。这主要是依据佛教戒律来区分的。

其中佛教五戒的内容是：第一、不杀生；第二、不偷盗；第三、不邪淫；第四、不妄语；第五、不饮酒。如果按照这五戒修行的话，那么就是"五戒"信徒；

八戒内容是：第一、不杀生；第二、不偷盗；第三、不邪淫；第四、不妄语；第五、不饮酒；第六、不坐高广大床；第七、不观听歌舞音乐；第八、不非时食（过午不食）。如果按照这八戒修行的话，那么就是"八戒"信徒；与汉传佛教一样，八戒信徒会在每个月初八、十四、十五、二十三、二十九、三十这六天到寺院修行。

对于戒律的执行，能让村民用戒律及其伦理道德体系的主要精神来规范自己的世俗伦理道德生活，形成良好的道德自律、尊老爱幼，相互之间宽容忍让，可以有效地建立起和谐的人际关系和营造良好的社会环境。

二 居士的等级制度

在中国南传佛教信仰区域，由于各地社会发育程度及所接受的外来文化影响僧阶制度略有差异，在德宏和临沧地区形成了独特的居士制度。

（一）德宏地区南传佛教的居士等级制度

在德宏地区由于受到内地大乘佛教的影响，没有形成严格的佛教僧阶制度，却在居士信众中形成了特殊的居士制度。

与出家众的僧阶相对应，很多信仰者都希望举行一定的仪式来获得不同等级的称号，并将此视为对佛的最大的虔诚和自己积累福德的最佳途径。因此在中国南传佛教传播区域内也形成了一种特殊的居士制度。这是中国汉传佛教所没有的。

居士等级称号有"坦木"、"帕嘎"、"帕嘎体"、"帕嘎软"四级。

1. "坦木"是最低一级，其仪式简单易行，只要用钱买一部经书送到寺院，请长老念经后即可获得。人们认为，年老时如果连"坦木"的称号都没有的话，会被人看不起，自己也会觉得不光彩。因此，几乎每一个老年信佛者都能取得。

2. "帕嘎"为第二级，获得"帕嘎"的仪式叫做"帕嘎摆"。举行此仪式的人家首先要购买佛像、抄写经文、制作佛幡佛伞，供奉在家中临时设置的佛堂上，请僧侣前来诵经焚香，同时宴请乡邻亲朋，几天后将佛像等物送至寺院，布施钱或物，然后由长老念经赐封"帕嘎"称号。所需要的费用数额从几百到几千元不等。

3. "帕嘎体"是第三级，若还想晋升更高一级——"帕嘎体"，又必须再做一次"帕嘎摆"。

4. "帕嘎软"是最高一级，最高一级僧阶"帕嘎软"是虔诚的佛教徒一生追求的理想，只有具有"帕嘎体"称号的人再做一次"帕嘎摆"才能获得。一个人一生中连续几次做摆，所需财力人力是一般家庭难以承受的，所以只有极少数家境富裕的人获得这个僧阶称号。

信仰南传上座部佛教的傣族群众普遍存在一个观念，谁的名字前被冠以"帕嘎"以上称号，谁就有较高的社会地位，受人尊敬。谁获得"帕嘎软"，就预示着谁已功德圆满，日后可得涅槃。20世纪80年代以后，在经济发展、群众生活日趋富裕的地区，一个村寨几户人家同时或分别做"帕嘎摆"已屡见不鲜。如在潞西县，据统计1980年至1989年间有近200户人家举行过上述仪式，仅芒市镇[①]就有20余家，时间多为3天，费用一千或几千元人民币不等。[②]

(二) 临沧地区南传佛教的居士制度

在临沧多列派的傣族信徒也分为两类："布来"和"帕嘎"。其中"布来"一级较高，它又分三等九级，每升一级都要做一次赕。而"帕嘎"一级较为普遍，只要做一次小赕，由佛寺赐给"帕嘎"的身份。人们都相信至少要成为"帕嘎"，不然就白做人了。

中国南传上座部佛教在德宏傣族景颇族自治州和临沧市沧多列派的傣

---

① 芒市镇现已经为县级市。
② 张建章：《德宏宗教》，德宏民族出版社1992年版，第184页。

族信徒中所形成的信众居士制度的特点在于：虽然有不同的等级，且等级越高越受人尊重，但这却不是特权制度，不同等级的居士都不具有特权，大家彼此之间永远是平等的，他不可以管理其他等级的居士。与僧阶制度相比，其最大的特点就在于居士在宗教生活中享有更多的功德、在世俗生活中享有更高的声望。就中国南传上座部佛教管理体系中信众的管理而言，居士制度的等级化无疑会成为信众努力的方向，更加注重道德自律，在管理方面能更加有序。

三 信徒们的宗教实践

在现实社会中积极布施，以慈悲精神实践佛教的和谐思想是南传上座部佛教信徒在个人宗教修行实践活动中的主要指导思想。中国南传上座部佛教的价值观，其关于善行的评价是以慈悲思想为依据的，它渗透到社会生活的方方面面。人们对宗教的信仰极为虔诚，在现实生活中，信徒们都很注意发扬佛教传统的道德伦理精神，很注重宗教的清净修行，自觉实践佛教慈悲和谐精神。这具体表现为信徒们认真定期参与纳福、受戒活动，同时还积极赕佛布施。他们认为布施是对治贪欲的第一利器，是一个人充满慈悲心的具体表现，更是一个人有智慧和责任心的表现，因为一个没有智慧和责任心的人是不会想到他人会需要自己的帮助，不会想到自己应该去帮助别人。在这样的思想影响下，中国南传佛教信仰区域内的各族人民群众都积极布施，热心帮助他人，形成了良好的和谐人际关系。

1833年在泰国古都素可泰发现的兰甘亨碑铭中，就记载了素可泰王朝信奉佛教，人民都乐善好施的情况：

> 此素可泰城中，人多乐善好施，齐俗献礼。素可泰国王以及王子、公主、公卿贵妇，公子王孙所有人，无论男女，莫不虔诚崇奉佛教，雨季无不恪守戒律。①

泰国古都素可泰发现的兰甘亨碑铭记载的是13世纪泰国信奉佛教，社会和谐安康的景象。正是由于素可泰王朝"无论男女，莫不虔诚崇奉佛教，雨季无不恪守戒律"，"人多乐善好施，齐俗献礼"，所以13世纪

---

① 巫凌云：《泰国兰甘亨碑铭译文补正》，《云南民族学院学报》1987年第2期。

时，素可泰王朝国泰民安，人民安居乐业，是一个和谐社会的景象。13世纪开始素可泰王朝佛教对云南傣族地区产生了很大影响，且同属于傣泰族群文化圈，彼此之间文化交往密切。① 因此这一碑铭记载的文字可以从一个侧面反映出当时云南佛教的情况。事实上，这一现象仍然延续下来。

泰国是南传上座部佛教兴盛的国家。国民传统习惯，男子一生中都要出家一次，认为是人生中的一件重要大事。出家时间的长短，随个人自愿。比丘或有二二七条，沙弥有十戒。出家一年称初腊，须依师而住；五年称中腊，满十年称上座。出家后，四事供养（食、住、衣、药）及日用物，皆来自信施者（父母亲友及信徒）。饮食由托钵而得，可食鱼肉；但不可自行杀生，不得食人、马、象、蛇、虎、猫、狮子、犬、豹十种肉。

每日早晚两次行持，每次约半小时；每月举行诵戒。一个月有四次佛日，在家信众带着香花往佛寺礼佛诵经，受持五戒或八关斋戒，听僧人说法。广播电台及电视台，在佛日及特别节日，都请僧人向民众广播说法，或安排播放佛教节目。关于佛教重要的节日，一年中有三次，即泰历三月半为敬法节；六月半为敬佛节（纪念佛陀诞生、正觉、涅槃）；八月半为敬僧节。这三个节日，是代表对三宝的礼敬，国家都定为特别假日。全国放假，举行庆祝。敬僧节次日，即进入僧人三个月安居期。在安居前一两个星期中，发心短期出家人的特别多，全国僧人会增多五、六万。有些政府公务员，如以前没有出过家的，这时也可以特别请假三个月，入寺短期出家。安居三个月期满后，即舍戒还俗。出安居后一个月期中，全国僧俗流行举行献"功德衣"仪式，每所佛寺都举行。泰王及王后亦每年分别轮流至著名佛寺亲自主持功德衣仪式，向僧人供养衣物等。

国家重要节庆，乃至人民平常婚丧喜庆之事，大多请僧诵经供养，增加功德福利，或超度亡者。泰国如此，中国南传佛教信仰区域也如此，并形成了独特的居士宗教实践特色。

(一)"纳福"活动：老年居士的宗教生活

进入老年阶段后，就已经推出生产，专心事佛，为求得来世的幸福做准备。他们认为一个人在年轻时期，总难免放这样或那样的错误，甚至还会违反戒规，因此为了避免来世要承受这样的业力，就应该在今世努力去

---

① 对此，笔者另有专文叙述，在此不再赘述。

好好赕佛，虔诚忏悔，努力参加各种佛事活动，积极捐赠各种物资和财物，以赕佛这样的实际行动来积累功德，以期死后进入天国，来世有一个幸福的生活。因此，信徒们不惜节衣缩食，以自己毕生积累的财物赕佛。笔者在云南临沧地区调研时，老年居士们经常表示"多赕多得福"，"赕得越多，越虔诚，死后就可以进入天国，来世就可以享受赕佛所得到的功德。投生时就会到好人家或者是家境殷实的人家，自己的长相也就会端正漂亮"，因此，老人们积极参与赕佛活动，称之为"纳福"。这意味着成为居士后，每个月都会到佛寺参加布萨活动反省自己的日常生活行为，进行精神上的提升；同时通过赕佛活动，布施钱财，为自己的来世积累功德。

(二) 常态化的宗教实践活动

为了表示对佛的敬意，在信仰南传佛教的云南傣族地区，傣族人民经常以赕佛活动的形式来表达自己对佛教的敬意，所谓"赕"就是布施的意思，到寺院中向佛、僧人、寺院布施。民间流传的《赕佛词》就体现了傣族人民希望通过赕佛布施，做好事来积累功德以求有个好的来世的愿望："想着爷爷奶奶，想着妻子儿女，全家来赕佛，来洗净灵魂。这一生一世啊，只做好事，不干坏事情。人生的命运由前世所定。今世积功德越多，来世命运就越好。哪个记得一生赕了几次佛，一生积了多少功德？自古以来人们就是以从善为荣，从恶为耻辱。"[1] 在布施赕佛思想的影响下，赕佛活动成为中国南传上座部佛教信仰地区信徒们重要的宗教生活内容。傣族一年当中有很多次的"赕"事活动，傣族史书《舍本勐宛》就记载了德宏地区古代的情况：

> 陇川第七代土司多三诏时代（大约17世纪中叶），一年十二个月都有佛寺活动。傣历一月（即农历十月）过新年，人民互相拜年祝福；傣历二月（农历十一月）僧侣在寺院内斋戒，人们做斋戒佛会；三月（农历腊月）做烧白柴摆，施舍功德宴请受戒老人；四月（农历正月）做迎供佛像摆和赕佛塔摆，五月（农历二月）浴佛节（即傣历新年）；六月（农历三月）月圆之日，给菩提树泼水；七月（农历四月）设佛台，请僧侣到家里或寨心诵经，祭寨神勐神；八月

---

[1] 云南少数民族古籍译丛第21辑《傣族风俗歌》，云南民族出版社1988年版，第117页。

（农历五月），人民争相做摆，赕袈裟，献钱粮，供僧侣入夏安居期间使用；九月（农历六月），入夏安居，人们送早餐、午餐给僧侣，纷纷到寺院施舍功德；十月（农历七月），赕新谷摆；十一月（农历八月）十三至十六日，做出夏安居佛会，人们点燃烛火，迎接佛祖从天界归来，届时男女老幼手捧鲜花供品，在铓鼓队的引导下，绕寺跳三圈"嘎光"（傣语，即象脚鼓舞），相继入佛殿拜佛念经，拜毕，又相约到邻村佛寺朝拜；十二月（农历九月），做赕袈裟摆。①

此外，在云南西双版纳地区的佛教活动在 20 世纪 50 年代以前，也是几乎每个月都有赕佛活动，如赕帕（袈裟节）、赕老轮瓦（赕谷）、赕新年（傣语景比迈）、赕坦（赕经书）、毫洼沙（关门节）、奥洼沙（开门节）、赕星、赕沙兰（祭祖）、赕岗、温帕、赕水神、赕暖帕短、赕柯蒙、赕墨哈班（修来世）等等。一年四季节日活动不断，在这些宗教活动中，所有的信徒都会在节日开始前就准备好各种供品，在举行仪式时纷纷捐赠布施，在这期间虔诚参与祈福积德活动，供奉各式各样丰盛的美食及其他日常品给寺庙和尚。通过大量的赕佛活动，消解了个人的贪欲、净化了社会风气、提升了社会伦理道德，村社内部成员团结互助、尊老爱幼、和睦相处、平等相待、博爱宽容等等，在群体中，谁家碰到困难，大家都会尽力帮助，一切困难都可以在群体中互助解决。村民之间的关系非常融洽协调。有助于形成和谐的社会文化氛围。

第二节　波章：中国南传佛教的特殊居士

南传上座部佛教经由泰国、缅甸传入我国云南边疆少数民族地区后，经过长期的发展演变，逐渐形成了独具中国特色的南传上座部佛教，与此同时还形成了一个覆盖面较广、与东南亚南传佛教文化圈有较深渊源的中国南传佛教文化圈。它在保持南传佛教基本传统纯洁性的同时，也在积极适应着中国边疆少数民族文化。在历史发展的长河中，它与当地固有的原始宗教和少数民族文化相互斗争、相互融合，逐步发展起独具特色的中国南传上座部佛教系统。为了便于管理佛教内部事务，更好地适应中国少数

---

① 转引自杨民康《贝叶礼赞》，宗教文化出版社 2003 年版，第 94 页。

民族社会，中国南传上座部佛教以傣族世俗社会等级森严的社会组织制度为摹本，逐步建立了制度严密、等级森严的组织管理制度。① 与此同时，中国南传上座部佛教管理体系中还设置波章这样一个特殊角色，在管理层面上与世俗社会进行沟通和融合。这是南传佛教管理体系不同于汉传佛教和藏传佛教管理体系之处。波章角色的设立对于中国南传上座部佛教来说是非常重要的一个发展标志②。就佛教事务管理的角度来看，波章是佛教仪式的主持者，是神圣世界和世俗世界的沟通者。在举行佛事活动仪式时，他是举足轻重的人物，他甚至在某种程度上具有神圣的权威性。他还要参与佛教寺院、佛塔的管理工作，对佛寺、佛塔的建立、维修以及相关事项负责，对寺院的经济负责或参与管理，他负责组织信众进行佛事活动，在中国南传上座部佛教管理体系中发挥着特殊的重要作用。但是，波章又属于世俗之人，在平时他们不脱离生产，未享有任何宗教特权，参加宗教活动时也无任何报酬。他可以管理信众，却不得管理佛教内部事务，不得干涉管理僧团。这一悖论性的特征出现在波章这一人物身上，却成功地同时为中国南传上座部佛教和世俗社会所接受。究其原因，笔者认为，波章严格的选拔标准是其中一个重要原因。兹详细分析如下。

一 生命的圣化过程

对于中国南传上座部佛教信徒而言，波章一职是非常重要的，因此对于波章的选择就不是那么随便。要当波章，必须是曾经在佛寺里修行，僧阶达到佛爷③一级、后来还俗的人。他已经完成了世俗生命的神圣化过程以及神圣生命的升华过程这两个必不可少的阶段。这是选择波章的第一条重要标准。

（一）世俗生命的神圣化过程

首先，波章的人选必须曾经在佛寺里出过家，已经完成世俗生命的神圣化过程。一般说来，在南传上座部佛教区域内，信仰佛教的各少数民族男子，尤其傣族男子一生中要出一次家，到寺院里去修行，并学习文化知

---

① 关于中国南传上座部佛教组织制度与世俗社会组织制度之关系，详参郑筱筠《历史上中国南传上座部佛教与社会组织制度之互动》，《世界宗教研究》2007年第4期，第42页。

② 关于波章的角色问题，详参郑筱筠《中国南传上座部佛教与少数民族文化的互动——以波章的双重身份为例》，2008年10月"当代社会中的宗教"会议论文（北京）。

③ "佛爷"是中国南传佛教信徒对有一定修行，取得较高僧阶的僧侣的尊称。

识和佛教基本理论。修行时间可长可短，有时短到三天、七天或者一个月、三个月都可以，有的人在寺院里修行几年后，也可以还俗。人们认为这样的修行经历对人的一生都会产生很好的影响①。如果在信仰南传佛教的区域，尤其是在傣族地区，男子不出家修行就会被人看不起，被称为"岩令"，意为"生人"，是不被团体接纳的。到寺院里出家，就是完成人生经历中世俗生命的神圣化过程。在这里，佛教寺院的门槛变得具有重要的意义，它被赋予了某种宗教仪式的功能。它代表着一种空间连续性的中断。它直接标志着世俗和宗教的两种存在方式的距离，它就是分界线，将表面上看来存在于同一物质空间中的世界作了神圣与世俗世界的划分。在佛教寺院的门槛以内的就是宗教的、神圣的世界，在佛教寺院的门槛以外的就是世俗的世界。一进门槛，就迈入了神圣空间，而一出门槛，神圣消失了，一个世俗的世界出现了。与此同时，两个世界——神圣世界与世俗世界的沟通却正是在门槛这里发生，它是世俗世界得以过渡到神圣世界的通道，是一种性质的空间进入另一种性质空间的中介。对于信仰佛教的各少数民族男子来说，跨进佛教寺院的门槛就意味着可以在神圣世界里得到宗教意义的关怀和体验。因此，有过寺院修行的经历就意味着曾经完成过世俗生命的神圣化过程。

（二）神圣生命的升华过程

要当波章，除了有过寺院修行的经历外，还有相应的僧阶要求。他必须在佛教寺院里修行时达到佛爷这一级别②。这一标准体现出南传上座部佛教信仰区域内的少数民族文化对"神圣权威"这一概念所做的独特的发挥。在这里，佛教的"神圣权威"并不是仅仅在佛教空间中才能发挥作用，"神圣权威"即使是离开了佛寺空间，但由于其神圣性已经达到了一定层次，因此，神圣权威仍然可以在世俗社会继续发挥作用。

对于信仰佛教的各少数民族男子来说，跨进佛教寺院的门槛，披上袈裟（当地百姓称之为"黄背"），就可以在神圣世界里得到宗教意义的关

---

① 关于此影响，请详细参考郑筱筠《南传佛教与云南傣族社会伦理道德》一文，《中国民族报》2005 年 12 月 27 日第 6 版。

② 关于中国南传上座部佛教僧阶及组织制度问题，详参郑筱筠《中国南传上座部佛教与管理》一文，2008 年 7 月香港中文大学人间佛教研究中心"佛教与管理"会议论文。

怀和体验。在这一体验过程中,去实现世俗生命的圣化。"造成生命圣化的手段有很多,但是其结果都是相同的:生命生活在一个两重化的境界中,他自然地作为人类的生命而存在,但同时他又在分享着一种超越人类的生命,即宇宙的或者是诸神的生命。"① 值得注意的是,在南传上座部佛教区域内,信仰佛教的各少数民族男子一生中要出一次家,要在神圣世界里得到宗教意义的关怀和体验,但同时也允许随时还俗,这已经成为一种习俗。但是一旦当到大佛爷以上的僧阶后就不再允许还俗了。② 对于这些在寺院里当过和尚(含佛爷以上僧阶)、完成过世俗生命的圣化过程、但后来还俗的人,傣族尊称之为"康朗",认为他们是有知识的、值得尊敬之人。但不是所有的"康朗"都可以有资格成为"波章"。可以成为"波章"的"康朗"必须是曾经在寺院出家时,当到过佛爷以上僧阶的人。在这里,人们对"波章"的要求表现出对于神圣权威的价值认同趋向,即生命的再次圣化的要求。

一般说来,在南传上座部佛教区域内,当寺院里的和尚修行到一定阶段,该寺所在的村寨或地区就会根据其德行和学识等情况,为其举行相应的升阶仪式。在一系列繁杂的升阶仪式过程中,佛爷在神圣空间里再一次得到生命的圣化,其原先拥有的神圣权威因这样的圣化过程而再次得到提升。值得注意的是,即使是举行过升阶仪式、当了佛爷后,还是可以还俗的,而且在百姓眼中,其个人本身所具有的神圣权威却不会完全消失。脱下了袈裟、重新回到了世俗空间的"佛爷"与一般的村民相比,这位"前佛爷"仍然具有某种神圣性权威,其曾经在神圣空间中生命圣化的经历仍然使其能继续分享着一种超越人类的生命。因此,只有当世俗生命经历过两次圣化过程的"康朗"有资格入选"波章"。事实上,生命的圣化过程正是波章入选取得参与佛教事务管理资格的前提。在某种程度上,它消解了世俗世界对神圣世界的距离感。

二 "神圣权威"知识含量的认定

精通佛理,同时还通晓宗教文化习俗,这是选择"波章"的第二个

---

① 米尔恰·伊利亚德著,王建光译:《神圣与世俗》,华夏出版社2003年版,第34页。
② 在中国南传上座部佛教信仰地区,各个区域对于僧阶的划分都有不相同。笔者对此有专文讨论,在此不再赘言。

标准。"波章"一职的设置主要就是为了更好地进行神圣世界与世俗世界之间的沟通。由于波章可以在世俗社会中可以发挥其从神圣空间中"带回来"①的神圣权威,因此,世俗社会如何对待和认可这一神圣权威就显得非常重要,需要很谨慎对待。所以对这一"神圣权威"的认可还不能仅仅停留于"波章"人选是否在佛寺这样的神圣空间中已经达到的僧阶,而是更注重于对"神圣权威"知识含量的认定。

在人们眼里,在佛寺这一神圣空间里所取得的"神圣权威"的知识必须是丰富的,其结构是合理的,甚至是多元的。因为,佛爷在寺院里所获得的知识不仅仅是渊博的佛教知识,而且还必须包括文化习俗,其中包括各民族原有的宗教文化习俗。这是中国南传上座部佛教民族性特点的鲜明体现。在某种程度上它打破了佛教知识体系的纯洁性,丰富了佛教知识体系,将各个民族原有的民族宗教知识也纳入自己的学术体系中,这从一个侧面也反映出佛教特有的包容性。波章人选除了熟悉佛教知识外,还得熟悉各少数民族习俗。因为他还要参与主持婚丧、送瘟神、驱鬼治病等事务。例如在举行佛教仪式之前,还要举行请原始宗教鬼神的仪式,这个仪式主要由波章完成。在一些地区波章甚至还得参与原始宗教活动。在云南临沧市信仰南传上座部佛教的德昂族地区,开门节、关门节的前一天的祭神祭鬼活动都由波章来主持,在农历三、四月间撒旱谷前的祭谷娘活动也由波章来主持。②因此,熟悉各少数民族习俗也是波章人选必须具备的知识。

三 出色的世俗组织、管理能力

在群众眼里,"神圣权威"的知识含量需要转换为能力、在具体事务中实现。首先,波章必须具备经济管理能力,参与管理寺院经济。中国南传上座部佛教寺院的寺院供养体制不同于中国汉传佛教,也不同于中国藏传佛教的寺院供养体制。南传上座部佛教一直保持着原始佛教的纯洁性,严格恪守着僧侣不蓄金银的戒律。任何僧侣无论其僧阶高低,都不蓄金银。因此,佛教寺院的供养与世俗社会之间的经济关系就主要由波章来管

---

① "带回来"一词,是笔者在2006—2008年在云南临沧调研时访谈对象的原话。这句话在某种程度上反映了人们对神圣权威的认可。
② 临沧地区民族宗教事务局编:《临沧地区民族志》,2003年版,第122页。

理。同时，寺院、佛塔的维修等经济事务也主要由波章来负责，他得去与世俗社会的管理者协调，安排分担寺院经济开支。另外，他必须具备较强的组织、管理能力。他是信众的管理者，在中国南传上座部佛教徒的宗教生活中，组织信众参与各种佛事活动。他要带领信徒到佛寺拜佛，聆听佛爷念经，接受戒律，同时他还得监督信众在进行宗教活动时要严格执行佛教戒律。如果能力较差，显然是无法组织和管理群众的。因此，具备出色的世俗组织、管理能力是波章人选在世俗社会与神圣世界之间发挥神圣权威和世俗社会权威的前提。

四 伦理道德价值的要求——世俗社会权威的认可

道德宗教化成为中国南传佛教信仰地区少数民族社会伦理道德的重要特征。波章的人选必须是良心好，德高望重者，在社会上享有很高的声望，且富有奉献精神。这一伦理道德价值的要求是中国南传上座部佛教对波章人选世俗社会权威的认可。在信仰南传佛教的云南少数民族地区，各少数民族人民在处理各种社会关系时，人们区分善恶的标准首先是是否信佛、是否遵守佛教戒律，然后才是各类世俗道德标准。在佛教的影响下，傣族人民追求的是有"戒"有"德"有"福"的精神境界，而忍让、修身、积善行德、敬香赕佛成为云南傣族社会伦理道德观念基本内涵。良心好，家庭幸福、配偶健在，子女有出息就是世俗道德实践得好的表现。这才会使波章德高望重，在处理具体问题时，具有权威性，说话算数，能够在世俗社会和佛教世界里进行有效的沟通和交流。此外，富有牺牲和奉献精神也是选择波章的一个标准。因为虽然波章在管理佛教事务时具有很多神圣权威，但他却属于世俗之人，在平时他们不脱离生产，全家人的农业收入全得靠波章自己亲自耕作，而家里的经济情况似乎并未因此而获得多大的收入。他不享有任何世俗特权，参加宗教活动时也无报酬。即使在一些地区，在主持一些宗教活动后有些许的回报，也是非常少的。但波章为了不辜负村民们和村社的信任，同时也为了不辜负佛教界的信任，总是积极尽职地组织佛事活动。因此，热心为群众办事而不索取过多的报酬，富有牺牲和奉献精神成为波章人选必须要具备的一个条件。

符合以上几条标准的波章人选由群众推荐，在村民大会上讨论通过，经本寨佛寺长老同意（笔者注：在调查中，我们得知在20世纪50年代前还要经头人批准，现在已经不需要头人的后代同意了），在村寨里公布一段时间，无异议之后，就由寨里的老人或寺院管理小组成员（或组长）到波章人选家里，征求其配偶和子女以及其本人的意见，如果大家都同意，就可以成为波章，履行波章的职责。

五　结论

综上所述，正是由于波章人选的选拔标准非常严格，它既得到了佛教世界的认可，也得到了世俗社会的认可。因此波章角色具备了跨越神圣与世俗社会界限的特征，这一特殊性所形成的悖论性现象出现在波章角色身上，却成功地同时为中国南传上座部佛教和世俗社会所接受。它意味着中国南传上座部佛教的发展已经进入一个良性循环的阶段。同时从一个侧面也说明了中国南传佛教在世俗社会中占有重要地位，影响着信仰南传佛教的各少数民族生活的方方面面。但它对于世俗社会的影响不是去进行控制性地介入和管理，而是以富有地方特征的建设性介入方式去影响世俗社会。这正是中国南传佛教管理体系的一大特色。

第三节　波章的双重身份及其悖论性特征

中国南传上座部佛教在保持南传佛教基本传统纯洁性的同时，也在积极适应着中国边疆少数民族文化，"波章"① 现象就鲜明地体现出这一特点。本文拟选取西方著名的人类学家维克多·特纳所提出的阈限理论为突破点，分析波章现象，提出波章不仅在通过仪式中处于阈限状态，而且在平时也处于阈限状态，甚至可以说他就是阈限者。正是他所特有的阈限者身份成为其身份悖论性特征出现的重要原因。同时也藉此对西方著名的人类学家维克多·特纳所提出的阈限理论进行中国宗教研究领域的突破和补充。

一　中国南传佛教社会管理体系的权威

波章是中国南传上座部佛教流传区域内专管佛教事务之人，他由群众

---

① 波章 Acarya，意思为"规范师"或导师之意。在云南南传佛教信仰区域，对之有不同的称呼，在西双版纳傣族自治州，称为"波章"，在德宏傣族景颇族自治州称为"贺路"，在临沧市称为"安章"。

推选产生，人选的选拔标准非常严格，经过严格的选拔程序，符合选拔标准后，既会得到佛教界的认可，也会得到世俗社会的认可。在具体的南传佛教的社会事务管理中，波章扮演着组织者和管理者的角色，甚至在佛教仪式活动中，他还是仪式的主持人。波章是中国南传佛教社会管理体系中的一个权威，他在中国南传上座部佛教管理体系中发挥着特殊的重要作用。

（一）佛事活动的组织者

宗教仪式是社会动员的过程，这使之拥有强大的公共组织能力。仅有佛爷或巫师的个人行为是不能实现这种公共组织功能的，更重要的在于宗教仪式总是通过信众的参与和执行来实现的。在中国南传上座部佛教信仰区域，信众参与佛事活动是通过波章安排的，他不仅要负责组织和管理群众参加赕佛祭祀活动，同时还得监督信众在进行宗教活动时严格执行佛教戒律。由此佛教仪式变得庄严肃穆、井井有条。在组织信众参与佛事活动时，身在世俗空间中的波章充分地发挥其神圣权威。比如，笔者在2006年8月参加云南临沧市耿马总佛寺念大经仪式时，就明显地感受到波章出色的组织能力和指挥能力。由于这是耿马总佛寺一年一度的念大经活动，所以来的人非常多。此次念大经耿马县总佛寺附近几乎所有的中心佛寺的主要僧侣都要来参加，虽然总佛寺共僧人20人（佛爷长老9个，和尚11个），但是参加活动佛爷和尚共计123人。可以想见这次活动是何等隆重。虽然前来参加赕佛活动[①]的群众络绎不绝，但却未出现一丝混乱。经过与临沧市佛教协会秘书长暨耿马总佛寺的波章安明的交谈，我们才得知，早在这次活动前，安明就与耿马总佛寺寺院管理小组的波章和老人们一起，召集了下属的几个中心佛寺以及邻近村寨的村寨佛寺的波章们几次开会讨论如何组织信众赕佛的问题。会上就信众的组织管理问题、信众以及包括僧侣在内的所有参加念经活动的人的饮食问题作出了安排。在整个过程中，听不到一丝抱怨或是出现因为争座位而发生争斗的现象，大家互相谦让，相互帮助。

（二）佛寺经济的管理者

南传上座部佛教传入中国云南少数民族地区后，佛教沿袭了世俗社会组织制度特有的经济运行体制，所有佛事活动的开支仍然按照原先宗教惯例，

[①] "赕"即布施之意。中国南传佛教地区的信众在参加佛教活动时，都会布施钱财或其他物品给佛寺。

由村社成员平均分担。平时寺院的供养、佛寺僧侣每天的饮食也由村社成员轮流供应，具体就由波章来负责安排。至于赕佛活动中的开支，则主要是由波章和村社的老人们一起掌管。此外，波章还负责管理佛寺、佛塔的修建和维修，至于这些活动所产生的经济费用都由波章来负责安排和处理。

值得注意的是，中国南传上座部佛教的寺院管理机制具有强烈的时代特征，现在基本上已经由原来的具有政教合一性质的管理机制逐步形成群众自己有序管理的寺院管理机制。原来的寺院管理机制是佛教僧侣或是封建领主、头人与波章（波章）共同或者直接由波章进行管理寺院。这一管理体制随着20世纪50年代封建领主制的消亡而逐渐被20世纪80年代以后出现的寺院管理小组体制所取代，现在的寺院管理小组是由群众自己进行选举德高望重的老人（一般情况下，大部分都是"波章"或者是"康朗"①）来进行管理。在经济方面有序、公开、透明，每一笔经济支出都用红纸写好，清晰地贴在墙上接受群众的监督。如果有剩余的钱就由最德高望重的波章或寨里的老人负责保管，在下次活动时或者在佛寺、佛塔需要维修时又拿出来，没有任何一个人会把这笔钱占为己有。前面提及的耿马总佛寺现在就是直接由寺院管理小组来管理，但其成员仍然是波章或是德高望重的老人。

二 在世俗空间被去圣化的普通人

波章是佛教寺院神圣空间的管理者，管理寺院经济，管理佛寺、佛塔的修建和维修，他具有某种神圣权威或者至少是表率的特性，具有类似德国社会学家韦伯提出的"卡里斯玛"（Christmas）的神圣权威。波章因为具有这种特质而被认为是超凡的，具有超自然的、超人的，或者至少是特殊的力量或品质。但波章却没有因具有这些特质而被视为"领袖"，他在世俗生活空间中被去圣化——成为平凡的村民。在村民眼中，如果波章不参与任何与宗教相关的活动时，他就属于世俗之人，在平时他们不脱离生产，必须要到自己的田里做活以维持全家人的生计。他在世俗生活空间中不享有任何宗教特权。在以农业生产为主要经济支柱的地区，波章必须辛苦地耕作，否则收成不好就会影响全家人的经济收入，在这一方面，他与普通的村民没有太大的区别，可以说是完全平等的。在传统的稻作农业活

---

① "康朗"是傣族人民对做过佛爷，后来还俗者的称呼。

动中，波章的农业收入和一般村民是一样的，如果用心去劳动，收成就会好，如果自己不尽心，那么收成就会差一点。他的农业收入并不会因为他具有波章的身份而增加，他的农业生产活动并不会因为他能在神圣活动空间中具有某种权威而获得增产。神圣空间与世俗空间在波章自己本人的生产生活中发生了最大的分离。他在神圣空间中被赋予的神圣权威被最大限度地淡化了。

总之，波章身份本身具有明显的悖论性特征，一方面，波章负责管理南传佛教的社会事务，被赋予某种神圣权威，另一方面，其神圣权威却在波章的个人世俗空间被消解了。这一悖论性特征人物却成功地同时为中国南传上座部佛教和世俗社会所接受。笔者认为，波章所特有的阈限者身份是其身份悖论性特征出现的重要原因。

三 波章身份悖论性特征分析

波章是南传佛教与世俗社会关系和谐的体现者，但波章角色的设定却让人想到宗教人类学领域著名的阈限理论。西方著名的人类学家维克多·特纳在《仪式过程——结构与反结构》[①]一书中，提出了阈限理论。他发展了他的老师范根纳普"通过仪式"的理论，认为"处于阈限中的人，既不是这个身份，也不是那个身份；他们在法律、风俗、习惯和礼仪所确定、所排列的位置上模棱两可。在许多社会里，他们的模棱两可和不确定性，通过大量的象征和仪式表达出来"。[②] 笔者认为，阈限理论可以在波章角色的悖论性特征中得到某些印证，但值得注意的是，波章角色的悖论性特征还进一步使人对阈限理论提出反思，乃至进一步发展中国的阈限理论。笔者经过调研和思考，认为波章现象表明，在仪式活动中，波章作为主持人，不仅在仪式过程中处于阈限状态（这符合维克多·特纳提出的仪式的阈限理论），而且在仪式结束之后，波章的阈限状态也一直存在，他本身始终就是"阈限者"。由此我们才能够较好地解释波章角色的悖论性特征，波章的阈限者身份或许可以作为对维克多·特纳所提出的阈限理论在中国宗教研究领域的一种补充。

[①] 维克多·特纳著，黄剑波等译：《仪式过程——结构与反结构》，中国人民大学出版社2006年版，第126页。

[②] 详参金泽著：《宗教人类学学说史纲要》，中国社会科学出版社2009年版，第307页。

（一）南传佛教与当地民族文化的规范性交融是出现阈限的前提

南传佛教与民族文化的规范性交融[①]关系之建构过程并不是一帆风顺的，它经过一个长期发展的艰难历程，从冲突到融合，相互妥协，在融合中有分离，在分离中有融合，最终才达到规范性交融的和谐关系。南传佛教与少数民族固有文化有一激烈冲突的阶段，在傣族地区广为流传的《谷魂奶奶的传说》就是从一个侧面反映出外来的佛教文化与当地本土文化发生冲突碰撞，并逐步融合的过程。谷魂奶奶与佛祖彼此相安无事，共同管理人间。这一传说虽只是个文学故事，但它却记录了佛教传入之初，佛教与当地稻作文化、民族文化冲突、妥协与融合的情况。同时我们还可以从这一传说中捕捉到一个信息——少数民族原生性宗教的影响是非常大的。这是南传上座部佛教融入当地宗教文化、民族文化和社会生活的开始，但这一过程却是很艰难的。

波章角色的确立对于中国南传上座部佛教来说是非常重要的一个发展标志，它说明经过长期的冲突与妥协，中国南传佛教开始为当地少数民族文化接受，波章是以社会关系和谐的体现者形象而出现的。

1. 波章角色的设定反映的是南传佛教与少数民族原生性宗教的关系和谐，体现了双方在宗教事务领域内的分离和界限。

在中国南传上座部佛教流行区域内，南传佛教开始与少数民族原生性宗教各有分工，以两种不同类型的宗教文化在整个少数民族文化结构中并列。在当地少数民族原生性宗教的管理体系中原有召曼和波摩负责管理宗教事务，南传佛教在与当地文化融合的过程中借鉴这种管理方式，也设定波章一职，负责管理南传佛教的社会事务。此后，同一民族或同一村寨的人们虽然在信奉佛教的同时保持其固有的传统信仰，但在宗教活动的管理方面，各种宗教体系有严格的分工，波章负责管理佛教

[①] 在《仪式过程——结构与反结构》一书中，维克多·特纳提出了"交融"概念，他认为交融本身会发展自己的结构，在这一结构中，个体与个体之间所存在的自由的关系变成了社会人与社会人之间由规范所辖制的关系。对于交融现象，特纳提出了存在性交融（existential communitas）、规范的交融（normative communitas）和空想性交融（ideological communitas）三种现象存在的不同，其中对于规范的交融（normative communitas）这一概念，他认为随着时间的影响，资源的流动与资源的组织的需要，以及在追求这些目标的群体成员之中，为了获得社会控制权的必要性，因此存在性交融会被组织成为长久存在的社会体系。见维克多·特纳著，黄剑波等译《仪式过程——结构与反结构》，中国人民大学出版社 2006 年版，第 132 页。笔者认为其规范性交融观点适用于本书。

事务，召曼管理寨心祭祀活动，波摩管理祭神事务，他们各司其职，互不干涉。波章不能管理其他宗教的事务。南传佛教与少数民族原生性宗教的权限和范围都既有保护，又有限制，其职责都有不同的人格化，这就使两种不同类型的宗教文化在整个民族文化的结构中得以并列，由此妥善地处理了南传佛教与原生性宗教的关系，构成其和谐相处的社会安排[①]。

2. 波章角色体现的是世俗社会与南传佛教的和谐关系

波章角色是南传佛教适应少数民族社会的需要而设置的，他是属于世俗社会之人，但他却是由世俗社会信教群众推举，经过严格的选拔才具有波章的资格，同时，他与佛爷们的关系是非常和谐、非常密切的，是为南传佛教界所信任的，因此，能成为南传佛教社会事务管理的权威。他在处理社会事务时，既要对南传佛教界负责，同时也必须对世俗社会负责，使南传佛教界与世俗社会在社会事务层面达到和谐状态，乃是波章的责任和义务。

首先，他被授权，可以代表南传佛教界与世俗社会进行社会交往，具有南传佛教事务的管理权威，尤其是经济事务管理权威。中国南传上座部佛教寺院的寺院供养体制不同于中国汉传佛教，也不同于中国藏传佛教的寺院供养体制。中国南传佛教没有形成自己独立运行的寺院经济体系，它几乎完全依赖于世俗社会的供养，并因此而形成了独具特色的中国南传佛教寺院供养体制。同时，南传上座部佛教一直保持着原始佛教的纯洁性，始终恪守着僧侣不蓄金银的戒律。任何僧侣无论其僧阶高低，都不蓄金银。因此，一般情况下，寺院里的僧侣们都不参与管理寺院经济，佛教寺院的供养与世俗社会之间的经济关系就主要由波章来管理。如何处理好神圣空间与世俗空间在社会层面上的经济关系，就属于波章及其所在寺院管理小组的职能范围了。因此，由波章来负责佛教寺院经济的管理，既妥善地解决了南传佛教戒律规定僧侣不得蓄金银的戒律对佛教经济发展的制约瓶颈，同时也通过波章有效地处理佛事活动与世俗社会所发生的各种经济关系，推动着寺院经济的发展。

其次，波章与世俗社会的关系是非常和谐的，他是南传佛教在世俗空间的信众的组织者和管理者，他要负责组织和管理群众参加赕佛祭祀活

[①] 当然，南传佛教与少数民族原生性宗教的和谐关系有多种表现，这只是其中之一。

动，同时他还得监督信众在进行宗教活动时要严格执行佛教戒律，在进行宗教管理时，身处世俗世界的他就被赋予神圣权威，具有一般信徒所无法具有的神圣性。

总之，波章被看作是代表世俗社会与南传佛教交流的桥梁，他体现的是世俗社会与南传佛教关系的和谐，体现的是南传佛教与当地民族文化规范性的交融。可以说，正因为南传佛教与当地民族文化进行了规范性交融，波章作为这一现象的产物，也始终处于规范性交融的状态下。而这一规范性交融的状态与西方人类学家维克多·特纳在讨论仪式时所提出的阈限状态非常相似，即都处于中间地带，既在世俗的社会结构之内，又在其外。这正是波章作为阈限者出现的前提，或者说波章角色所体现的规范性交融关系使之具有阈限者的资格。

（二）波章是社会关系的阈限者

波章现象反映出南传佛教与当地民族文化关系和谐的规范性交融状态，南传佛教与当地民族文化关系和谐的规范性交融是波章作为阈限者出现的重要前提。笔者认为，阈限理论可以在波章角色的悖论性特征中得到某些印证，但值得注意的是，波章角色的悖论性特征还进一步使人对阈限理论提出反思，乃至进一步发展中国的阈限理论。

笔者认为，在中国南传佛教信仰区域的波章现象表明，在仪式活动中，波章作为主持人，其在仪式一开始时是处于阈限状态，这符合维克多·特纳提出的仪式的阈限理论，例如特纳认为阈限不是一种状态，而是处于结构的交界，是两种状态之间的转换。通俗地讲，"阈限"的阶段就好比人站在门槛上，跨过去就是另一种状态，没有跨过去还是原来的状态，阈限过程具有模糊性和矛盾性。阈限就是从一种社会状态向另一种社会状态的转换。"阈限后"通过仪式的完成，使他再次处于稳定的状态和信的习俗规范道德标准。同时，笔者经过调研和思考，认为即使在通过仪式结束之后，波章的阈限状态也一直存在，他本身始终都存在阈限状态，从这个意义而言，我们可以把波章看作是阈限者。只有如此，才能够较好地解释波章角色的悖论性特征，同时，波章的阈限者身份或许可以作为对维克多·特纳所提出的阈限理论在中国宗教研究领域的一种补充。

1. 波章的仪式主持人身份——仪式过程的阈限者

波章是佛教仪式的主持者。在村民的眼中，在进行佛事仪式时，波章是神圣世界和世俗世界的沟通者。如果在举行佛事仪式时，没有波章就无法进行。以2006年8月笔者参加的耿马总佛寺一年一度的念大经活动为例，在傍晚七点左右，耿马总佛寺的安章安明宣布念大经活动正式开始，这时，事先安排好的鞭炮和傣族自制的、一般在节庆活动中才会使用的土炮马上响起，一时震耳欲聋。在响声中，佛爷和尚以及波章、信众都来到大殿门前。在中国南传上座部佛教佛事活动开始前，首先是要举行请神仪式，要先请神下凡[①]，有的地方还要请各个少数民族原有的神灵下凡。在大殿门口佛爷与安章进行着一问一答。首先由安章唱经文去请各路神灵，当佛爷问是否请来时，安章回答："请到！"安章这时扮演的是神圣空间和世俗空间的沟通者角色，只有他才去神圣空间表达群众请神的愿望，才能够把神从神圣空间请到世俗空间。每次一问一答之后都要放鞭炮或者是放土炮，然后才继续下一个问答。只有经过这样一个请神仪式之后，真正佛教意义上的念经大会才能开始。

在这样的请神仪式中，安章始终处于南传佛教与原生性宗教的阈限状态，因为如果涉及请原生性宗教神灵时，他就被授权去处理原生性宗教的事务，他本没有资格去请原生性宗教的神灵，这是他与原生性宗教的波摩之间的分工，但这一职责权限却在南传佛教的请神仪式活动中被模糊化，波摩的权限被安章取代了。安章在仪式中，既属于南传佛教的神圣空间，又可以进入原生性宗教的神圣空间，在两者的中间地带成为阈限者。显然，安章在主持佛教请神仪式时的状态是符合维克多·特纳提出的阈限理论的，他的身份具有不确定性，他既不是佛教僧侣的身份，也不具有原生性宗教波摩的身份，他的身份是模棱两可的或说两者兼有的。但值得注意的是，当请神仪式结束，真正意义上的佛教活动开始后，安章的身份就是非常清晰的，他成为佛教徒，他要专心地听佛爷们念经。也就是说，在佛教仪式中，安章仅仅在第一个阶段——请神仪式阶段具有阈限者的身份。

2. 宗教空间结构的阈限者

如果说波章在南传佛教仪式中的请神仪式阶段具有阈限者的身份，这符合维克多·特纳提出的仪式的阈限理论的话，那么在仪式之外，波章自始至终都以阈限者的身份存在这一不争的事实，却可看作是对维克多·特

[①] 此仪式因地域和民族不同而有差异。

纳的阈限理论在中国宗教研究领域的发展和突破。

　　首先，波章作为中国南传佛教社会管理体系的权威，强调的是社会层面的管理，而未拥有管理佛教内部事务的权力。这使其成为佛教空间与非佛教空间的阈限者。波章由于曾经在佛教寺院这一神圣空间中有过一段时间的杰出修行，在世俗空间里仍然具有某种神圣性权威，其曾经在神圣空间中生命圣化的经历仍然使其能继续分享着一种超越人类的生命。因此，他可以在神圣空间与世俗空间中进行规范化交融，他可以参与管理佛寺寺院经济，负责组织信徒每天的供养以及大的宗教活动的经济开支等事务。他甚至可以在佛寺这样的神圣空间里进行短暂的佛教神圣存在模式与原始宗教存在模式之间神系的沟通，但他却始终是佛教空间的阈限者。他不全部属于佛寺这一神圣空间，他不可能重新回到过去在佛寺修行时的状态，他不得直接干预佛教内部事务。当各个佛教寺院定期举行布萨羯摩时，他却不得加入到进入布萨堂的和尚佛爷队伍中。佛教的内部事务，他都不能干预。

　　其次，在举行佛教的请神仪式时，波章可以进行佛教神圣空间和当地少数民族原生性宗教神圣空间之间的沟通，可以在某一神圣时间里完成佛教神圣空间对当地少数民族原生性宗教神系的认同。但这样的认同离开了佛教这一神圣空间和佛教仪式举行的神圣时间就难以完成，在请神仪式结束后，波章就成为仪式活动中普通的信徒。要专心听佛爷们念诵经书。可见波章如果离开了佛教的神圣存在模式，其神圣权威的有限性就会暴露出来，在某种程度上，他就成为佛教空间与原生性宗教空间的阈限者。

　　另外，平时波章要负责管理设置在寺院旁边或寺院里面的"丢吾拉"神龛①。"丢吾拉"是原生性宗教的神灵，将其神龛设在佛教寺院，这标志着佛教与原生性宗教的融合。一般情况下，南传佛教信徒在进入寺院去供奉时，他们首先要去"丢吾拉"神龛前摆放供品，然后才到大殿佛像前摆放供品，这已成为他们的潜规则。因此，在寺院内管理"丢吾拉"神龛的工作也很重要，它是南传佛教与原生性宗教关系和谐的一个标志。"丢吾拉"神龛是否干净，是否需要维修以及因维修而发生的所有经济费用等一系列管理工作专门由波章来负责。此时的波章角色显然也符合维克多·特纳提出的阈限理论特征，在这一地带，他是模棱两可的，他处于佛

---

　　① 寺院内"丢吾拉"神龛一般都在寺院墙或者大门内一侧，但不会占据明显位置。

教寺院空间之中，但却又在佛教寺院空间对原生性宗教神灵神龛进行管理，既可以与佛教打交道，又可以与原生性宗教打交道。但波章一旦离开寺院，他就不再具有管理"丢吾拉"神龛的权力。如果要涉及原生性宗教相关活动时，尤其是在原生性宗教活动场所，波章不得参与管理，有时波章甚至是被原生性宗教排斥的。例如，在少数民族原始宗教举行活动时，本来在群众眼里还具有神圣权威性的波章居然被原始宗教神系排斥在外，在有的地区甚至不得参加重要的祭祀勐神或"色林"活动。[①] 例如，笔者在2007年在云南临沧耿马县佤族村寨调研时就得知，在该村寨举行一年一度地祭祀小"色林"（即神林）或者是三年一次的祭祀大"色林"的活动时，波章是不得参加的。当问及原因时，主持祭祀活动的"色主"（意为神林的主人）给出的答案是："参加了，就会对他们自己不好。"祭祀"色林"（即神林）活动是各少数民族祭祀本民族或地区勐神、寨神的活动，是该民族早期维系民族认同、村寨的认同、维系村民的行为规范的宗教活动。在这样隆重的宗教活动中，波章的被排斥似乎是因为其特殊的身份——与佛教有密切的关系，他不得参与原生性宗教活动这一事实使之成为原生性宗教空间与非原生性宗教空间的阈限者。

总之，笔者认为，波章在神圣宗教结构中始终都是阈限者，正是这神圣结构的阈限者身份使其在世俗生活空间成为被去圣化的普通人。而这一现象事实上却可以看作是对维克多·特纳提出的阈限理论在中国宗教研究领域的一个突破或者说补充，即阈限不仅仅存在于通过仪式之中，它甚至会作为一种始终存在的状态出现在某些特定人群身上，波章现象就是一个最好的说明。值得注意的是，在这里，维克多·特纳提出的阈限状态不再是禁忌的状态、危险状态，在波章这样的阈限者身上，阈限具有了某种积极的意义，它妥善地处理着各种社会关系。而波章作为阈限者，在仪式结束之后，仍然在某些方面继续保持阈限的状态，在社会结构和宗教结构中存在。

四 结论

综上所述，波章现象是南传佛教领域特有的，在南传佛教与当地少数民族文化规范性交融的前提下，波章始终都以阈限者的身份存在。波章的

[①] 在不同区域，此情况不同。如在西双版纳地区，这一情况就不太明显。只是主持人必须是该民族专门管原始宗教事务的"召曼"。

阈限状态不仅仅是人类学家维克多·特纳所提出的阈限理论那样强调的只出现在仪式之中，而是保持在整个社会结构和宗教结构之中，作为一种持续性存在的状态，被赋予人格化特征，因此而成为社会结构和宗教结构的阈限者。对此，我们可以说，西方人类学传统的阈限理论还有发展的空间，在过去人们把阈限看作是一时的，是消极的，处于阈限状态的人是不洁的，阈限状态是禁忌的，但现在南传佛教管理体系中波章就是始终作为阈限者而存在的现象向我们表明，从时间上来说，阈限可以不再是一时的，它可以一直持续下去；从处于阈限状态的人来看，他被赋予了阈限特征，甚至因此特征而存在，从而成为阈限者，从这个意义而言，阈限就不再局限于西方学者认为的仅仅存在于仪式之中，而是成为社会结构中的人格化存在，具有阈限特征的人被具象化，从而成为阈限者。对此，我们可以把这看作是对人类学家维克多·特纳主张的阈限理论在中国宗教研究领域的一个突破或补充。

第四节　波章管理系统的建立

南传佛教之所以成功地融入世俗生活中，在少数民族社会领域有序发展，这与中国南传佛教独具特色的宗教管理模式是分不开的。它不仅有僧团组织管理模式、有佛寺佛塔组织管理模式，同时还形成了独特的金字塔型的波章管理模式。波章们作为地方社会精英，具有动员社会资本的能力，这是佛教社会管理系统融入社会管理体制的关键。在管理具体的宗教事务时，还依赖村寨等各级行政组织体系中的地方社会精英来帮助管理佛教的社会事务，这是中国南传佛教深入社会基层的管理触角。

由于中国南传佛教规定，僧侣不得直接管理信众，不直接组织佛事活动，不直接处理与佛教相关的社会事务，因此，中国南传佛教需要一支专门负责为其处理佛教的社会事务的队伍，以此来与社会交流、沟通。为此，数目众多的波章[①]及其等级分明、分工明确的波章管理系统这样的地

---

① 在云南南传佛教信仰区域，对之有不同的称呼，在西双版纳傣族自治州，称为"波章"，在德宏傣族景颇族自治州称为"贺路"，在临沧市称为"波章"。波章一词因中国南传佛教信仰区域不同而有不同称呼，例如在西双版纳傣族自治州称"波章"，在德宏傣族景颇族自治州称"贺路"，而在临沧地区则称为"安章"。而本书在写作过程中，因涉及这些不同区域，故在文中会出现这些不同的称呼，但笔者尽量将之统一为"波章"这一词。

方社会精英队伍出现了。

波章是世俗社会地方精英，同时也是中国南传佛教社会管理体系的权威，他是中国南传上座部佛教信仰区域内专管佛教事务之人，在中国南传上座部佛教管理体系中发挥着特殊的重要作用，负责在社会管理层面上与世俗社会进行沟通和融合。这是南传佛教管理体系不同于汉传佛教和藏传佛教管理体系之处。值得注意的是，作为世俗社会地方精英，在身份认同上，波章具有双重性特征，既是中国南传佛教社会管理体系的权威，同时也是一个世俗社会之人，在世俗社会中不享有任何宗教能赋予的神圣权威。波章由群众推选产生，选拔标准非常严格。经过严格的选拔程序，符合选拔标准[①]后，既得到了佛教世界的认可，也得到了世俗社会的认可，波章方才具有中国南传佛教社会管理体系的权威。在南传佛教的社会事务管理中，波章扮演着组织者和管理者的角色，甚至在佛教仪式活动中，承担着仪式主持人的角色。[②] 可以说，在严格的推选程序和管理监督机制中，波章以地方社会精英的身份参与到佛教社会事务的管理之中，在佛教管理体系中发挥着重要的作用。

值得注意的是，如此重要的角色在中国南传佛教管理体系中并不是只有一位，波章有很多，大家各司其职，在自己的职权范围内共同参与管理佛教的社会事务，因此形成了自己独具特色的管理体系——波章管理体系，即与中国南传佛教寺院管理体系相适应，按照寺院管理的金字塔型模式也形成了波章管理体系的四级金字塔型模式：总佛寺波章——勐佛寺波章——中心佛寺波章——村寨佛寺波章，各级波章之间有严格的等级界限，上下级波章具有从属关系，不可逾越权限范围活动。以西双版纳傣族自治州为例，波章的金字塔型管理模式见下图：

波章们作为地方社会精英，具有动员社会资本的能力，这是佛教社会管理系统融入社会管理体制的关键。波章们在组织人数众多、涉及复杂合作的佛事活动时，地方政府是不介入的，因为这是属于佛教范围的神圣活动，作为世俗行政组织的权力是不能逾越到神圣空间里的。因此，所有的

[①] 关于波章的选拔标准，详参郑筱筠《中国南传佛教管理体系中的CEO——试论波章角色的选拔标准》，《宗风》（己丑年夏之卷），宗教文化出版社2009年版，第262页。

[②] 关于波章的情况，详参郑筱筠《人类学视域下南传佛教的中国阈限理论分析——以南传佛教管理体系中的波章现象为例》，《思想战线》2010年第2期。

活动安排全部由波章代表佛教界来组织、安排，来与世俗社会协商，或者是利用宗教资本来安排、利用社会资源。波章们的能力，是地方各级村寨组织在无政府介入的情况下，所具备的组织能力的表现。但在组织大型活动、需要跨区域进行时，就需要对基层佛教管理的关键人物——波章进行合理组织，需要对各级波章所具备的组织权限和范围进行最大化的集中管理、优化组合、有序安排，这正是波章系统适应佛教发展的需要而产生的重要基础。

西双版纳地区波章金字塔型管理模式

级别	名称		数目（单位：位）	相应的社会行政级别属地	备注
最高一级	"洼龙"波章	"洼扎捧"波章	1	召片领	"洼龙"总佛寺下面有"洼扎捧"、"洼专董"两个佛寺协助管理
		"洼专董"波章			
第二级	勐级"洼龙"波章		36	勐级	
第三级	中心佛寺波章		若干		以四个村寨佛寺为一个单位
基层	村寨佛寺波章		若干	村寨	

正是由于有了这样等级分明、制度严密的地方社会精英——波章管理体系，各级波章严格遵守规定，按照各自的分工来组织自己权限范围内的佛事活动。这一社会管理系统的优点在于：在佛教与社会资源进行有效整合的过程中，波章按照自己管理体系的潜规则来组织参与、处理社会事务，将整个中国佛教的社会事务化整为零，划分到相应的各级波章管理层，逐级分工，既避免了波章权限的过于集中的现象，又有效地对佛教的社会事务进行了处理，有力地促进了佛教的发展。

波章系统的建立是中国南传佛教利用地方社会精英队伍，有序处理佛教社会事务的成功典范。此管理模式的建立，成为中国南传佛教有序进入少数民族社会管理体制的一个桥梁。

第 八 章

中国南传佛教佛寺佛塔的管理模式

第一节　中国南传佛教的佛寺组织管理模式

作为制度化宗教，中国南传上座部佛教具有独立于社会组织制度之外的僧团，但在其传播发展的历史长河中，它以傣族地区封建领主制社会行政组织系统为范本，逐步形成了自己独特的组织管理制度。[①] 其等级特征之鲜明、制度之严密是中国南传上座部佛教与汉传佛教乃至东南亚南传上座部佛教之最大的不同。这一特征鲜明地体现在佛寺管理系统方面。

中国南传上座部佛教组织管理系统形成了非常奇特的金字塔型的管理模式。它不是一个简单的金字塔型的管理模式，它是由很多小金字塔型管理模式层层累加，最终组合成一个稳固的大金字塔型模式。所谓金字塔型模式是这样分布的：在金字塔尖是总佛寺，总佛寺下面是中心佛寺，中心佛寺下面是各个村寨佛寺。总佛寺负责管理中心佛寺，中心佛寺又负责管理其下面的各个村寨佛寺，层层管理，分工明确，逐步形成一个稳定而封闭的管理模式。

在佛寺的组织管理系统方面，它具有鲜明的等级制度特征。例如，西双版纳傣式佛寺曾分为四个等级：1. 最高一级设在召片领所在地——景帕坑，称为拉扎坦大总寺，是统领全西双版纳的总佛寺；2. 在总佛寺下设 12 个版纳拉扎坦总寺和 36 个勐总佛寺；3. 由四所以上村寨佛寺组成的中心佛寺——布萨堂佛寺；4. 最基层一级为村寨佛寺。另外还有拉扎

[①] 关于中国南传上部佛教的组织制度与社会组织制度之关系，详细请参郑筱筠《历史上中国南传上座部佛教的组织制度与社会组织制度之互动》一文，《世界宗教研究》2007 年第 4 期。

坦大总寺直辖的召片领府的几个"内佛寺"。如下表所示：

西双版纳地区佛寺金字塔型管理模式

级别	名称		数目（单位：位）	相应的社会行政级别属地	备注
最高一级	"洼龙"波章	"洼扎捧"	1	召片领	"洼龙"总佛寺下面有"洼扎捧"、"洼专董"两个佛寺协助管理
		"洼专董"			
第二级	勐级"洼龙"		36	勐级	
第三级	中心佛寺		若干		以四个村寨佛寺为一个单位
基层	村寨佛寺		若干	村寨	

整个西双版纳地区最大的总佛寺——"洼龙"。"洼龙"总佛寺位于原景洪宣慰街，统辖着整个西双版纳的佛寺。"洼龙"总佛寺下面有"洼扎捧"、"洼专董"两个佛寺，也在宣慰街，成为"洼龙"总佛寺的左右手，协助总佛寺管理全境内的中心佛寺佛教事务。在"洼扎捧"、"洼专董"这两个佛寺下面又与封建领主制的行政区划相对应地设有各个勐的"洼龙"佛寺，设在各个勐的土司府所在地。各个勐的"洼龙"佛寺相当于每一个勐的总佛寺，其下又以四个村寨佛寺为一个组织单位设中心佛寺，中心佛寺下面就是各个村寨的佛寺，中心佛寺负责管理村寨佛寺事务。

例如据20世纪50年代初调查数据显示，景洪佛寺组织管理系统分为内外两类。属于内部系统的共有九座，都在原宣慰街及其附近：

第一座佛寺：洼龙总佛寺。是整个西双版纳地区的总佛寺，统辖着整个西双版纳地区的所有佛寺，也是整个西双版纳地区的地位最高的长老所在寺院。20世纪50年代时是当时西双版纳地区最高僧阶的祜巴勐所在佛寺，后来祜巴勐升为松溜阿戛牟尼，这是南传佛教僧阶系统中最高一级。因此其所在的洼龙总佛寺更是成为整个西双版纳最具权威性和神圣性的佛寺；

第二座佛寺："洼专董"佛寺，位于总佛寺的右边，当祜巴勐因故不能处理佛教事务时，就由"洼专董"佛寺祜巴代为处理；

第三座佛寺："洼扎捧"佛寺，位于总佛寺的左边，当总佛寺的祜巴勐因故不能处理佛教事务时，可以在征求"洼专董"佛寺祜巴意见的基础上，代为处理佛教事务；

第四座佛寺：洼科松佛寺，位于曼沙，在总佛寺的前面，但其地位比"洼专董"佛寺和"洼扎捧"佛寺这两座左右佛寺的地位低，即使总佛寺的祜巴勐因故不能处理佛教事务时，也不能代为处理佛教事务；

第五座佛寺：洼曼勒佛寺，位于总佛寺的后面，地位相比之下稍低，当总佛寺需要商量事情时，不一定参加。

第六座佛寺：洼宰佛寺，位于曼嘎，是属于宣慰使的佛寺，在每年的开门节和关门节时，宣慰使都会来此赕佛（一般情况下，宣慰使赕佛两天，第一天在洼宰佛寺，第二天就到洼龙总佛寺赕佛）；

第七座佛寺：洼功佛寺，位于曼书功，由曼书功寨负责；

第八座佛寺：洼贺纳佛寺，位于曼贺那，由曼贺那寨负责；

第九座佛寺：洼浓凤佛寺，位于曼浓凤，由傣猛和鲁朗道叭两寨共有的佛寺。①

景洪佛寺组织系统中属于外部的有三陇：

第一陇是陇匡。其中下辖八座佛寺，以地位、大小排列如下：

1. 洼景兰
2. 洼景阁
3. 洼陇匡
4. 洼曼听
5. 洼曼斗
6. 洼管囡
7. 洼曼报
8. 洼曼缅

在这八座佛寺中，最大的佛寺是洼景兰，这是中心佛寺，但由于当时洼景兰没有祜巴，因而由祜巴曼角来管理全陇的佛寺。

第二陇是陇栋。其最大的佛寺是洼栋，但因祜巴在曼沙，因而由祜巴

---

① 参看王懿之《西双版纳小乘佛教历史考察》，《贝叶文化论》，云南人民出版社1990年版，第416页。

曼沙管理全陇佛寺；

第三陇是陇洒，其最大的佛寺是洼曼洒，但因祜巴在飞龙，因而由祜巴曼飞龙管理全陇佛寺。①

从西双版纳地区的景洪佛寺组织管理系统可以看出，中国南传上座部佛教寺院的金字塔型管理模式是模仿傣族社会组织制度建立起来的，具有等级森严、分工明确的特点。首先，就管理范围来说，各个等级的佛寺权利和职责非常明确，相互之间不存在侵权或是管理混乱问题。一旦明确了各个佛寺的界限和管理范围，该寺院就会以此为依据，坚决不越权，绝不干涉自己管辖范围外的其他佛寺的事务；其次，就管理方式而言，中国南传上座部佛教寺院的金字塔型管理模式采取的是自上而下，层层管理，等级分工明确的管理方式。上一层组织的佛寺负责管理下一层组织的佛寺，下面一层组织的佛寺则服从上一层组织的佛寺管理。这有利于建立行之有效的管理权威，权力相对较集中，不分散，有助于有序地管理佛教事务。

值得注意的是，当佛寺组织管理体系建立之后，各级佛寺之管理权限和职责范围也有了固定的分工。其中金字塔总佛寺，负责协调佛教徒的佛事活动，颁布有关宗教法规，形式上批准僧人僧职的晋升，以及为新述职的官员、较高级别的土司举行宗教仪式活动。下属各勐的总佛寺是二级寺院，负责勐内的宗教事宜。同一地区的四个寺院或四个以上的村寨组成的若干个中心布萨堂是三级寺院，负责每月法定日的佛事活动和监督比丘持戒的情况，批准及考核晋升比丘等事宜。各村寨的佛寺是最低级别的寺院，负责村民日常的礼佛诵经的活动，以及对年轻人进行佛教教育、文化培训的工作。

在20世纪50年代，随着封建领主制度的废除，这一寺院管理类型也随之被取消，但新的中国南传上座部佛教管理体系尚未建立。因此，云南省有关宗教管理部门和云南省佛教协会从上座部佛教的实际情况出发，根据现行政策，参照其传统的管理模式，采取了由佛教协会与总佛寺相结合，分级管理，以点带面的管理办法。即在州、县两级分别建立总佛寺，由州、县佛教协会管理，分（镇）或分片建立中心佛寺，再由中心佛寺

---

① 王懿之：《西双版纳小乘佛教历史考察》，王懿之、杨士录主编《贝叶文化论》，云南人民出版社1991年版，第416页。

去逐级管理村寨佛寺。

第二节　中国南传佛教的佛塔系统组织管理模式

一　传统的佛塔管理系统的建立和完善

一般说来，在佛教发展的最初阶段，傣族地区的塔是佛寺建筑的中心，随着中国南传上座部佛教体系的建立和逐渐完善，佛寺体现出强烈的等级色彩，因此，在佛教发展的后期，佛塔就逐渐成为佛寺的附属物，建塔不一定要建寺，但塔一经建成，则必须有佛寺和村寨来供养，而且还必须有专门的佛寺来负责管理保护。同时，不是所有的寺院和村寨都有管理和保护塔的资格，只有中心佛寺或者是建筑历史悠久的佛寺才能够具有管理佛塔的资格，但一般的佛寺和村寨可以供养佛塔，在供养佛塔方面就没有任何等级制度的限制了。这一佛寺管理制度的形成显然是与佛寺等级制度的形成密不可分的。(参见图25—29)

在佛塔管理体系方面，与寺院金字塔型的管理模式相对应，西双版纳地区的南传上座部佛教在塔的组织管理系统方面也具有严格的金字塔型的管理特征。如以西双版纳景洪勐龙地区为例，据调查，该地有佛塔16座，分别属于59座佛寺71个村寨[①]按照佛寺的等级进行供养，塔由中心佛寺来管理。

龙布蓝塔——由城子四寨、曼宏仗、曼沙湾、曼董、曼允、曼康、曼打黑、曼坎、曼景勐、曼宽等13寨11所佛寺供养，其中城子四寨负责管理保护；

曼飞龙塔——由曼飞龙、曼景勐、曼纳因、曼贵、曼銮等5寨4佛寺供养，其中曼飞龙负责管理保护；

庄塔尖——由曼坎南、曼庄尖2寨2寺供养，同时负责管理保护；

庄塔纳——由曼纳龙1寨1寺供养和负责管理保护；

曼迈塔——由曼迈、曼妹勒、曼害、曼费、曼弄叫、曼栋、曼景坎7寨6寺供养，其中曼妹勒负责管理保护；

[①] 参见《西双版纳傣族宗教情况初步调查》，载《傣族社会历史调查（西双版纳之三）》，云南民族出版社1983年版。

蚌囡塔——由曼嘎1寨1寺供养和负责管理保护；

共罕塔——由曼先罕、曼红、曼兵、曼撒、曼亮撒、曼约6寨6寺供养，其中曼先罕负责管理保护；

庄改塔——由曼改、曼远、曼别、曼卖板、曼龙扣、曼养坎、曼景坎、曼迷、曼勒、曼景发、曼别、曼帕12寨12寺供养，其中曼改、曼远负责管理保护；

庄冷塔——由曼蚌1寨1寺供养和负责管理保护；

庄燕塔——由曼燕子1寨1寺供养和负责管理保护；

龙三哈塔——由曼老、曼降、曼景板、曼亮散代、曼岛、曼仲9寨9寺供养和负责管理保护；

康湾塔——由曼康湾1寨1寺供养和负责管理保护；

摩西塔——由曼亮散勒1寨1寺供养和负责管理保护；

庄龙塔——由曼掌、曼汤、曼养勒、曼弄叫4寨4寺供养，其中曼掌负责管理保护；

曼清塔——由曼清、曼且、曼尚等4寨4寺供养，其中曼清负责管理保护。[①]

从上述资料，我们可以看到中国南传上座部佛塔的管理是井然有序的，它是与中国南传上座部佛寺的组织管理系统相对应，按照不同的等级而得到供养。但是，在中国南传上座部佛教传播区域内，几乎每一个村寨都会有一个佛寺，但并不是所有的佛寺都建有佛塔，它必须征得该区域内的世俗社会组织制度体系的同意，符合神圣世界组织管理体系的相关要求，由村寨代表向该村佛寺所属的中心佛寺提出申请，而其所属的中心佛寺则会根据需要，同时考虑村寨或该区域整体经济发展水平和承受能力以及信众的情况等来定。如果该区域的经济实力雄厚，信众虔诚信仰佛教，就可以建塔供养。佛塔一经建好，就成为佛教最明显的象征符号，人们对塔就要礼敬供养。于是，对塔的维修和供养也就成为负责供养佛塔的村寨佛寺的责任，而上一级佛寺也要时时督促、检查。同样的道理，在中心佛寺所在区域内建立的佛塔也是由其所属的上一级佛寺组织来负责监督。以此类推，我们可以说，在中国南传上座部佛教传播区域内，佛塔的修建、

[①] 参见《西双版纳傣族宗教情况初步调查》，载《傣族社会历史调查（西双版纳之三）》，云南民族出版社1983年版。

供养和维修以及围绕佛塔而形成的一系列佛事活动都鲜明地体现着中国南传上座部佛教组织管理体系的严密性特征。

二 当代佛塔管理模式

现在时代变迁，佛教组织形式也有了变化。目前在村寨（自然村）一级通常设有佛协小组，负责管理本村佛教事务。佛寺管理员接受村民小组和佛协小组双重监督，佛寺管理员、佛协小组与村民小组同期换届，用民主选举的方式产生。佛协小组的上级组织为县级佛教协会，县级佛教协会的上级组织为州佛教协会。县、州佛教协会理事和领导成员，与佛寺管理员、佛协小组成员一样，都经由民主选举产生。选举时大家基本上都实事求是，不徇私情，做到公推公选。如果某个职位的候选人未能当选，那么宁缺毋滥，这一职位暂时空缺，另选他人暂时代理，直到下次选举时再行决定。云南上座部佛教组织制度中体现的民主作风，正反映了佛陀时代僧团民主羯磨制度的古风。

这一组织管理模式的优点在于：首先，就管理范围来说，各个等级的佛寺权利和职责非常明确，相互之间不存在侵权或是管理混乱问题。一旦明确了各个佛寺的界限和管理范围，该寺院就会以此为依据，坚决不越权。绝不干涉自己管辖范围外的其他佛寺的事务；其次，就管理方式而言，中国南传上座部佛教寺院的金字塔型管理模式采取的是自上而下，层层管理，等级分工明确的管理方式。上一层组织的佛寺负责管理下一层组织的佛寺，下面一层组织的佛寺则服从上一层组织的佛寺管理。这有利于建立行之有效的管理权威，权力相对较集中，不分散，有助于有序地管理佛教事务。

第三节 中国南传佛教的运行特点

一 中国南传佛教高度重视基层宗教的管理，以僧阶制度来管理区域佛教

中国南传佛教不同于汉传佛教和藏传佛教管理体系之处在于它高度重视基层宗教管理。如上所述，在长期的发展过程中，中国南传佛教以傣族世俗社会等级森严的社会组织制度为摹本，逐步建立了自己的制度严密、等级森严的组织管理制度①。在此金字塔型的管理模式中，村寨佛教属于基层佛教，处于此管理模式的最下方，数量众多，共同支撑着金字塔各个层面。因此，村寨佛教的稳定事关金字塔各层面的佛教之稳定，村寨佛教的发展事关整个金字塔层的发展。为此，中国南传佛教非常重视基层宗教的管理，为此，其逐渐形成了僧阶制度。

对于基层村寨的僧伽组织而言，除了以戒律等来规范其行为外，中国南传佛教还形成了特殊的僧阶制度，加强对僧团内部的管理。中国南传上座部佛教僧阶制度之严格，等级分类之多，是其他南传上座部佛教国家所未有，而且也是大乘佛教无法相比的。在云南，一般说来，僧阶是按年龄、戒腊、学行来划分的，僧阶只是一种荣誉，并不意味在神圣世界或者在世俗世界享有一种特权。但僧阶地位的高低却是与僧侣的声望和影响成正比的。一般来说，在僧团内部，僧阶低的僧伽都尊重僧阶高的僧伽，都会听他们的话。

例如，在西双版纳傣族地区，按年龄、戒腊、学行来划分僧阶。僧阶大体可分帕（沙弥）、都（比丘）、祜巴（都统长老）、沙密（沙门统长老）、僧伽罗阇（僧王、僧主长老，这一僧阶长期来虚职无人）、帕召祜（阐教长老）、松迪（僧正长老）、松迪阿伽摩尼（大僧正长老）等八级。或在帕之前增帕诺（行童）一级，在都之后增都龙（僧都）一级则为十级。自五级以上晋升十分严格，最后两级在整个西双版纳地区只分别授与傣族和布朗族各一个，成为地区最高宗教领袖。一般说来，做了大佛爷之后，他不仅是寺院里最德高望重、学识渊博的，而且也是整个村寨中地位最高的人。即使是去到本村寨以外的其他地方，也是深受人民尊敬的。在政治地位上，大佛爷可以和土司平等对话，在宗教场合里，土司见了大佛爷之后，还要非常恭敬。

而在云南德宏傣族景颇族自治州和临沧市，僧阶的划分却没有这么多的等级。例如，多列派僧阶只分四级：召尚，相当于润派佛教的帕；召闷或闷召，相当于润派的都或都龙，民间习惯称之为佛爷；召几，相当于润派的祜巴；召崩几，相当于高级僧阶的荣誉称号；临沧市的孟定多列派还曾经实行过三等九级僧阶，即一等芽宝、芽金、芽银；二等叶宝、叶金、

---

① 关于中国南传上座部佛教组织制度与世俗社会组织制度之关系，详参郑筱筠：《历史上中国南传上座部佛教与社会组织制度之互动》，《世界宗教研究》2007 年第 4 期。

叶银；三等花宝、花金、花银，但现未流传下来。① 摆庄派僧阶也是四级，与多列派相似，但称号不同：嘎比（可以看作是预备和尚）、尚旺（相当于沙弥）、召们（比丘）、召几（长老），而左抵派只有比丘一级，分为大和尚、小和尚。

对僧侣按年龄、戒腊、学行来划分僧阶，这是对僧侣自身学识修养和品德、修行深浅的一种神圣性认同，它虽然只是一个荣誉，并不意味着任何的特权，但是，对于僧侣来说，进一步的晋升僧阶既是在佛教体系内部对自己精进不懈、勤修佛法的整个修行实践行为的神圣认可，同时也是世俗社会对其本人的神圣权威的一种认可。因为僧伽晋升僧阶并不是由其本人提出来，而是由其所在佛寺所属的村寨或者是某一区域的信众们认为其已经符合晋升的条件，经过慎重考虑后才提出来的，经过相当复杂的程序、最后该僧侣同意，并且经该僧侣所在佛寺的大佛爷同意之后，村寨举行隆重的升和尚仪式，才逐步晋升的。选拔和申请晋升和尚的整个过程是在僧团制度之外进行的，是世俗社会在自己的组织管理机构内部，以自己的管理方式对佛教僧侣的神圣性认可，但是其选拔的结果却必须要得到神圣世界的同意可。而就中国南传上座部佛教管理体系而言，逐级晋升、等级分明的僧阶制度是对僧才的认可，也是对僧才进行严格管理的一种制度，有助于进一步有序地管理佛教事务。

如果说中国南传佛教的金字塔组织管理制度是与社会行政体制的划分相适应，是从上而下地纵向管理各级佛教组织，那么中国南传佛教的僧阶制度则是横向地对本区域内部的僧团组织内部进行管理。这是中国南传佛教内部的纵向和横向组织管理模式，这一管理模式覆盖了佛教内部所有方面，使中国南传佛教从上到下，由内而外都得到了有效的管理。

二 将宗教活动纳入到社会管理体系之中

中国南传上座部佛教组织制度的运行管理系统是与傣族地区封建领主制社会行政组织系统紧密配合的，其运行机制的执行却极大地有赖于社会行政组织系统。因此，深入寻求与社会各界社会精英的合作，积极动员社会资本，努力将宗教活动纳入到社会管理体系之中也是中国南传宗教管理

---

① 参见邱宣充：《耿马县小乘佛教》，载《云南少数民族社会历史调查资料》（五），云南人民出版社 1985 年版，第 348 页。

体系的一个特点。

　　中国南传佛教除了设置了地方社会精英——波章管理系统，妥善地处理与佛教相关的社会事务外，在管理具体的宗教事务时，还依赖村寨等各级行政组织体系中的地方社会精英来帮助管理佛教的社会事务，这是中国南传佛教深入到社会基层的管理触角，它更能有效地整合基层群众社会资源，让基层宗教资本真正地转变为可以利用的社会资本，让基层宗教得到有效的管理。

　　波章在处理佛教的社会事务时，其通过依托各级行政组织机构，以世俗社会组织制度各级行政机构为单位，积极寻求与社会各界社会精英的合作，积极动员社会资本，共同开展宗教活动，努力将宗教活动的管理纳入到社会管理体制之中。

　　例如，村寨里有各种社会团体，它们是在历史发展进程中出现的没有任何行政级别的社会团体，不从属于任何官方组织，它们是村寨开展各种活动，包括宗教活动的基本组成单位，以临沧市为例，各村寨根据性别和年龄不同，都设置有不同的社会组织团体，少女们有一个组织，其首领称"卜少头"，每寨一人，由大家选举产生，负责组织全寨少女参与节日活动和劳动等，有关少女的问题亦由她来解决；另外，还有一个"召发引"，由土司委派，是新爷、郎爷[①]等的妻子，负责指挥全土司的"卜少头"，同时也负责指挥老年妇女，根据土司的意旨，召集妇女布置各种要做的事情，领导妇女做赕，分配妇女替土司做赕时服役的分工等。各村寨的青年男子也有组织，首领称"卜冒头"，也是由大家选举产生，负责组织和领导青年男子参加活动。本寨所有与青年男子有关的事情全由他来负责处理。[②] 这样的社会团体一直延续至今，在村寨中各司其职，发挥着各自的管理功能和社会整合功能。因此，在处理佛教社会事务，例如组织佛事活动、寺院供养、维修等寺院经济活动时，波章就要代表中国南传佛教，主动与村寨里的老人们、村寨管理者、各个社会团体的领导者们协商，寻求解决问题的办法。如果涉及少女们的活动，就由"卜少头"出面去组织；涉及男性青年的，就由"卜冒头"去组织；以此类推，每一个年龄段都由不同的组织者进行组织，将具体的事务直接划分为每一年龄

---

①　"新爷"、"郎爷"是1950年以前临沧市土司制度中土司身边官员的称谓。
②　详参《临沧地区傣族社会历史调查》，民族出版社1985年版。

段不同性别的事务。值得注意的是，获得这些社会精英及团体的支持后，由于涉及佛教事务，波章在无形中就成为各个社会团体的组织者和领导者，具有某种神圣权威。因此，在参加佛事活动时，各个社会团体的组织者都会统一听从波章们的指挥和安排。

比如，笔者在2006年8月参加云南临沧市耿马总佛寺念大经仪式时，就明显地感受到安章出色的组织能力和指挥能力。由于这是耿马总佛寺一年一度的念大经活动，所以来的人非常多。此次念大经耿马县总佛寺附近几乎所有的中心佛寺的主要僧侣都要来参加，虽然总佛寺共僧人20人（佛爷长老9个，和尚11个），但是参加活动佛爷和尚共计123人。前来参加赕佛活动①的群众络绎不绝，却未出现一丝混乱。

经过与临沧市佛教协会秘书长暨耿马总佛寺的安章安明先生的交谈，我们才得知，早在这次活动前，安明就与耿马总佛寺寺院管理小组的其他安章和老人们一起，召集了下属的几个中心佛寺以及邻近村寨的村寨佛寺的波章们、甚至个村寨的相关管理者几次开会讨论如何组织信众赕佛的问题。会上就信众的组织管理问题、信众以及包括僧侣在内的所有参加念经活动的人的饮食问题作出了安排（按照中国南传上座部佛教活动的习俗，所有来寺院参加佛事活动人都可以在寺院里免费就餐，而所有的饮食全部由负责供养该佛寺的村寨群众平均分担）。经过研究，耿马总佛寺的波章们做出决定，在公历8月9日念大经的这一天，上午可以来五个生产队的人参加活动，下午再来五个生产队的人来参加活动，这样就会避免因人员众多而出现拥挤的情况。至于饮食问题，上午由五个生产队负责做好送到佛寺，下午再由另外的五个生产队的负责送来。大家轮流参加活动，同时也轮流负担饮食问题。下午5点左右全体在佛寺吃饭。饭后7点左右开始念经。由于事先做了精心安排，所以虽然这是耿马县一年中最隆重的佛事活动，来参加的群众非常多，有的村寨几乎是倾巢而出，全都来赕佛，却可以做到秩序井然，有条不紊。大家按照所属区域的组织安排来参加活动，在就餐时也直接到事先规划好的指定地点就餐；所有的参加者，包括外地来的旅游者或是城里来看热闹的群众，全部人都可以在佛寺中吃到免费的饭菜。

---

① "赕"即布施之意。中国南传佛教地区的信众在参加佛教活动时，都会布施钱财或其他物品给佛寺。

值得注意的是，在这场盛大的佛事活动中，波章们出色的组织、管理能力固然重要，但在具体执行的过程中，如果没有村寨其他社会团体的积极配合，没有其他地方社会精英的积极配合，没有佛教领域（波章）与社会领域（各社会团体）管理层面的资源的全面整合，这样重大的活动显然是不会如此有序的。

其优点在于：中国南传佛教的社会管理，除了专门设置波章（或波章）这样的地方社会精英来负责管理佛教事务外，在管理具体的宗教事务时，还依赖村寨等各级行政组织体系中的地方社会精英来帮助管理佛教的社会事务，这是中国南传佛教深入到社会基层的管理触角，它能更有效地整合基层群众社会资源。可以说，通过将宗教纳入到社会管理体系中来实现自己的发展，这正是中国南传佛教管理模式的独特之处。

结　　论

综上所述，宗教之有序的基层自治管理是中国南传佛教发展的主要保障，而将宗教的自我管理纳入到社会管理体制内却是中国南传佛教发展的内在动力。中国南传佛教管理模式的意义在于，其将管理重点放在基层，以僧阶制度形成佛教基层组织内部的制约机制；同时依托村寨为基本单位，专门管理与佛教相关的宗教社会事务，有效地将基层佛教与村寨密切地结合在一起，能促进基层村寨佛教的良性发展；此外，中国南传佛教管理体系内部分工明确，既有佛教僧团的内部管理系统，又有管理佛教社会事务的波章系统，其中波章们作为社会精英，具有动员社会资本的能力，这是佛教社会管理系统融入社会管理体制的关键。在波章系统的运作过程中，波章们运用自己在各级社会组织中的社会资源妥善地解决着佛教的社会事务；在管理具体的宗教事务时，还依赖村寨等各级行政组织体系中的地方社会精英来帮助管理佛教的社会事务，这是中国南传佛教深入社会基层的管理触角。因此，中国南传佛教管理体系的设立，妥当地处理了佛教与社会资源的关系，有序地整合了佛教资本和社会资源，将宗教纳入社会管理体制之中，有力地促进佛教在当地社会的发展。

第四编

中国南传佛教与社会实践

中国南传佛教与汉传佛教和藏传佛教的不同之处在于，中国南传佛教具有鲜明的世俗性特征和实践性特征。在中国南传佛教信仰区域，佛教与世俗社会的联系非常密切，佛教渗透到世俗社会生活的方方面面，影响着人们的思想观念和行为，同时信教群众又在世俗生活之中实践着佛教的理念和主张。中国南传佛教系统是一个特殊的网络系统，是由僧侣和信徒们共同实践和创造的，它既是过去，也是现在，每一段历史、每一个现象都是这一复杂的社会、文化网络系统中的重要的一个点，它深深地嵌入中国南传佛教信仰区域，全方位地影响着这一区域。这一特征是中国汉传佛教和藏传佛教所没有的。

第九章

中国南传佛教的寺院教育

第一节 传统的寺院教育模式

寺院除了具有宗教场所的功能外，还是傣族社会重要的教育场所。寺院教育成为佛教为社会培养人才的一个窗口。

南传佛教传入到新中国成立的近千年中，寺院教育是傣族人民接受教育、学习傣族文字、学习知识的唯一途径。傣族地区几乎村村寨寨都有佛寺，人们对宗教的信仰极为虔诚，傣族信仰的南传上座部佛教要求每个男子一生中要出家过一段时间的僧侣生活，学习知识和文化，以解脱人生的烦恼，实践佛教戒律，这样才能成为新人或是受教化的人，才有权利成家立业。不当和尚就要被人看不起，认为他们是不懂伦理道德的野人，被称为"岩令"，会受到歧视。因此，傣族男孩一般在6岁—10岁就要送入寺院接受教育。送孩子入寺为僧成为傣族家庭生活中的一件大事，入寺时要举行热烈而隆重的升和尚仪式。这是傣族男子一生中极其荣耀的大事。南传佛教对于在寺院接受教育的时间并没有做出严格的规定，故而傣族男子入寺为僧的时间长短不一，可以随时还俗。一般在寺院里最少的有三个月，多的若干年到几十年，有的甚至终身不再还俗。但是绝大多数男子会在十五、六岁以前还俗，还俗后就娶妻，从事农业生产。十五、六岁以后仍不愿还俗者，可继续深造，然后向上晋升为比丘，以后根据情况依次晋升。各级僧侣均可随时还俗，但是等级越高的僧人还俗难度越大。

值得注意的是，在寺院教育内容的设置上，中国南传上座部佛教知识体系是开放的、兼容的，而不是排他的。它除了主要强调佛教知识和理论的教育外，还注意天文历法、医学、塔寺建筑等科学技术的教育普及，以此来推动社会生产力。在傣族贝叶经书里保存了大量的这一方面的内容。

村民在寺院接受教育时，除了学习佛教知识和傣族文字之外，前面提及的天文历法、医学、塔寺建筑等科学技术的学习也成为学习课程中主要的一个方面。

此外，中国南传上座部佛教还注意文学艺术等文化教育的普及。中国南传上座部佛教一方面大量吸收傣族民间神话传说故事，丰富自身的故事内容，另一方面又对傣族民间神话故事加以改造，让民间神话故事富有佛教教义、教理和佛学思想，通过傣族化的佛教故事广泛传播于民间来进一步弘扬佛法。这种以佛教故事进行传播的方式，远远胜过在寺院中的讲经布道。而佛教故事的出现也大大地丰富了民间神话故事的内容，其题材和叙述方法也充实了傣族民间文学宝库。[1]

第二节 当代寺院教育

一 佛学院系统的寺院教育模式

当代中国南传佛教正力图克服自身不合时宜的因素，重新挖掘或强调佛教自身的宝贵特质，加强佛教体系自身的建设，逐渐进行自我调整，以尽量与当今时代的需要相结合。

创办云南佛学院和各级佛教分院，努力培养僧才，提高僧人队伍素质。中国上座部佛教教育体系虽已初具雏形，但各地区发展不平衡，各级佛教教育衔接不够，各州之间教育资源缺乏整合，教育水平参差不齐。同时，缺乏佛教高级佛学研究人才，僧众在佛寺中忙于各种法事，缺少精通巴利文、精研三藏的学者。因此，加强僧才培养是佛教界共同关心的主题。因此，云南佛学院西双版纳分院的创办有效地提高着南传佛教僧侣队伍的素质。

云南佛学院西双版纳分院学制三年，与当地一所中专合作办学，语文、数学、英语、物理、化学等基础文化课由中专教师授课，傣语及佛学课由总佛寺法师授课，毕业后同时获云南佛学院版纳分院及该中专毕业证书。毕业学僧无论是继续报考上级佛学院或社会大学，还是还俗就业，均具备相应资格。在西双版纳，除云南佛学院版纳分院于1995年5月正式挂牌成立外（时称西双版纳州上座部佛教学院），1996年勐混佛教学校成

---

[1] 详参郑筱筠《佛教与云南民族文学》第三章，新华出版社2001年版。

立，1998年勐罕佛教学校成立，2004年大勐龙佛教学校成立。近年来，云南佛学院西双版纳分院共招生二百余人。德宏州上座部佛教佛学院于1993年获得批准，2000年成立了筹建领导小组，2004年德宏州发展计划委员会作了立项批复。学僧从云南佛学院西双版纳分院毕业后，可报考云南佛学院。

此外，云南上座部佛教还充分利用省外乃至境外佛教教育资源，选派学僧到国内外参学。经过多年刻苦学习，这些学僧取得了可喜的成绩，已有多名学成归国，成为佛教教育和各项佛教事业的骨干力量。中国南传佛教的这一举措大大提高了僧人的素质，加强了僧侣队伍的建设，为佛教的发展作出了很大的贡献。

二 变化中的当代寺院教育

为了表示对佛的敬意，在信仰南传佛教的云南少数民族地区，人们经常以定期举行赕佛活动的形式来表达自己虔诚的信仰，宗教已经作为一种集体意识沉淀在信仰南传佛教的少数民族族群文化中。

目前在商品经济高度发达的时代，佛教不再像原来一样，完全是通过集体生活来传播佛教知识，通过族群的集体意识来建构信仰意识。现在，南传佛教生存的社会基础和文化基础发生了很大变化，人们参加集体生活的机会在逐渐减少，尤其是随着对外交流的扩大，一些县里直接由政府出面组织年轻人进行劳务输出，到经济发达的地区去工作，很多人，特别是年轻人都没有机会和时间参加集体生活，也没有时间定期参加佛事活动。随着时代的发展、社会的进步，宗教从影响人们社会生活的方方面面变而为只是影响其中一部分，南传佛教观念作为人们集体意识的强度开始降低，决定人们行为的权威也有所下降。

此外，年轻人对宗教的认识趋向于理性，开始对集体意识和信仰意识进行反思。虽然佛教伦理道德的影响并没有减弱，南传佛教的集体意识传承与信仰意识的建构都不再像原来那样具有不容置疑的影响力。随着外出打工者日渐增多，年轻人之间的交流的话题增多，考虑到工作的需要，很多年轻人开始自觉地学习工作技能和知识，因此村寨里的年轻人文化素质得到提高，这使得年轻人对于宗教的认识从直觉禁忌趋向于理性思考。

在2009年8月的调研过程中，很多年轻人告诉笔者，虽然自己积极参加各种佛教节日活动，但这是由村里组织的集体活动，在某种程度上，人们都把它看作是文化娱乐活动，而不是纯粹的宗教活动。当笔者问这些年轻人在将来是否会像自己的长辈那样，一到40、50岁就要到寺院里去"纳福"（即受五戒）时，很多人都认为自己不会成为居士，因为"自己到晚年时可以有很多的活动安排，不可能像长辈们那样要定期到佛寺去纳福"。与此同时，在一旁听笔者提问的一位老波涛（傣族对老年男性的称呼）就感慨"现在的年轻人越来越不像话，简直忘了自己民族的传统。我们傣族的规矩是要求40、50岁的老人都要到佛寺去纳福（受戒），在平时的生活中以佛教戒律来要求自己，这样我们的社会才会和谐，生活才会幸福。看来现在的年轻人以后不一定会遵守这老祖宗定下来的规矩了"。

值得注意的是，在调研中，笔者发现虽然现在出现利用学校放假期间短期出家热的现象，但选择短期出家的人多为在小学读书的孩子，他们是由父母做主利用假期到寺院去完成传统的人生转换仪式。而很多务农的年轻人，尤其是15岁—40岁之间的男子由于种种原因未曾有过在寺院出家的经历，他们现在似乎没有重视出家经历的重要意义，因此也就未去弥补。由于大家不愿出家，目前，整个中国南传佛教界僧才奇缺，有些地区已经出现有寺无僧现象。

三 与时俱进的当代居士寺院教育

注重发扬传统，开办禅修中心，着重加强禅修实践活动。注重禅定修行，并发展完善的禅修理论体系是南传佛教迥异于大乘佛教的特色。

20世纪80年代以来，中国南传佛教开始注重发展自己的独特性，强调发扬传统。以西双版纳—思茅地区为例，其南传上座部佛教派别主要以润派为主，因此，在制度层面上的变化相对单纯一些。过去在傣历二月份的豪干节，全体比丘以勐为单位要集中在中心佛寺的空地上搭建茅棚，精进用功，时间十天十夜。上午、初夜、午夜三次坐禅，早晚集体上殿礼佛诵经，正午集体进布萨堂自恣，然后列队出堂，各人左手持贝叶团扇，右手持禅杖，偏袒右肩，赤脚行走，胸前挂钵，结队到村寨乞食，信众们则集中在村边供僧，完全模仿古代僧伽生活方式，这是西双版纳"润派"上座部佛教所特有的。现在的西双版纳傣族自治州橄榄坝的曼听佛塔寺就一直遵守这一托钵制度和布萨羯磨制度。

近年来，中国南传佛教为了学习佛教教义，践行佛陀戒定慧三学，亲证佛陀教导，从日常行、持、坐、卧中陶冶、熏习，真正体验僧团和乐清净的生活，2009年8月11日在云南省佛教协会南传工作委员会众长老的倡导下，首届西双版纳地区各寺院南传长老比库止观禅修营安居期在橄榄坝的曼听佛塔寺正式开营。本次止观禅修活动得到西双版纳境内各寺院住持长老的积极响应，纷纷欲将本寺的比库送往曼听佛塔寺止观禅修林，进行止观系列禅法的系统性实修。据曼听佛塔寺都罕听长老介绍："上座部佛教止观禅法是佛陀住世时所传授的系统性极强的修行方法，是每个僧宝日常生活所必须的，这样的活动受云南省佛教协会及各寺院长老的委托将长期开展下去，其目的是使佛陀的正法传续国内教区而利益四众。"在禅修活动中，严格按照佛教教义和戒律进行禅修，其修行生活之严格令整个南传佛教信仰地区所赞叹。

此外，为让国内广大喜爱佛教的人亲身感受佛教的修行传统，云南省佛教协会、西双版纳总佛寺会同西双版纳橄榄坝曼听佛塔寺携手常年举办短期剃度出家及止观禅修活动，例如笔者在2009年8月前去调研时，就有来自北京、上海、南京、昆明、成都等地的禅修者在曼听佛寺禅修中心进行禅修。他们对中国南传佛教首开禅修中心的善举赞不绝口。

曼听禅修营在南传佛教长老和一批汉传佛教在家居士的共同努力下，已经逐步规范化和制度化，目前已经正式命名为"中国上座部佛教西双版纳法乐禅修园"，开始成为接纳世界各地感兴趣之人的"心灵家园"。

值得注意的是，在这里，一旦被接纳禅修者之后，禅修者个人的所有行为都受到南传佛教礼仪的规范。对于非传统的南传佛教信徒来说，很多人来进行禅修只是为了体验禅修的过程和经验，但一进入禅修园，就进入了南传佛教神圣空间，所有的行为在这一空间内都要规范化，全程参加禅修者，可申请短期出家为沙马内拉和十戒尼。

禅修园内每栋孤邸回廊上的《友好共住共修》小贴示，会让每位禅修者倍加珍惜到此地的因缘："今世有缘，我俩相遇，共住一栋孤邸梵行生活，色身之身表、语表，眼识所表现的善与恶都将取决于我俩的心所，它将决定我俩禅修的成败。故为了我俩善业的不断增长积累，让我俩共同如理作意：色身在孤邸内的行、坐、卧及物品的触碰若是无声的，将助我俩同生善趣。口语若是至善和美轻微的，将助我俩快乐梵行。心生善意，尊重恭敬，消除误解，相互助缘，共同精进，将助我俩早离恶趣。"而每天的禅修课程安排也让禅修体验者在这里学习到当代南传佛教寺院教育的内容。应该说，中国上座部佛教西双版纳法乐禅修开始园成为中国南传佛教当代寺院教育的新模式，这也可以看做是中国南传佛教与社会互动的与时俱进的一种发展探索吧。

第 十 章

中国南传上座部佛教的寺院经济及供养模式

第一节 传统寺院经济及供养模式

一 中国南传佛教传统的寺院经济

世俗社会对神圣世界的经济支持是宗教发展的强有力的保障。而世俗社会对神圣世界的经济支持逐步形成了寺院经济。从宗教寺院经济的角度而言，同样是倚赖于世俗社会的供养，中国南传佛教的寺院经济明显地逊色于汉传佛教和藏传佛教，由于戒律中明确规定僧人不得蓄金银等原因，它没有形成自己独立运行的寺院经济体系，它几乎完全依赖于世俗社会的供养，并因此而形成了独具特色的中国南传佛教寺院供养模式。

中国汉传佛教和藏传佛教可以接受信徒们供养的金银钱财，甚至地产，可以拥有自己的庙产，同时可以在规定的范围内发展自己的寺院经济，有的寺院经济实力还相当雄厚。藏传佛教寺院经济也同样发达，例如在历史上，藏传佛教不少寺院就有经商的传统。典型的如甘孜大金寺在1949 年以前以经营英国、印度货物为主，其商业网点遍布康定、玉树、昌都、拉萨、重庆、上海等地乃至国外。[①] 由于经商，积累了资金，寺院经济也逐渐发展起来。

南传上座部佛教一直保持着原始佛教的纯洁性，严格恪守着僧侣不蓄金银的戒律。任何僧侣无论其僧阶高低，都不蓄金银。各个寺院无论其级别高下都对此在寺规中作出了严格的规定，例如在《西双版纳巴维尼西哈》（寺规 15 条）中就明确规定：

[①] 杨健吾：《藏传佛教寺院经济的变化——四川甘孜、德格两县寺院经济活动的调查》，见"中国藏学网" www.tibetology.ac.cn/article2

1. 出家僧侣不得挪用寺内佛衣、佛具；

2. 僧侣、召勐、头人都必须尊重和严格遵守教规教义，不能用新教规取代原来的教规。违者有罪。

3. 不能动用佛寺内的砖瓦、木料去盖房子、修仓库；出家修行的佛爷和尚不能谈论国事、勐事、寨事，不许制作金银首饰，不许玩弄妇女，不许做买卖经商。[①]

这里我们可以看出，中国南传上座部佛教明确规定不允许进行经商活动，没有雄厚的寺院经济实力，它几乎完全依赖于世俗社会的供养。因此，世俗社会的经济支持对中国南传上座部佛教来说是非常重要的，[②] 由此发展起中国南传佛教独特的寺院供养模式。

二 中国南传佛教传统寺院供养模式

傣族社会对中国南传上座部佛教的经济支持同样是依靠社会组织制度来运行的。即通过社会组织制度各级行政机构层层往下布置安排，承担宗教负担。

从社会组织制度而言，西双版纳的各级权力机构是多层次的，各级成员之间的职责和义务也是非常清晰的，也是非常紧密的。这一紧密性特征就使各级社会行政组织严格遵守古制，认真履行自己在世俗社会组织制度中应该承担的义务和职责，并按照世俗社会组织制度规定的严格等级制度进行世俗生活和神圣生活。这一特征体现在宗教生活中，最明显地莫过于由各"勐"下属的各个村社共同承担以"勐"为单位组织的宗教活动的经济开支。摊派宗教负担时，下一级行政组织机构要负责落实上一级行政组织进行宗教活动的所有开支，即召片领一级的最高统治者所有宗教活动的开支基本上要由下一级行政组织——勐来承担，而勐这一级行政单位则直接把这样的负担继续往下摊派，这样层层摊派下来后，最终的宗教负担则基本上是由傣族社会组织制度中最基层的行政组织单位——村社来共同

[①] 参考杨胜能《西双版纳封建地方性法规浅析》附录，《首届全国贝叶文化学术研讨会论文集》（下册），2001年4月，西双版纳，第523页。

[②] 虽然后来有的寺院开始拥有了寺田，甚至还有寺奴，但这样的寺院毕竟是少数。

承担了。

一般说来，社会行政机构的基层组织——村社要承担的宗教负担主要有几种类型：一是村社以上的各级行政组织的宗教开支；二是各个寺院平时的供养；三是村社自己开展宗教活动时的经济负担。

就村社以上的各级行政组织的宗教开支类型而言，各个村社在行政区划范围内共同承担已成共识。事实上，早在佛教传入之前，当召片领或各"勐"级行政机构组织各种宗教活动时，其经济开支具体落实到由各村社共同承担已经成为一个不成文的规矩。所有村社都自觉地遵守这一规则。例如，在历史上，祭祀勐神（地方神）是全勐各村社共同的事。勐龙景龙三年一祭勐神，祭祀所需劳务和实物都由有关村社分担，其劳务分工如下：龙勤挑祭品到祭祀地点；曼秀负责挑饭；曼达负责端盆；曼两伞负责抬篾桌；祭祀时，曼破、曼养派人去值勤；曼达、弄罕派一人去看守祭祀用的牛；曼宰派二人去看守拴牛、拴白马的桩子；曼达负责搭祭勐神的祭台……而祭品的分担是这样的：曼桑负责出土锅、扇子；曼破、曼养负责出汤锅、菜碗、竹筒、竹碗、竹饭盆、拌糯米饭用的木盆等；曼景脸、曼景罕负责饭碗和洗牛用具；曼宰提供酒、米……此外，祭祀的其他费用也由各村社平均承担。[①] 正是因为在历史上已经形成了这样的古规，因此，佛教传入之后，佛教沿袭了世俗社会组织制度特有的经济负担运行体制，所有佛事活动的开支仍然按照原先宗教惯例，上级行政机构组织的活动几乎都由各村社平均分担。

平时寺院的供养类型是指村社要按照世俗社会组织行政机构的安排，承担寺院的供养，即各个佛寺僧侣每天的饮食也由村社成员轮流供应。在历史上西双版纳地区南传上座部佛教曾实行过托钵制，即每天清晨由小沙弥托钵外出，到村寨里挨家挨户化缘，后来逐渐也改为由村寨、由村寨各成员轮流供养。例如西双版纳景洪曼占宰寨在1957年时，本寨佛寺有佛爷、和尚9人，他们当中14岁者有2人，16岁到17岁的有7人，此外还有很多"预备和尚"。全寨要向佛寺里的佛爷、和尚9人以及"预备和尚"多人提供生活食用，每年至少要谷子180挑。大小赕佛活动每次以五千元人民币（旧币）来计算每家每年要用8挑谷子，全寨共需要352

[①] 《傣族社会调查资料》之五，云南人民出版社1985年版，第26页。

挑谷子。一年下来全部佛教方面的开支需要532挑谷子。① 这些全部分摊到村社各户。

各个村社平时也按照行政区划进行宗教活动，主要是围绕着寺院、佛塔开展各种佛事活动，自己本村分配宗教负担。例如修建佛寺、佛塔，塑造佛像，村寨集体送小孩入寺当和尚，和尚升佛爷、祜巴等重大宗教活动，一般家庭是不可以组织或承担的，也不是个别家庭的事情，而是全村社的共同事务，是村社的集体事业。其所有的宗教开支全部由村社成员共同负担，因此，无论是上级行政组织机构组织的宗教活动开支还是各村社范围内自己的宗教活动开支，都是由村社全体成员共同负担。例如赕佛活动是傣族人民表达其宗教情感的主要方式。但赕佛活动的组织却在极大程度上依靠村寨势力的执行。赕佛活动的所有宗教开支全部都要经过村社组织机构研究后分摊到具体村社成员头上。

值得注意的是，后来随着佛教的日益发展和僧侣的增多，在村社分担宗教开支制存在的同时，也有一些封建领主直接采取经济措施支持寺院的情况。首先是用领主的权力硬性规定每年每户应向佛寺交纳一定数量的谷物。如西双版纳的勐阿土司就规定，凡种田的农民每年每户缴纳"波占谷"一挑，不种田者缴谷半挑。其次，领主还将霸占的土地中的少部分赠给某些佛寺，这类土地称为佛寺田，由寺院出租给农民耕种，收取一定数量的地租。如西双版纳勐遮的曼根寨有佛寺田20亩，占该寨土地总面积的2.7%；勐满有佛寺田10亩，由城子寺奴耕种。耿马城内的甘东寺有寺田20多亩；临沧市孟定城子佛寺有寺田30亩，悉租给农民耕种，每年收取地租。② 此外，领主还将其占有的专为领主家庭服各种劳役的家奴寨赐给寺院，替寺院服务。如勐仑有曼梭黑、曼锐两个寺奴寨（卡袜）共32户，耕种部分塔田（纳塔），这两寨农奴专门负责守护和维修白塔。召片领出巡到勐很，进城内拜佛时许愿把曼支龙寨赠给勐很佛寺当寺奴。此后，曼支龙寨就每年每户轮流去佛寺服役5天，任务是割马草、烧开水、煮饭、代耕佛寺田等。又如耿马土司把弄抗、那棉、芒雨、芒费等寨划分为寺奴寨，免去其向土司署应缴纳的赋税，专门替佛寺服以下几项劳役：在佛寺节日期间清扫寺院环境；在朝拜佛塔前，为僧侣和司署官员搭

---

① 《傣族社会历史调查》（西双版纳之九），云南人民出版社1985年版，第223页。
② 颜思久：《云南宗教概况》，云南大学出版社2000年版，第39页。

好凉棚；大长老出行时当侍从。① 佛寺直接拥有一些经济资源，诚然可以在一定程度上减轻村社供养制的经济负担，但由于这样的情况还不多，因此，在大部分中国南传上座部佛教文化圈内村社供养制还是最主要的一种形式。

总之，由世俗社会来承担神圣世界的经济开支，而不是由神圣世界内部自行管理是傣族社会南传上座部佛教寺院经济的特色，也是中国南传上座部佛教供养体制和寺院经济不同于汉传佛教和藏传佛教之处。这是世俗社会组织制度从世俗社会的角度对神圣世界进行着经济支持的表现，也是中国南传上座部佛教得以发展的最根本的世俗社会保障。

当然，我们也应看到正是由于中国南传上座部佛教寺院经济的这一特点使得中国南传上座部佛教在发展过程中没有形成强大的寺院经济支柱，不能直接掌握经济大权，或者说缺乏经济的强有力支撑。其所有的经济来源和经济开销必须要依赖世俗社会。这就使之与世俗社会组织制度产生了最为直接的密切联系——寺院的发展及僧侣的供养必须依靠信教群众和世俗社会的供养。而世俗社会经济发达程度在某种程度上就直接制约着宗教的发展。这是世俗社会组织制度对佛教发展的消极作用。

第二节　当代中国佛教寺院经济及供养模式

当代中国佛教寺院经济模式发生了较大的变化。世俗社会对神圣世界的经济支持是宗教发展的强有力的保障。而世俗社会对神圣世界的经济支持逐步形成了寺院经济。从宗教寺院经济的角度而言，同样是依赖于世俗社会的供养，中国南传佛教的寺院经济明显地逊色于汉传佛教和藏传佛教，它没有形成自己独立运行的寺院经济体系，它几乎完全依赖于世俗社会的供养，并因此而形成了独具特色的中国南传佛教寺院供养体制——村社供养为主。但随着中国社会的改革和发展，少数民族地区经济得到了飞速发展，交通发达，对外交往的机会增加。

自改革开放以来，中国南传佛教寺院经济已从村社供养制为主的单一经济模式逐渐转变为多元化的供养模式，传统村社承担的寺院活动开支仅

---

① 杨学政主编：《云南宗教史》，云南人民出版社1999年版，第40页。

占寺院收入的一小部分，而来自社会各界的捐赠善款则成为寺院经济的主要支柱。

在中国南传佛教地区，自20世纪80年代以来，来自东南亚国家的善款捐赠首先打破了过去单一的村社供养制的寺院经济传统模式，促进多元化供养模式的寺院经济发展。

由于中国南传佛教信仰区域与东南亚国家同属东南亚南传佛教文化圈，生活于其中的各国人们有着天然的地域、民族血缘及历史文化联系，民间往来不断。改革开放以来，东南亚一些国家政府部门及民间社会团体经常到西双版纳傣族自治州、德宏傣族景颇族自治州以及临沧市、普洱市等地访问，同时也会有一些捐赠。近几年，仅西双版纳傣族自治州就接待了包括泰国高僧、泰王姐施琳通公主、泰国外交部、泰国基督教会副主席孙文德先生，缅甸全国佛协常务理事祜巴相腊，德国基督教代表团，韩国佛教界代表团共21次，近800人。如1996年，以泰国驻昆明总领事朴·因图翁先生为团长的泰王国上议院代表团访问西双版纳傣族自治州景洪市勐罕镇曼春满佛寺，并捐赠修缮款198888元人民币；1996年11月，受泰王国国王普蓬·阿杜德陛下的委托，泰国外交部新闻司司长苏拉蓬·加亚纳玛率领泰国护送御制袈裟代表团，到西双版纳傣族自治州，向总佛寺洼坝洁捐赠512200泰铢、11240元人民币和160美元。[①] 2004年11月20日，以泰国外交部部长顾问帕拉查·库纳嘎信为团长的泰王国布施团，向西双版纳总佛寺布施捐赠了泰王国国王御制袈裟，并在总佛寺举行了布施捐赠仪式。除了御制袈裟，泰国外交部部长顾问帕拉查·库纳嘎信还向总佛寺布施捐赠了10000泰铢，泰王国驻昆明总领事馆领事克西·查派文布施捐赠了40000元人民币，转交了驻云南泰国团体捐赠款13299元人民币、1200泰铢。泰王国布施团还向总佛寺三位僧侣布施了三套佛教礼品。[②] 类似这样的活动还有很多，尤其是近年来随着改革开放的扩大，大量来自国外的捐赠款有效地改善了中国南传佛教寺院经济发展不足的状况。

除了国外的大笔布施善款外，政府对寺院维修的拨款、仪式活动中各

[①] 西双版纳傣族自治州民宗局编：《西双版纳傣族自治州民族宗教志》，云南民族出版社2006年版，第41、42页。

[②] 岩温香：《西双版纳报》2004年11月20日。

级政府部门的祝贺款项和来自全国各地的群众功德捐赠也是寺院经济收入的主要来源。一般说来，在举办佛事活动前，负责寺院对外联络的波章、佛爷等人都会拿一对蜡条和米花作为请柬到各个政府部门或企业乃至私人家中去送，邀请他们参加佛事活动。如果出席活动的话，很多单位或个人都会有所表示，捐赠一定款项。值得注意的是，近年来参加南传佛教佛事活动的信众并不仅仅是传统意义上信仰南传佛教的傣族、布朗族、阿昌族、德昂族以及部分佤族、彝族等群众，随着交流的扩大，中国南传佛教佛事活动也吸引着国内外大量的群众前往参加，甚至很多内地企业家也纷纷参加，并慷慨捐赠。这些捐赠有效地支持着南传佛教寺院经济的发展。因此，与过去传统的村社供养制相比，现在很多南传佛教寺院经济模式已经多元化。

第十一章

中国南传佛教的社会记忆
——以泼水节为例

节日是一个民族重要的文化事象，是传播民族文化的重要载体，因而具有很强的文化传承性，这使其具有稳定的结构体系；同时它在巩固自身结构体系的过程中还在不断地发展变化，因而具有某种变异性特征。以泼水节为例，泼水节是东南亚国家与中国云南信仰南传佛教的民族共同拥有的节日。它一经形成就在巩固自身结构的同时，一直处于发展变化之中，其变异性特征使其在历史发展长河的不同时段表现出不同。从发生学的角度来看，泼水节作为节日，事实上经历了从农耕节日、佛教节庆再到民族文化节日的变迁历程。在其发展变化过程中，形成了明显的区域性和民族性特征。但在深受现代化和旅游业影响的当代社会，泼水节作为宗教节日的世俗化步伐逐渐加快，在很多方面都发生了深刻的变化，这主要表现在泼水节传说异体故事类型中历史记忆的彰显与切换、泼水节活动仪式叙述的历史记忆与切换、泼水节活动管理模式的历史记忆与转变、泼水节活动地点的历史记忆与转变、泼水节活动目的的历史记忆与转变等方面。因此对中国云南境内泼水节的变迁现象进行研究，可以进一步了解泼水节在中国云南的发生、发展和流变过程，从而把握泼水节的变化规律及其特征。

第一节 泼水节传说异体故事类型中历史记忆的彰显与切换

在中国南传上座部佛教传播区域内，流传着很多有关泼水节传说的异体故事，如果仔细对这些不同版本的传说故事进行梳理的话，我们不难发现，这些异体故事都是围绕着同一个母题派生出来、逐渐演变、发展而成的。每个有关泼水节的传说故事都是该地区或该民族对泼水节形成历史或相关活动的历史阐释。在人类学家的眼里，神话、传说故事就是对社会历史的族群记忆或集体记忆。同样，每一个泼水节传说故事所叙述的都是该区域或该民族在某一时间段内的社会历史或族群历史的集体记忆方式。因此，对每一种类的泼水节传说故事的历史叙述模式进行研究，比较不同类型之历史叙述模式之差异，就可以从一个侧面反映出泼水节本身的历史发展过程。

一 泼水节传说异体故事类型中历史记忆的彰显

一般说来，泼水节传说历史记忆的叙述方式在中国南传上座部信仰各个区域和不同民族中都有所不同，目前可以收集到的泼水节传说资料的主要来源有三处：成文的书籍中保存的文字记载（包括以汉字和傣文保存的两种），收集自民间的口传资料，来自各地旅游团体的旅游宣传资料上的简介。

根据已经收集到的泼水节传说各种异体故事，我们可以发现它们在流传过程中，也带有明显的区域性特征。这主要体现在泼水节传说故事主题的不同分布特征上。一般说来，我们基本可以把泼水节传说分为以下几类。

（一）节令主题为主的历史记忆

这则故事的主题显然是属于泼水节传说故事较早时期的作品，它主要以节令、历法为故事母题，反映的是傣族农耕民族的历史文化积淀，具有原初性特征。江应樑先生所著《傣族史》中论及泼水节的传说故事是这样叙述的：

从西双版纳、景谷等地所收集到的神话史诗《创世记》来看，其内容大都与南方各族的神话史诗相似，都以创世神为其主干，并熔古代歌谣、传说、记事为一炉。西双版纳的神话史诗……其中有一段关于天神"叭奔"为人间安排节令的故事：当"英叭"平息了大火和洪水以后，便派天神"叭奔"到大地安排季节和节令。可是，"冬天过了夏天到，夏天过了雨水天，雨天过后是秋天。"由于"叭奔"没有安排好节令，"英叭"很生气，便斥责"叭奔"，"叭奔"老不高兴，就与"英叭"争吵，"英叭"越加恼怒，就要"叭奔"的七个姑娘去斩断其父的头，并说如果谁做了，就娶她做妻子。从大姑娘到六姑娘都去了，却不敢杀父亲，只有七姑娘想做"英叭"的妻子，便带上用父亲的头发做成的弩，用弩勒断了"叭奔"的头。可是，"叭奔"的头一落地，就燃起了熊熊烈火，七姑娘只得把父亲的头抱起来。"英叭"知道此事后，只好叫七个姑娘想法将"叭奔"的头接起来，七个姑娘怎么也接不上，最后决定用象头来接，才接上了。从此，就得取清水来洗"叭奔"的头，于是便有了泼水节。①

江应樑先生明确指出是这则故事是关于泼水节的最古老的解释。② 在这则故事中，天神因节令问题而被砍头显然是故事的主题，它并未涉及任何善恶之辩或是女儿弑父的伦理之辩，而是具有明显农耕文明色彩和部落联盟社会的历史痕迹。由于"叭奔"没有安排好节令，引起"英叭"与"叭奔"之争，并最终导致"叭奔"被杀。这样的叙述模式非常符合少数民族部落联盟社会的特征，在这里"英叭"还没有绝对的权威，在他的统治世界里还没有形成相对集中的权力，还无法直接消灭"叭奔"，而是要通过其身边的人去探知其秘密并杀死他。从这一细节，我们看到了"英叭"统治力量的缺陷，但这却正是少数民族部落联盟社会的特征——已经选出统治权威，但其权力却相对有限，尚未形成强有力的统治集团和统治机构。

傣族此类故事在文字记载中尤以创世史诗《巴塔麻嘎捧尚罗》为代表。《巴塔麻嘎捧尚罗》③ 是西双版纳地区流行的傣族创世史诗，以贝叶经形式保存了下来，在傣族地区广为流传。其中有两个章节的内容涉及泼水节的节日来源问题。此外，在德宏地区和临沧地区也有大量与此记载相似的泼水节传说。总的说来，这一类主题的传说数量最多，并且大多文笔朴实流畅，没有过多的修饰。这类传说有以下的基本线索：

  由于某位大神的原因，导致人间季节混乱，冷热不调、民不聊生；
  为解决这一问题，该大神被杀死。
  杀死该大神的人是他的亲生女儿。

---

① 江应樑：《傣族史》，四川民族出版社1984年版，第555页。
② 同上书，第555页。
③ 见附录一。

杀死该大神的方法是用头发割断脖颈。

该大神死后，头落地即燃，给人间带来种种灾害。

女儿轮流抱住父头则火不再燃烧。

为此女儿泼水洗涤。

另外，在各个区域围绕上述基本线索，又派生出一些情节，如民间青年上天请命，死于天庭门口。[①] 或者是天神化为青年，以"串姑娘"形式骗取七女的支持等情节，但是其基本线索是不变的。（参见图35—38）

总的说来，与西双版纳地区流行的傣族创世史诗《巴塔麻嘎捧尚罗》有相同情节线索的传说中，没有明显的褒贬倾向，被杀的大神虽然给民间带来灾难却依然为民间所供奉，他所受到的处罚是因为其制定节令错误的后果，而不涉及民间群众的反抗。同时故事情节中对于杀死他的女儿的惩罚也并不严厉。

就产生年代来说，它们比较古老，忠实地反映了傣族稻作文明深厚的文化底蕴和特征。同时在长期的流传和在创造过程中，它已经形成了相当的系统性、逻辑性、连贯性，情节逐渐完整。这一类故事在西双版纳—思茅地区、临沧地区的傣族中广为流传，同时也流传于德宏地区的傣族、德昂族[②]地区。

（二）赌头—安象头故事主题类型的历史记忆

其中较完整的是记载于江应樑先生所著《傣族史》中的一则传说。这则传说中涉及佛祖制定了历法，但此历法的正确性被太白金星所怀疑，太白金星以人头为赌注，重新制定历法，但是失败。因为他的头落地后会引起大火，玉皇大帝就派遣七个女儿轮流抱此头。为避免轮换时鲜血洒到人间造成灾难，所以需要泼水洗涤。这一传说明显地反映出佛教与道教之争，而争论的结果是佛教战胜了道教，因此以太白金星这一道教最典型的代表人物就必须实现自己的诺言——赌头输了就砍头。[③]

值得注意的是，这则故事让我们明显地联系起流传于印度的象头神传

---

① 见《西双版纳傣族民间故事集成》，云南人民出版社1993年版，第39页。

② 见《泼水节与节令的由来》，载《山茶》1986年第3期，第41—43页（附录二）。这一传说也流行于缅甸德昂族中。

③ 江应樑：《傣族史》，四川民族出版社1984年版，第540页。

说，两者之间的关系自不待说。① 事实上，在上引第一类故事中，也涉及象头神的传说。这类传说数量不多，过去在西双版纳也有流传，但是现在此类故事却极少出现于与西双版纳和思茅地区，而是主要流传于德宏地区。尤其是在官方网站上对泼水节的宣传资料中更少见。但是这一故事类型现在还流行于德宏地区的傣族地区部分民间的现象却让我们感受到了在历史过程中德宏地区宗教发展的复杂背景——佛教在传播过程中与其他宗教相互斗争与融合的过程。

（三）斗魔故事类型的历史记忆

这一类型的故事广泛流行于西双版纳地区，在临沧地区有少量传播，在德宏地区流传不广。在这类故事中又可以细分为魔王与七女的故事和魔王与七个妻子的故事两类。其中魔王与七女的故事稍早，而魔王与七个妻子的故事稍晚产生。

这类传说散见于各种报纸杂志或者各种宣传资料上。它们多以散文形式出现，文笔比较细腻，往往用很多文字来刻画人物形象。其中尤其以《西双版纳傣族民间故事集成》中《过节泼水的传说》②等为代表。

相传，古代的农事由一个叫捧麻点达拉乍的天神来掌握。他凭着自己法术高明、神通广大而乱显神威，为所欲为，想降雨就降雨，想降温就降温，弄得人间冷热失调、雨旱混淆。天神英达提拉决定对给人间降灾降祸的捧麻点达拉乍傣进行制裁。但由于捧麻点达拉乍法术高明，众神仙都不敢动他。于是英达提拉就变成一个英俊的小伙子，去"串"捧麻点达拉乍的七个女儿，他把她们父亲如何作恶的事说了出来。七位善良、美丽的姑娘本来对父亲的所作所为就很不满，今天听了"小伙子"的话更是义愤填膺，决心大义灭亲，为人间消灾除难。姑娘们私下商议，要除掉十恶不赦的父亲，必须把父亲生死秘诀探出来。捧麻点达拉乍在谈笑中不知不觉泄露了自己的生死秘诀：火烧、水淹、刀砍、箭射，他一概不怕，怕的是用自己的头发做成的"弓赛宰"（意为"心弦弓"）。一天，姑娘们把父亲灌得酩酊大醉，她们趁他酣睡时，悄悄地拔下他的一根头发，做成"弓赛宰"。当她们把"弓赛宰"对准捧麻点达拉乍时，他的脖子就断了，头颅一落地，就冒起火来，那火到处蔓延。为了扑灭邪火，七个姑娘把捧

---

① 笔者另有专文叙述两者间关系，在此不再赘述。
② 《西双版纳傣族民间故事集成》，云南人民出版社1993年版，第43页。

麻点达拉乍的头轮流抱在怀里，直到腐烂。轮换时，姑娘们都要打来清水，泼在自己的身上，冲去满身的污迹遗臭。为了纪念七位大义灭亲、为民除害的姑娘，傣家人欢度新年时，都要举行泼水活动，以消灾除难，祝福在新的一年里风调雨顺，五谷丰登，人畜兴旺。[①]

这些传说基本上是对第一类传说情节的扩展和变化，其中最大的变化体现在：

1. 被杀者不是神，而是一个无恶不作的魔王；
2. 被杀原因：人民怨声载道，为民除害；
3. 杀魔王者：其女或其抢来的妻子；
4. 获得魔王生死秘密的手段：用酒灌醉魔王，获得秘密的情节；
5. 杀死魔王的方法：头发；
6. 结果：人们为了纪念英雄，在每年都要举行泼水节。

在此可以看到，主要人物的角色以及故事情节发生了很大变化，因而明显的褒贬倾向出现了。其历史叙述模式显然是置于正义永远将战胜邪恶这样的历史文化背景之中，属于宣扬英雄的社会背景。它宣扬的主题是以除恶扬善、正义永远将战胜邪恶为主，在这里，捧麻点达拉乍是给人间降灾降祸的恶神，而他的女儿们则是为人间除害的英雄。因此，人们为了纪念这七位大义灭亲、为民除害的英雄，在每年都要举行泼水节。后来在此基础上又产生了魔王与七个妻子的传说故事。相比而言，后者更具有反抗性和正义感，染有阶级社会的色彩。因此，这类传说产生时间应该不会太早。虽然这一类型的传说故事仍然以一种比较原始的形态出现，并且由于其强大的文化感染力，使它又渗透进傣族的生活中，从而与第一类传说形成共存的局面，但是就其情节和描述方法来看，它与第一类故事类型之间的关系是十分密切的，应该说它是在第一类故事母题基础上的进一步发展和演变。

二 泼水节传说异体故事类型中历史记忆的切换

综上可知，早在原始农耕时代，有关泼水节的传说就已经萌芽了，但是整个泼水节的形成却是与佛教的传播有着密切的关系。同时，在这一传说的传承过程中，由于各种文化因素的影响，该传说不断产生变异，逐渐

---

① 景洪市民族宗教局供稿，《今日民族》2002年第5期。

发展和交叉演变出多种异文。就所有泼水节传说故事的叙述模式而言，整个泼水节故事传说类型应该经历了从节令历法主题故事到赌头主题故事，最后演变为斗魔主题故事。在其不断演变的历史过程中，各种类型的故事是同时存在的。

但是这一情况在当代却发生了一些变化，其泼水节传说异体故事类型中历史记忆出现了切换，随着时代的发展和需要，各个区域有关泼水节的传说故事主流开始发生变化，其中斗魔故事类型成为最具权威性的版本，而有些版本却开始出现了流失现象，尤其是关于赌头的版本，特别是太白金星与佛祖赌头的故事几乎不见于现今各种宣传刊物。其中演变最丰富的地区尤其以西双版纳—思茅地区为代表，在这里，斗魔故事类型已经成为主导，只有德宏地区还保存着泼水节有关节令这一基本源头的传说故事类型。

例如西双版纳地区传说故事故事类型在经历了由节令、历法主题故事到斗魔主题叙述模式的演变后，现在广为人知的就是斗魔主题，它甚至因为政府的提倡和宣传而成为具有主导和决定地位的"权威版本"。由西双版纳州景洪市民族宗教局供稿的《傣族新年及泼水节传说》一文（见上面斗魔故事的引文）就是属于斗魔类型故事，具有鲜明的阶级社会特点，具有明显的反抗与被反抗、压迫与被压迫特点。其历史叙述模式显然是置于正义永远将战胜邪恶这样的历史文化背景之中，属于宣扬英雄的社会背景。而这却正是符合当代地方政府宣传导向的。同时由西双版纳州景洪市民族宗教局这样的宗教权威机关来做宣传的话，无疑是将此类型故事定位为文字故事中的"权威版本"。

临沧地区也趋向于此斗魔类型故事，笔者在2007年去临沧市耿马县总佛寺调研时，看到这一主题故事已经作为壁画写在大殿外面的墙上，而在2006年笔者调研时还未看到这一壁画。以壁画的形式来叙述佛经故事是南传上座部佛教艺术的一个特色，也是群众喜欢的一种形式。将泼水节的故事以壁画的形式在临沧市影响最大的南传上座部佛寺里进行叙述，无疑也是对这类故事的权威性认可。

值得注意的是，民间口传文学故事在大量流失，本来家喻户晓的泼水节故事在当代以极快的速度在流失，其叙述模式中所蕴涵的历史记忆也在迅速流失。这是很多民间口传文学面临的困境，而蕴涵在民间口传故事中的集体意象和历史记忆也在逐渐地消失。例如，笔者在2004年，我们到西双版纳进行泼水节习俗变迁调研时，当我们问及泼水节的来源时，傣族著名学者岩温扁老师再次向我们提到了创世史诗《巴塔麻嘎捧尚罗》中的故事内容，但很遗憾的是，在2004年的调研过程中，在随机抽查的采访对象中，有90%以上的人说不出泼水节的传说，而剩下的人大部分都只知道《魔王与七女》的故事，对与季节相关的故事情节似乎都不熟悉了。这一现象在各个区域都是普遍存在的。

第二节 泼水节活动仪式叙述的历史记忆与切换

一 叙述模式：仪式中的历史记忆

采花、堆沙、行像、浴佛、泼水是泼水节活动最主要的内容，也是必须要举行的仪式。在古籍中早有这样的记载，据《古今图书集成》记载：傣族人民"以春季为岁首，男妇老幼具着新衣，摘取各种山花，并以糯米染成五色斋供，齐奔缅寺击鼓鸣钵，贡献佛前，听缅僧诵经，名曰'赕佛'，施以各种山花插于沙堆之上，又名'堆沙'，男女以竹桶取水，相互泼水"。在这里傣族人民要采花、到寺院赕佛、堆沙、泼水，但是人们将这一庆祝活动称之为"赕佛"或"堆沙"。可见，在当时人们庆祝新年时到寺院里举行一定的仪式是很重要的。而泼水是堆沙仪式之后的一个活动。在人们的意识中，堆沙活动是非常重要的，在新年到寺院是非常重要的。（参见图39—42）

在现当代，也有很多学者对泼水节进行过描述。早在1938年姚荷生先生去西双版纳（车里）调研时，写到了西双版纳人民过傣历新年泼水节的情况：

（傣族新年）元旦的上午，庙里的和尚用沙堆塔，所以人民称新年为"光撒"，意为堆沙节。前一天人民挑很多沙堆积在缅寺的院中。元旦的早晨，和尚们就把沙在地上堆成三五座宝塔，上面插几根缠着红绿布条的竹篾。塔高约三四尺，工拙的程度要看和尚的手艺如何。据说车里的水摆夷堆沙时，态度不如景谷的旱摆夷认真，技术也不及他们的精巧。旱摆夷普通用沙堆成五个玲珑的宝塔，再在塔的周围堆一道城墙，四方各开一个城门。

佛殿里和尚们趺坐着高声诵经，阖村的男女蹲在下面静静地听着。据说和尚所诵的并不是佛经，而是历史上的传说。当和尚们快要唱完的时候，听众便抓把铜元，纷纷地向他们抛去。①

值得注意的是，姚荷生先生在《水摆夷风土记》中，对傣族新年的记载并不是直接以"泼水节"三个字为名，而是以"堆沙节"为名。姚荷生先生在这篇题为《堆沙节》的文章一开头就直接引用了杨成志《川滇蛮子歌》：

> 唱着新年歌，当着新年到，大家赶唱罢，火节也一样，节到唱节歌，新婚也一样，喜到唱喜歌。兹值新年临，当唱新年歌。火节若来了，才唱火节歌，新婚若来了，才唱新婚歌。像彼战争时，战旗当揭起。像彼水涨时，湍流急滚去。像彼赶场时，正值棉花翳。②

其中"兹值新年临，当唱新年歌"，显然就说明当时在西双版纳傣族人民就是把我们现在称之为"泼水节"的节日作为自己的新年来过的，同时，由于当时佛教在傣族人民生产生活中的巨大影响，在过新年时要在寺院里进行堆沙仪式，所以傣族的新年又可以被称为"堆沙节"。更重要的是，在人们的眼里，傣族新年可以被称为"堆沙节"，但是在当时还不会用"泼水节"来作为傣族新年的代名词。

此外德宏地区的调研资料显示，21世纪初期以前德宏地区的傣族、阿昌族等信仰南传上座部佛教的少数民族在过现今我们称之为"泼水节"的节日时都称之为"堆沙节"或"采花节"。

1958年10月中国少数民族调查组在耿马调查时，是这样描述当地傣族过泼水节的情况：

> 泼水节（即堆沙节），在傣历六月十五、十七日，有时则在七月，由佛爷看历来决定。堆沙节时，至佛寺滴水。做饭菜一桌至数桌不一，视各家家庭经济情况而定。每桌八个菜，一盒饭，另外有米花团一对，象耳朵粑粑一对，茶、烟、蜡条等物与饭菜共置桌上，抬入

---

① 姚荷生：《水摆夷风土记》，云南人民出版社2003年版，第169页。
② 同上书，第168页。

佛寺献给自己的祖先，于佛前滴水。要到土司衙门内跳舞，青年男女用碗或小箩到河中抬沙来，排成队，其他群众跟在后面，然后到佛寺堆沙。以后就各自散回村寨互相泼水，同时举行宴会，青年男女则在此活动中谈恋爱、唱调子。①

在这则记载中，中国少数民族调查组在文字整理的过程中，在"泼水节"旁加了"即堆沙节"这样的注释，这充分说明在当时人们对傣族新历年的了解就是堆沙、泼水这样的印象，其中尤以堆沙为主。王海涛先生在出版于2001年的书中记载，版纳傣族的泼水节大抵是这样度过的：

清晨，人民到河边挖取洁净的河沙，堆成沙塔，插上鲜花、纸旗。青年们排着队向佛寺奉献鲜花。此时有长老和尚现场诵镜，大众合掌俯首而听。然后即开始隆重的浴佛仪式。小卜哨（姑娘）们挑来撒满花瓣的清泉水，在僧侣们主持下在寺内寺内为佛像撒香水洗尘，然后人们用菩提树叶蘸上清泉水互相撒在身上，这是最美好、最崇高的祝福。人们由寺内至寺外，由乡村至城镇，万众欢庆，互相泼洒。下午，青年们聚集在巨大的榕树下"丢包"，在佛主的保佑下祈求美好的姻缘。与此同时，村民们还举行盛大的"赛龙舟"、"赶摆"、"跳象脚鼓舞"、"孔雀舞"、"扎花车"、"放升高"（焰火、孔明灯）等喜庆活动，往往自晨至夜通宵达旦。过去，泼水节要过七天，五十年代以后，改为三天。德宏、临沧、红河诸地的泼水节与版纳的大致差不多。②

在这里，傣族新历年和"堆沙节"两个词，特别是后者已经很少出现，在人们的观念中，泼水节已经由堆沙活动为主导的活动转而为具有狂欢喜庆的泼水活动为主导了。现在几乎所有节的宣传资料都是以"泼水节"这一名字来命名，更有甚者，西双版纳地区在2004年就直接将泼水节这样的节日纳入到州发展战略的计划中，直接准备将"泼水节"打造成云南旅游节的一个亮点，在各种宣传资料中都打出了"国际泼水节"

---

① 《临沧地区傣族社会历史调查》，云南人民出版社1986年版，第53页。
② 王海涛：《云南佛教史》，云南美术出版社2001年版，第469页。

的字样。

如果仔细研究这些文字记载中泼水节的情况，不难看出，显然这就涉及一个对"泼水节"名称的定位问题和泼水节的历史发展问题。从上述所引资料来看，我们首先要认定的是，泼水节是具有鲜明农耕文化特色的节日，它是傣族新年。在其传播的过程，佛教发挥了重要的作用，历史上信仰中国南传上座部佛教的群众到佛寺中堆沙、浴佛、泼水是傣历新年（即泼水节）最重要的活动内容，而在这些活动中，佛教扮演着重要的角色，在泼水节期间到佛寺堆沙和浴佛是最神圣的宗教仪式，人们希望通过这样的仪式使自己得到佛祖保佑，在新的一年里风调雨顺，五谷丰登，人丁兴旺。因此，傣族新历年逐渐发展为具有鲜明佛教色彩的佛教节庆活动，有的地方称之为"堆沙节"。① 但随着时代的发展，活动的内容逐渐有所倾斜，尤其是向泼水活动倾斜。尤其是在1961年4月13日周恩来总理在西双版纳与各族群众一起欢庆泼水节后，泼水节一词因此而广为人们熟知。

二 当代仪式叙述模式的切换

在当代，随着经济发展的需要，交通和通讯设施的发达，特别是由于仪式内容各个组成部分侧重点的变化，这表现如下：

（一）其仪式活动的功能由娱神型逐步转变为娱人型

群众举行宗教活动仪式的，就是希翼通过举行种种神圣的仪式让在神圣空间中的神灵满意而降下福祉，因此宗教仪式的最大功能就是为了娱神。以泼水节仪式中的浴佛仪式而言，这是一个非常神圣的仪式。在唐义净《南海寄归内法传》卷四《灌沐尊仪章》里就详细记载了佛教浴佛像的起源及其仪轨：

> 大师虽灭，形像尚存，翘心如在，理应尊敬。或可香花每设，能生清净之心；或可灌沐恒为，足荡昏沉之业。……但西国诸寺，灌沐尊仪，每于男中之时，授事便鸣楗椎（木制"打木"），寺庭张施宝盖，殿侧罗列香瓶。取金、银、铜、石之像，置以铜、金、木、石盘内。令诸妓女奏其音乐，涂以磨香，灌以香水，以净白氎而揩拭之，

---

① 对此，笔者另有专文叙述，在此就不再赘述。

第十一章 中国南传佛教的社会记忆——以泼水节为例

然后安置殿中，布诸花彩。此乃寺众之仪。……至于铜像无论大小，须细灰砖末揩拭光明，清水灌之，澄华若镜。大者月半、月尽合众共为；小者随己所能每须洗沐。斯则所费虽少，而福利尤多。其浴像之水，即举以两指沥自顶上，斯谓吉祥之水。①

义净所记录的浴佛仪轨当是其在南亚、东南亚游学期间当地浴佛像的真实情景。事实上，浴佛仪式的真正高潮还不是浴佛本身，而要属"行像"。所谓行像，就是用装饰华美的车载着佛像在城市的街道上巡行。这是一种类似游行的活动。佛教典籍《大宋僧史略》卷上记载：

自佛泥洹，王臣多恨不亲睹佛，由是立佛降生相，或作太子巡城像。晋法显到巴连弗城，见彼用建卯月八日行像。以车结缚五层，高二丈许，状如塔。彩画诸天形，众宝作龛。佛坐菩萨立侍。可二十车。车各样严饰。婆罗门子请佛，次第入城内宿，通夜供养。国国皆然。王及长者立福德医药舍，凡贫病者诣其中。医师瞻候病差方去。又岭北龟兹东荒城寺，每秋分后，十日间。一国僧徒皆赴五年大会（西域谓之般遮于瑟），国王庶民皆捐俗务。受经听法，庄严佛像。戴以车辇，谓之行像。②

在整个中国南传佛教区域中，在泼水节期间，同样也有"行像"活动。这在西双版纳地区保存尤为完整，逐渐成为西双版纳地区与其他区域相比的一个重要特色，但近年来，在城市中这一活动的重要地位开始下降，逐渐淡化，它虽然仍然得到了保留，但"行像"的队伍只是整个民族文化大游演队伍中的一个部分，很难感受到其原先具有的神圣权威。这一变化在最近几年里出现，我们可以通过比较下面两则《西双版纳报》关于泼水节活动的报道就可以看出。《西双版纳报》2004年4月14日报道：

2004年4月14日上午，景洪街头一道独特的人文景观吸引了人

---

① 《大正新修大藏经》第54册 No.2125。
② 《大正新修大藏经》第54册 No.2126《大宋僧史略》卷上。

们的眼球：一排排身着深黄色僧装的僧侣举着法器、经幡，拥着一尊绿色佛像，沿着大街缓缓游行。坐在车上的西双版纳总佛寺的大佛爷用傣语大声地诵经，祝福傣历新年吉祥如意，祝福全州各族人们幸福美满。早上9时，由西双版纳总佛寺的僧侣和附近村寨群众组成的宗教沐佛游演队伍，从曼听公园门口出发，在曼景兰路口花园转向，经过沿街的州公安局、市法院、西双版纳旅游度假区大门，沿勐泐大道行进到机场路十字路口转向，返回总佛寺。一路上，漂亮的傣家礼仪小姐和众多举着僧旗、法器的和尚，拥着两辆分别载着佛像和大佛爷的皮卡车，慢慢地前行，车上的大佛爷不停诵经祝福。后面簇拥着众多举旗、举伞和经幡的僧侣以及跳着孔雀舞、敲着铓锣和象脚鼓的傣族群众。最后，紧跟着两辆花车，一辆车上身着傣族皇室传统服饰的傣族礼仪小姐围着一只白色红脸的玩具猴，向游人祝福猴年大吉；另一辆车上，一名傣族汉子敲着一个巨型象脚鼓，欢快的鼓声阵阵，旁边的傣家姑娘小伙频频向行人致意。

  这一特色浓郁的街景，不仅吸引了众多的本地群众围观，也让来自国内外的游客大饱眼福，纷纷举起相机拍摄、留影。州内外的新闻记者、摄影师更是不肯错过每个精彩镜头，一直追随着游行队伍前行来到总佛寺。

  随后，在总佛寺里举行了沐佛仪式。西双版纳最高佛教大长老祜巴龙庄带领信徒，纷纷把洒了香水、漂着鲜花的圣洁之水滴到佛像上。[1]

在这则新闻报道中，我们可以感受到，佛教的神圣权威性在整个游行队伍中的体现。同样是关于游行队伍的报道，在《西双版纳报》2007年4月13日，有题目为《民族文化大游演，演绎傣乡各民族文化》的报道：

  4月13日，景洪城被一场喜雨彻底地洗礼了一遍，街头巷尾林木吐绿摇翠。上午9时至11时许，民族文化大游演队伍走上景洪街头，让无数乘兴而来的中外游客，领略到了西双版纳的神奇和美丽，以及各民族的文化。

---

[1]《西双版纳报》2004年4月14日报道。

民族文化大游演由41个表演队、12辆彩车,2800名演员组成,分成傣族传统文化方阵、民族艺术文化方阵、民族民间传统文化方阵。

来自政府机关、乡(镇)、学校、武警、企事业单位、村寨的演员们,分别身着傣、哈尼、布朗、拉祜、佤、基诺等民族服饰,从西双版纳旅游度假区出发,沿景洪城区主要街道行进,载歌载舞,向各族群众和来宾展现了西双版纳多姿多彩的民风民俗、优美动人的音乐舞蹈、丰富厚重的民族文化。演员们踏着象脚鼓点和铓锣声,挥舞彩旗、彩花、彩带,伴随着优美的音乐,一路跳起各具特色的民族舞蹈、唱起各民族的歌曲,共同欢庆傣历1369年新年节。

在傣族传统文化方阵中,傣拳队、民族音乐队、小和尚队、赕佛队、傣族丢包队、花腰女表演队、傣族表演队、民间动物表演队、竹竿木偶表演队、葫芦丝表演队,不仅让人们领略到南传上座部佛教的独特魅力,也欣赏到特色浓郁的傣族传统民风民俗;民族艺术鼓文化方阵中的傣族象脚鼓舞、汉族腰鼓舞、哈尼族竹筒表演、基诺族大鼓表演、佤族木鼓表演,"咚咚咚"的鼓点敲出了各民族对美好生活的向往和心声;由基诺、哈尼、瑶、拉祜、布朗族以及空格人、阿克人等表演队组成的民族民间传统文化方阵,以独具一格的表演,吸引了许多观众纷纷按下相机快门,争相记录这难忘的时刻。[①]

值得注意的是,在这则题目为《民族文化大游演,演绎傣乡各民族文化》的报道中,我们可以发现,整个西双版纳游行队伍一共分为三个方阵:傣族传统文化方阵、民族艺术文化方阵、民族民间传统文化方阵,而"小和尚队、赕佛队"这样具有佛教色彩的行进队伍已经被编在傣族传统文化方阵中,与傣拳队、民族音乐队、傣族丢包队、花腰女表演队、傣族表演队、民间动物表演队、竹竿木偶表演队、葫芦丝表演队同成为傣族传统文化方阵中的一员,它的神圣权威性在整个游行队伍中并未得到充分的展示。佛教"行像"的神圣开始逐渐退隐。而对于这一民族文化大游演仪式所叙述的佛教佛教"行像"的历史已经越来越不为人们所知,

---

① 《西双版纳报》2007年4月13日报道,题目为《民族文化大游演,演绎傣乡各民族文化》。

传统佛教中的"行像"活动开始变化而为民族文化大游演的一个组成部分。

泼水节在西双版纳地区已经开始从具有农耕民族色彩和佛教色彩的节日活动开始逐渐成为为了迎合大众旅游,以此促进西双版纳经济发展的一个文化产业。它的这一变化在笔者从2003年—2008年连续五年的田野调研中的资料记载中,都有非常充分的记录。这些资料表明:在泼水节这样一个既具有佛教特色,又具有民族特色的双重性特征的节庆活动,在当前地方政府着力打造民族文化特色的过程中,正悄然发生着变化,虽然其宗教性特征并未完全消失,但已经开始逐渐淡化。

(二)仪式记忆中时代性特征凸显

在泼水节活动中加入了许多颇具时尚感的内容,增加现代体育、娱乐、商业活动已经成为今年来泼水节活动的主要趋势,而这些内容与原先的仪式已经相去甚远。

笔者在2007年4月在临沧地区孟定镇进行调研时居然看到当地村民在举行庆祝泼水节活动的表演过程中,印度的肚皮舞成为表演过程的最大亮点,跳印度舞蹈的演员穿着改良后的各国民族服装,一口气表演了印度、巴基斯坦、缅甸等国的舞蹈,赢得了观众们阵阵喝彩声。一般情况下,在节庆活动中表演佤族、德昂族、布朗族、彝族、傣族等各个少数民族独具特色的舞蹈,展示各个兄弟民族之间和睦相处的精神面貌是中国整个南传佛教信仰地区的一大特色,但是在演出民族舞蹈之外的外国舞蹈,尤其是演出印度舞蹈却是在2007年以前是从未出现过的。同时在临沧地区孟定镇加入了在现代都市生活中出现的:第一届水姑娘选美大赛。这些变化都在表明,临沧地区的泼水节已经开始出现了具有鲜明时代特色的内容。(参见彩版图64—67)

在西双版纳地区,近年来出现了放生活动。其受到泰国影响,在西双版纳洼龙总佛寺旁的曼厅公园里已经设立了专门的放生池,专门卖价格不等的鱼给过往的行人,让其放生。

此外,不断增加现代都市的体育和娱乐活动。2006年的活动从4月5日开始持续到4月19日,最大的亮点当数数百名中外游泳健将在澜沧江上切磋技艺。4月11日至12日,景洪举办西双版纳澜沧江亚洲公开水域游泳邀请赛,有数百名中外游泳健儿畅游澜沧江。据竞赛规程,凡亚洲各国及全国各省、区、市18至59岁的人均可报名参赛。

临沧地区耿马县泼水节活动中的安章

　　在景洪进行众多的文体活动系列中,"西双版纳风光"图片展历时最长,在西双版纳国际机场举行的活动从 4 月 5 日持续到 5 月 7 日。同时还举行了《中国贝叶经全集》的发行仪式。

　　从 11 日至 15 日每天晚上 8 时至 10 时,景洪市的文化宫广场上演民族歌舞晚会,景洪市广场的灯光球场则在 13 至 15 日每晚 8 时至 10 时举办西双版纳题材的电影展演。

　　当然,往年的重头戏少不了:白天的傣历新年庆祝大会、龙舟、高升、堆沙、斗鸡及民族歌舞服饰比赛;晚上的放水灯、孔明灯和燃放焰火烟花活动……最有激情的还是 15 日的万人泼水狂欢活动了。在这一天,景洪市就变成了以水为主题的歌舞和狂欢的世界。①

　　从西双版纳 2006 年的安排来看,仅仅是举办西双版纳澜沧江亚洲公开水域游泳邀请赛一项显然就已经是最具有时代气息的活动了,这项活动在 2006 年以前是未出现过的。而"国际美食节"、水幕电影、歌星演唱

---

　　① 详参《"东方狂欢节"版纳国际泼水节即将开幕》www.yntown.com/ShowClass.asp? ClassID＝5044K2008－1－24－百度快照。

会等新增加的活动,伴随着"中国·西双版纳国际泼水节"的到来,让具有深厚民族传统文化的景洪城沸腾了!

(三)仪式记忆中的城乡分化现象出现

现在,城镇里的泼水节活动以拜年和泼水狂欢为主,而在村寨却更多地保持了原有的习俗,但逐渐增加了歌舞娱乐活动。泼水节的变迁主要是体现在经济发达的城市。具有浓厚佛教色彩的泼水节活动在经济欠发达的城市或是一般的村寨中还在延续着,它们都或多或少地保留着历史。例如笔者2000年—2005年在西双版纳地区和德宏地区调研、2006年、2007年4月在临沧调研时就感受到越是经济欠发达的地区,泼水节活动保存得较好,基本都能按照过去历史记忆去组织和安排泼水节活动。在相对落后的村寨由于所接受的外来冲击较小,在泼水节各种仪式的举行过程中,还严格遵守历代传下来的规矩,开展各种仪式。例如,笔者2006年在临沧耿马县勐简乡大寨佤族地区过泼水节时,还可以感受到举行宗教仪式时人们的虔诚以及对古老规矩的信奉。例如,举行堆沙仪式前就一定要去较远的还没有受到任何污染的河边去取沙,附近的沙是绝对不可以用的。他们更多的是按照传统习俗,遵守宗教禁忌和规矩开展活动(如图)。但是经济发达和交通发达的地区由于经济发展较快,交通方便,人们的观念更新较快,旅游业发达,外来的参与者较多,邀请的宾客较多,为了迎合游客的需求而更多地注重在泼水的体验、商贸的安排上。很多活动已经明显不同与落后的村寨的活动了。很多仪式在整个活动中的地位都开始发生了一些变化,活动内容的侧重点和组织安排都有变化。城乡分化现象已经开始出现。

2007年临沧耿马泼水节

（四）参加仪式的主体队伍扩大与主客体之易位

参加泼水节仪式的主体指的是信仰中国南传上座部区域内的群众，泼水节所举行的各种仪式都属于他们的神圣空间和公共生活的一部分，他们自觉地参与各种仪式。参加泼水节仪式的客体指的是非信仰群体，他们并不信奉南传上座部佛教，他们所加泼水节的一些仪式并不属于他们的神圣空间和公共生活的一部分。他们参加泼水节的目的主要是感受和体验泼水节的真实性。但随着时代的发展，交通的便捷、通讯设施的进一步完善，旅游业发展迅速，泼水节的主体和客体都出现了很多的变化，这主要表现为参加活动的主体阵容越来越大，有时甚至出现参加仪式主客体易位现象。

就主体队伍扩大的现象而言，主体队伍明显地呈上升趋势。泼水节过去只是信仰南传上座部佛教的少数民族才过的宗教节日，现在成为该区域内各个少数民族群众共同的节日。例如，在西双版纳地区，在过去只有傣族和布朗族群众过泼水节，现在西双版纳地区各个民族近百万人口全都在公历4月10—15日过泼水节；在德宏地区、临沧地区、保山、思茅地区都是这样的，参加过泼水节的当地群众队伍越来越壮大，参加活动仪式的主体也由信仰南传上座部佛教的群众一变而成该区域内大部分群众。笔者在2008年临沧市沧源县勐角乡金龙寺参加泼水节时，发现来金龙寺过泼水节活动的并不只是金龙寺所在地的下金弄村的群众，其周围信仰南传佛教的佤族、彝族村寨的群众都会来这里，甚至还有很多群众是从很远的地方赶过来的。当问及原因时，大家都认为"金龙寺的长老提卡达希比较有名，有学问，是在缅甸留学了五年以后回来的。而且这里开展的活动也比较好"。此外，来参加寺院活动的还有很多不信仰佛教的群众，他们是专程赶到这里参加活动，因为"听说这里的活动搞得很好，想来凑个热闹。"

值得注意的是，在泼水节的影响越来越大的同时，在一些地区，真正参加泼水活动的主客体易位现象却悄然出现——本应参加自己节日庆祝活动之泼水活动的群众却选择了不去参加泼水活动，宁愿呆在家里或是去亲朋好友家，或者是远远地观看大家相互泼水活动，成为观看泼水活动的客体，而本来是来观看和感受泼水节气氛的游客却成为泼水活动的主体。真正出现了泼水活动的主客体易位现象。

随着泼水活动热闹程度的升级，当地的百姓很多人宁愿成为泼水活动的客体,在泼水时都不再出来参加泼水活动,而是呆在家里或是去拜访亲朋好友,或者是在远处观看热闹的泼水活动,自己作为局外人旁观。当笔者问及原因时,大家的回答出乎意料地相同:"现在泼水大家都是为了好玩,泼得太厉害了、太猛,让人害怕。"例如,2003年笔者在西双版纳景洪市调研时,遇到了某村寨的依旺,漂亮的依旺和她的妹妹是远近出名的美女,据她们俩介绍有一年中央电视台来拍泼水节的节目时就专门请她们姐俩参加。至今在西双版纳宣传泼水节的巨幅照片中就有她们俩的特写。可是,现在她们却不愿意去参加泼水节,最重要的原因就是现在的"人们泼水太野蛮了,看见人就拼命泼,尤其是见到女孩子更是围攻起来泼。太害怕了。还不如在家呆着或是帮着父母做点家务"。

与此相反的是,有大量海内外嘉宾和游客前来参加泼水节的活动,很多游客要么是参加旅行社,要么是几个朋友相约,自驾车旅游来到这里。其中很多游客甚至成为泼水活动的主体,他们直接通过参与到泼水仪式中来感受泼水的真实性,来感受少数民族历史文化的真实性,他们在泼水仪式中暂时成为神圣空间中的一分子,虽然他们并不一定是虔诚地希望通过泼水来得到辞旧迎新的祝福但他们却快乐地参与其中。笔者在2001—2008年之间每年进行的泼水节调研都发现,在一些著名的旅游城市,如西双版纳地区的景洪、德宏地区的芒市、临沧地区的耿马等地到处可以听到操着外地口音的年轻人或开着车或手里拿着水枪或水桶在街上泼水嬉戏。真正在泼水的本地人在参加一会儿后都渐渐退出了泼水的队伍而选择了"躲在安全地带"观望,看其他人相互"激战",通过这样的方式来体验泼水的快乐。

第三节　泼水节管理模式的历史记忆与转变

一　泼水节管理模式的历史记忆[①]

在傣族新历年时举行活动是所有接受傣族历法的少数民族公共生活的一个重要组成部分,是一年中神圣空间和世俗空间在公共生活中交融的重

[①] 关于中国南传上座部佛教与傣族社会组织制度的关系,详参郑筱筠《历史上中国南传上座部佛教与社会组织制度之互动》,《世界宗教研究》2007年第4期,第42页。泼水节的历史管理模式就是这一关系的具体化表现。

要时段。而在中国南传上座部佛教信仰区域内，由于泼水节的传播与佛教有较为密切的关系，在历史上，泼水节已经逐渐演变为具有浓厚佛教色彩的佛教节庆活动。因此，泼水节期间的所有活动的组织和安排主要是以土司、波章以及村寨头人为主来安排，严格按照世俗社会组织制度和佛教组织制度的相关规定来活动。由于中国南传上座部佛教和傣族世俗社会在历史上都形成了具有严格等级特征的组织制度，这一特征表现在泼水节的组织安排上，首先表现为是召片领所在地先过泼水节。只有当召片领举行了泼水节的相关庆祝活动后，下一级才可以过泼水节。因此，召片领所在地举行完庆贺活动后，然后是下一级行政组织机构所在地开始庆祝，以此类推，接下来是下面各级行政组织所在地举行庆贺组活动，村寨是最后举行庆祝的单位。各级行政区划之间的活动都是有序地组织和安排，在上级行政组织区域举行庆祝活动时，下一级组织要率人前往祝贺，并送礼物。其次，在组织群众的具体事务中，波章是重要的活动组织者和管理者。他是信众的组织者和管理者，他要负责组织和管理群众参加赕佛祭祀活动，同时他还得监督信众在进行宗教活动时要严格执行佛教戒律。由于泼水节是中国南传上座部佛教信众最重要的节庆活动，来参加的群众非常多，有的村寨几乎是倾巢而出，全都来赕佛。但是，从秩序的管理上来看，却可以做到秩序井然，有条不紊。大家按照所属区域的组织安排来参加活动，在就餐时也直接到事先规划好的指定地点就餐；从后勤的角度来看，所有的参加者全部都可以在佛寺中吃到免费的饭菜。显然各个环节的协调是做得非常成功的。

二 当代泼水节管理模式的转换

当代泼水节的安排现在基本上是以政府为主导，波章基本上未发挥太多的组织作用。在西双版纳，泼水节的节期过去是按照傣历年的历法来推算的，每年都会略有不同。为了方便开展活动，西双版纳傣族自治州经自治州人大常委会立法，将每年公历的4月13至15日法定为泼水节的节期。政府在组织活动时主要是安排政府各个职能部门组织活动，有序分工。例如，2004年，西双版纳州政府召开傣历1367新年暨泼水节筹备工作会议，布置有关工作，要求各相关部门积极筹备，为全州各族人民和中外游客献上丰富多彩的庆祝节目。会议要求各个部门要为弘扬少数民族文化，充分展示西双版纳州对外开放和经济建设取得的丰硕成果，进一步提高西双版纳的知名度，各有关部门作了精心安排，认真地进行了筹备。泼水节要在往年的基础上突出重点，力争在规模、传统文化、经贸洽谈等方面有所突破，做好"水"的文章，向全国、全世界展示西双版纳州各族人民的精神风貌和深厚的文化底蕴。各部门要本着共同打造西双版纳这一最大品牌，积极探索市场化运作路子，明确职责，依靠广大人民群众，形成政府主导，部门承办，企业参与，社会各界积极支持的良好氛围。要做好接待、卫生防疫、安全保卫等各方面的工作，要加强协作、扎实工作，确保傣历新年节"热烈、吉祥、文明、安全"。同时，在2004年3月16日下午，西双版纳州人民政府在北京人民大会堂举办了"2004'西双版纳国际泼水节新闻发布会"，邀请国内外游客前往。政府开始进行市场化运作，力图将泼水节打造成西双版纳的文化品牌。因此，在管理模式上也加入了商业化气息。

而在云南昆明民族村的相关工作安排是这样的：（详参本章附录三）

1. 总经办

（1）负责协调泼水节活动的各项工作及安排中心食堂提供外请和尚人员的用餐事宜。

（2）负责录制泼水节活动需知环境广播用磁带与资料拍摄。

2. 安保部

负责泼水节期间的泼水区秩序及安全工作。

3. 工程园艺部

（1）负责在团结广场边搭建男女更衣室各一间。

（2）负责布置傣寨、泼水狂欢广场、德昂寨、大门口鲜花摆放。

（3）负责通道上方装置间隔喷水雾设施；改造团结广场蓄水池。

（4）负责搭建水上舞台的制作。（水上实景展演《泼水节传说》及傣寨日常展示用）

（5）负责制作傣寨广场，玻璃钢蓄水用龙船。

（6）负责修复敬酒台。

4. 市场营销部

（1）负责泼水节的对外宣传及促销工作。

（2）负责设计与制作大门口广场上的泼水节活动宣传栏及团结广场（万人泼水广场）舞台背景板、大门口节日布标的制作。

5. 经营部
（1）负责引进赶摆一条街的经营项目，并组织开展。
（2）负责管理游客小件寄存工作及出售泼水用具。
6. 吉象公司
负责装饰泼水节巡游用大象及参加巡游等活动。
7. 民族艺术团
（1）负责提供部分傣族服装及泼水节部分的节目编排工作。
（2）负责大门入口处的泼水节迎宾活动及滇池大舞台的演出。
8. 职工医院
负责泼水节期间的医疗救护工作。
9. 文化展示部
（1）负责泼水节的节目编排及组织实施开展工作。
（2）负责营造泼水节活动点节日环境氛围及制作简介牌。
（3）负责大门弧型花伞及傣寨竹筏的制作。
（4）负责联系泼水节外请佛爷、和尚及住宿安排。
10. 女子骑巡队
负责泼水节期间的游村展示及马术表演工作。

在当代，泼水节似乎已经远远超越了其本身所代表的佛教节庆活动内涵而成为一种民族文化的品牌，在云南民族文化村里的活动虽然是为了庆祝中国南传佛教信仰区域内少数民族所举行的节庆活动，然而从其商业化的运作机制来看，泼水节自身已经开始超越其佛教节庆活动、民族节日的外延，而成为一个民族文化品牌，因此，在其组织和管理模式中，所运用的基本上都是商业化运作模式。

第四节　泼水节活动地点的历史记忆与转变

一　泼水节活动地点的历史记忆

在泼水节的历史记忆中，佛寺是主要的活动场所，因为佛寺在少数民族村寨中不仅仅是宗教活动场所、寺院教育场所，它也是村寨娱乐活动的场所。泼水节是一个具有浓厚佛教色彩的佛教节庆活动，其神圣仪式自然要在这神圣空间里举行。在这里人们要举行堆沙、浴佛甚至泼水活动，这是需要在一个神圣空间和神圣时间里通过举行特定仪式而完成的生命体验。

二　当代泼水节活动地点的转换：神圣空间到世俗空间的切换

当代泼水节活动的地点发生了许多的变化，很多地方都把本该在寺院这一神圣空间里举行的宗教仪式直接改变到世俗生活的空间中举行。这一改变使得很多原来仅仅是世俗空间的地点在举行宗教仪式的瞬间暂时地成为"准神圣空间"[①]。

例如，课题组2007年在保山市昌宁县傣族泼水节的调研中得知，现在过泼水节时，都是由乡政府直接组织将浴佛、堆沙等仪式地点搬到了河边较宽阔的地方，各村寨的村民聚拢到一起，连其他民族包括汉族也会加入到他们这幸福的时刻。每个村寨都会有一支代表性的舞蹈队，新年那天，百人"嘎光"队、鼓号队游行，一直行进到活动的场地，接着佛爷念经后浴佛。浴佛所用的水来源于临近的自来水，由佛爷主持，全场的人从老至幼轮流洗佛，洗佛的水每人都要饮用一点，以保平安。结束后市领导宣布泼水狂欢开始，人们会将祝福的水泼洒向每一位客人。泼水同时，也会组织各种娱乐活动，像捕捉神鱼。人们用傣家特制的鱼笼去捕，捕到鱼的就代表着这一年里将会收入丰余，心想事成。之后进行堆沙仪式。堆沙不像古时那样堆很多，也不像村寨里一样堆五堆，它仅仅堆一堆，人们也会用各种鲜花、彩旗等来作装饰。到了晚上，大家一起放孔明灯，祈求自己的愿望能够实现，场院中人山人海，人们观看精彩的文艺演出而且还能领略到对歌的别样风情，人们围坐在火堆旁唱着、跳着，希望来年的日子越过越红火。[②]

但值得注意的是，虽然神圣空间与世俗空间进行了切换，但在村民们眼中，其神圣时间的生命体验却仍然是真实的，因为佛爷也从神圣空间——寺院来到世俗空间，在临时的转换的空间——"准神圣空间"中举行神圣的宗教仪式——念经、浴佛。而河边宽敞地点本是世俗空间却因乡政府的行政行为而在举行活动的刹那具有了神圣空间的功能。

[①] 罗马尼亚的米尔恰·伊利亚德教授在其著名的《神圣与世俗》一书中将人类的生存状态以神圣和世俗空间进行了划分，笔者同意这一分法。（见罗马尼亚的米尔恰·伊利亚德著《神圣与世俗》，华夏出版社2003年版。）但笔者在此基础上提出一个"准神圣空间"的概念，具体另有专文叙述。

[②] 详见本课题组2007年保山市昌宁县调研资料。

事实上，将神圣空间与世俗空间的切换，出现"准神圣空间现象"是近年来出现的一种趋势，例如云南昆明的民族村本来就是人为的民族文化产业的产品，在这里所举行的泼水节活动更是在进行神圣空间与世俗空间的切换，从而在某一时段出现"准神圣空间"。我们仅仅从其环境的布置安排即可看出：

1. 大门口广场上摆设各种鲜花，烘托广场的节日气氛。并制作节日布标："欢度傣历1369年泼水节、云南民族村欢迎您"。

2. 大门广场上制作一块泼水节活动广告宣传栏。

3. 大门入口处、傣寨、德昂寨、团结广场、主游路、悬挂"欢度傣历1369年泼水节、德昂族浇花节"等节日布标。

4. 敬酒台至白象群雕主游路两侧、傣寨门口用600把傣族花伞作成彩虹门造型，另外布置泼水节宣传刀旗，营造浓烈的节日氛围。

5. 敬酒台至白象群雕主游路通道上方装置间隔喷水雾设施。

6. 团结广场设置成万人泼水狂欢广场。

7. 傣寨缅寺楼下悬挂经幡，布置浴佛亭，营造宗教文化氛围。

8. 傣寨广场上用玻璃钢制作两条蓄水龙船，供游客泼水。

9. 德昂寨按本民族节日习俗，营造环境氛围。

10. 哈尼寨广场布置彩旗，营造节日氛围。

将少数民族文化资源集中于特定地点，人为地展示民族文化特色，发展旅游业，发展民族文化产业，以此促进旅游经济的发展，这是云南民族文化村建设的最终目的，但不时地切换各个少数民族神圣空间与世俗空间，有时形成"准神圣空间"情况的却是云南民族文化村常出现的现象。

在西双版纳，2007年的泼水节空间切换更为突出，"准神圣空间"现象更为突出。根据《西双版纳报》的报道：

> 4月13日，傣历1369年新年节、公历2007年泼水节暨刀美兰舞蹈艺术50周年系列活动庆祝大会在澜沧江畔隆重举行，上万名各族群众与中外来宾相聚在澜沧江畔，共同庆祝这一盛大的节日。中午12时50分，中国佛教协会副会长、云南省佛教协会副会长、州政协副主席祜巴龙庄引领众僧人诵平安经，表达了最美好的祝愿。
> 4月15日在澜沧江畔举行的傣历1369新年节泼水活动取水仪式。上午9时，州人大常委会主任杨建明宣布："景洪地区傣历1369

新年节泼水活动取水仪式开始!"州委常委、副州长陈启忠,州政协副主席依甩参加了取水仪式。

随后,"波章"(宗教仪式主持者)手捧装点着鲜花、蜡条的小竹篮,缓缓地、虔诚地走上取水台,两名傣族少女紧随其后。他们面江而跪,"波章"面对江水,点燃蜡条,向江水敬献美酒,高声念经,向澜沧江祈求吉祥水。几分钟后,仪式完毕,"波章"与两名少女返回岸边。

在葫芦丝吹奏的《有一个美丽的地方》音乐声中,7名傣家少女,肩挑水罐,缓缓地、依次走上取水台,取回澜沧江水,倒入置于草地上的金钵内。两名傣族小伙子用一根木棍抬起盛满吉祥水的银钵,"波章"和7名傣家少女把吉祥水抬上花车,由72名身穿傣族古老服装的演员和12支泼水队伍,护送着吉祥水,向景洪工人文化宫广场方向进发。

象脚鼓敲起来,铓锣打起来,身着节日盛装的傣家人尾随送水花车,载歌载舞。

"水!水!水!"声响彻澜沧江畔。

上午10时许,从澜沧江取来的吉祥之水,交到了等候在景洪工人文化宫广场的州长刀林荫手中。这吉祥、圣洁之水,洒向了各族群众和中外嘉宾,泼洒出无尽的幸福和欢乐。[①]

《西双版纳报》2007年4月16日的这则报道显示,虽然有"波章"这一沟通神圣与世俗世界的宗教仪式主持者在主持取水仪式,但显然其活动的地点已经切换到景洪工人文化宫广场这一世俗世界。

第五节　泼水节活动目的的历史记忆与转变

一　泼水节活动目的的历史记忆

泼水节是中国信仰南传上座部佛教的民族共同拥有的节日,它起源于农耕文明,又受到佛教的影响,成为佛教节庆活动,但它仍然是民族文化的一个组成部分。人们欢庆泼水节的目的首先是寻求世俗空间的感情体验

---

① 《西双版纳报》2007年4月16日。

和社会关系的维系，其次是寻求神圣空间的宗教体验，其中尤其强调个人的宗教体验和集体的宗教体验。

首先，在世俗空间里，大家相互之间走访亲朋好友，相互祝福，增加彼此之间的感情，进一步加深社会关系、社会集团的维系。

其次，神圣空间的宗教体验是重要的。各族群众在傣族新历年开始之际，举行各种庆祝活动，为的只是通过在神圣空间举行宗教仪式，加深个人的宗教体验和集体的宗教体验，力图通过这样的宗教体验辞旧迎新，让人们的生活在新的一年里顺顺利利、风调雨顺。人们采花、浴佛是为来世积累更多的功德，祈求佛祖保佑自己及家人在现世吉祥如意，万事遂意；人们堆沙的目的就是希望把旧的一切都送走，迎来的都是全新的祝福和希望；人们泼水的目的就是相互之间的祝福，希望通过水的洗礼，驱走邪恶，获得祝福，在神圣空间中获得"重生"。

二 当代泼水节活动主要目的的转换

虽然当代泼水节的很多活动仍然是在寺院里举行，宗教徒们仍然是希冀通过宗教意识的举行使自己能够得到真实的神圣性体验，能得到获得"重生"的机会。同时，他们也仍然在按照传统在世俗空间里拜访亲友，参加娱乐活动，但是随着很多因素的变化，当代泼水节举行的目的开始出现了一些变化。

娱乐目的

为了发展当地旅游业，各级政府纷纷打出泼水节中泼水带来的愉悦招牌，甚至将泼水节称之为"东方狂欢节"，以活动中游客的真实体验所带来的快乐来吸引游客主动参与泼水活动，政府的关注焦点在于如何将参与泼水节活动的"原著"主体变为如何使前来参观的客体转换为主体，让经过转换后的新主体体验了快乐，同时使原来的主体在经过精心安排的娱乐活动中也得到快乐。在这里，神圣空间里的神圣性的体验已经被世俗空间得到的娱乐体验取代而占据了主要地位。在这一导向下，游客们容易将娱乐理解为各级政府组织活动的一个目的，而娱乐程度更成为衡量各级政府是否充分发挥出自己指挥、组织和协调能力的一个尺度。值得注意的是，这一以娱乐为目的的真实体验与原先泼水节历史记忆中的通过宗教体验而得到的快乐已经相去甚远。

商业化目的明显

在泼水节的历史记忆中，在经过了一系列的宗教活动后，"赶摆"（即赶集）也是泼水接节必不可少的一项商业活动，其规模甚小，更主要的是，它只是其中的一个辅助活动，不是主要目的。但是当代泼水节活动期间，"文化搭桥，经济唱戏"，以文化产业带动当地经济的发展，这就是当代泼水节期间各级政府部门投入非常大的精力，着力打造泼水节的重要目的，他们希望在泼水节期间迎来更多的宾客，发展旅游业，带动当地经济的发展，同时在泼水节期间借助泼水节这一品牌，挖掘民族文化资源、挖掘当地的可利用资源，开展广泛的商业贸易活动，发展经济。例如，在西双版纳地区，每年都以泼水节为发展契机，积极发展经济。2004年"国际美食节"、水幕电影、歌星演唱会等新增加的活动，以及"中国·西双版纳国际泼水节"、"东方狂欢节"的名称，无不吸引着外地的游客前往西双版纳旅游，上万名各族群众与中外来宾相聚在澜沧江畔，共同庆祝这一盛大的节日。2007年4月西双版纳州邮政局借助州政府宣传泼水节的机会，开发成功"刀美兰舞蹈艺术50年"个性化邮折1000本。2007年4月10日，首届中国普洱茶战略联盟论坛峰会、百年贡茶回故乡迎接仪式在景洪举行。这些活动都是经过精心安排，严密部署，已经带有明显的商业目的。

结　　论

综上所述，笔者认为泼水节大致经历了从农耕节日、佛教节庆、民族文化节日、民族文化产业产品的变迁历程，在其变迁过程中，泼水节原先严格的宗教禁忌和宗教规矩开始逐渐变得松散，它的神圣性特征逐渐淡化，商业化特征已经逐渐占据主要位置，而宗教活动的神圣化特征开始淡化。

首先，就泼水节传说异体故事类型中历史记忆的彰显与切换部分而言，我们可以看到，早在原始农耕时代，有关泼水节的传说就已经萌芽了，但是整个泼水节的形成却是与佛教的传播有着密切的关系。同时，在这一传说的传承过程中，由于各种文化因素的影响，该传说不断产生变异，逐渐发展和交叉演变出多种异文。就所有泼水节传说故事的叙述模式而言，整个泼水节故事传说类型应该经历了从节令历法主题故事到赌头主题故事，最后演变为斗魔主题故事。在其不断演变的历史过程中，各种类型的故事是同时存在的。但是这一情况在当代却发生了一些变化，其泼水节传说异体故事类型中历史记忆出现了切换，随着时代的发展和需要，各个区域有关泼水节的传说故事主流开始发生变化，其中斗魔故事类型成为最具权威性的版本；其次，在仪式方面，随着经济发展的需要，交通和通讯设施的发达，当代泼水节在仪式内容各个组成部分侧重点都有所变化，这表现如下为仪式活动的功能由娱神型逐步转变为娱人型，泼水节在西双版纳地区已经开始从具有农耕民族色彩和佛教色彩的节日活动开始逐渐成为为了迎合大众旅游，以此促进西双版纳经济发展的一个文化产业。仪式记忆中时代性特征凸显，在泼水节活动中加入了许多颇具时尚感的内容，增加现代体育、娱乐、商业活动已经成为今年来泼水节活动的主要趋势。同时仪式记忆中的城乡分化现象出现，参加仪式的主客体扩大与易位。再次，在泼水节管理模式的历史记忆与转变方面，当代泼水节更为凸显政府各级组织的管理职能，在其组织和管理模式中，所运用的基本上都是商业化运作模式。另外，就泼水节活动地点的历史记忆与转变而言，其仪式活动的神圣空间与世俗空间开始出现了切换，一些世俗空间在举行仪式的瞬间被切换为具有神圣空间功能的"准神圣空间"。此外，过多地强调泼水节的娱乐目的和商业目的已经开始成为当代泼水节的发展趋势，娱乐程度在游客眼中成为衡量各级政府是否成分发挥出自己指挥、组织和协调能力的一个尺度。同时通过娱乐活动塑造自己的品牌，以此作为吸引资金的一个手段，已经成为各级政府部门促进经济发展的商业目的。这种种变化因素都使得当代泼水节作为民族文化的一个组成部分开始被包装成让旅游者参与、甚至被广泛推销的文化产业产品，它不再是单纯的一个节庆活动，它已经从简单的民族农耕节日、佛教节庆活动开始成为带动当地经济发展的文化产业产品。让人深思的是，这一变迁的后果对于当地民族文化的发展会有怎样的影响，只能假以时日，留待后人来评价了。

附录一

西双版纳傣族创世史诗《巴达麻嘎捧尚罗》

  创世之初，当天地已经形成，只是还没有四季和日月交替，天神麻捧摩远冉（第一大神）派遣捧摩远冉（第二大神，以下简称"冉"）到定天柱（或顶天柱）上空，围绕这一柱子画太阳轨道。冉画出的轨道就是黄道，他定一年为十二个月，每个月为三十天，又在黄道上设十二宫（代表十二地支，但是类似十二星座命名法），每宫都画出图，这样便规定了日、月运行的路线。当时，捧摩远冉做完这些工作后应该立刻回去，但是由于冉对自己所完成的伟业十分满意，于是没有回去复命，而是得意洋洋地跑到第三天层（达瓦丁洒）游玩（此层之王名为叭英）。麻捧几天都不见捧摩远冉回来，又不知道轨道到底画得怎么样，于是就派另一位天神捧摩腊哈南罗（以下简称"南"）去寻他回来。南到达顶天柱上空，发现捧摩远冉不在那里，细察年月日的划分，发现虽然日月已经按照一定的规定运行，但这一规定却有问题：每个月不宜平均分为三十天，应该有长短不同，否则一年之内热日与冷日就平均分配了。没有划分季节，一天之中没有划分时辰。南回去找冉，却发现冉正在第三天层游玩，神情骄傲自大，自鸣得意。他把自己查看的结论告诉冉，惹得冉大怒，声称自己的划分没有问题，你算什么东西，我是第二天王，奉麻捧天王之命制定轨道，谁要动了他的轨道，必遭大难。南没有办法，只好去汇报给麻捧，说只要冉还在，他就没办法修正规轨道的不足。麻捧考虑到整个人类季节的调整，于是决定，让冉窒息十万年（睡倒，像人一样定止下来，但并不死）。天王于是念咒，在达瓦丁洒的冉猝然倒下，变成一个哀先遗棒（意为死而不腐、死而不僵），躺在叭英宫中。他的身体瘪下去了，但是却不臭，十分可怕。此层天神决定趁天王不知道时，把他抬出去丢了。于是天神们把他从顶天柱平台上丢向人间。但冉有神力，丢下去之后又被托回宫中躺着，如此数次，没法丢下，只好把宫殿大门锁上，让他暂时躺在那里，天宫因此十分混乱。此时叭英想到了冉十分溺爱七个女儿，大事小事都同她们讲，她们一定知道冉的秘密。叭英想尽办法叫来七仙女，说她们的到来给达瓦丁洒的每一片树叶都增加了光彩，他日夜注视着她们的身影就像鱼儿日夜注视着水，说她们太漂亮了，他早想娶她们做贵妃，但是现在有一件麻烦事："你们的父亲死了，为了隆重纪念他，我们把他丢向人间,但丢了又飘上来,丢了又飘上来。你们是最高天界下来的仙女,一定有办法。"听到父亲的死讯,七仙女十分悲伤,(她们的父亲出发去划定年月日的第二天,她们七姐妹在天层的寿命已经达到十亿年零三个月,已经到时限了。现在叭英叫她们到达瓦丁洒时,她们还不知道父亲已经死了,猝然听到,十分悲伤。)但是后来一想到可以做叭英的贵妃,又十分高兴。她们七人实质上很贪婪,希望过上荣华富贵的生活,所以听到叭英要娶她们做贵妃,就把父亲的秘密告诉了叭英。说父亲是天上除天王之外任何人都杀不死的,无论用神刀神斧还是天雷、神箭、神药。现在他并没有死,怎么可以结束其生命?现在只有我们七姐妹可以杀死他。只要我们一人拔一根头发,把它搓成弓弦,用这个弓弦去割,就一定可以杀死他(割断他的头)。叭英立刻说"亲爱的,现在你们已经是我的贵妃了,快把你们的头发拔下来吧。"于是她们拔下头发交给猎神宫唯罗塔。唯罗塔会做弓,此人是为报叭英的恩德。唯罗塔原是一只镇定天地、保护大地不被海洋吞没的大象。大火毁天地时,叭英念在他的功绩,就把他救到了达瓦丁洒,封了宫,于是他感激不尽,要报答叭英。现在叭英要处理冉的尸体,他的法术斗不过冉,却可以做好武器,帮助叭英。于是听到这一消息,立刻做好了弓。大姐骑牛去,那一天恰是她的生日,路上的天仙都向她祝贺:"公主,现在你手上拿着弓,是不是要去射落灾难,为达瓦丁洒和人类带来幸福?"她们的话打动了大公主的心,她不是去射落灾难,而是要去杀父亲。她骑着牛到了宫殿门口,见父亲安祥地躺着,不忍心射杀就回来了。二姐又接着骑龙去,见到父亲慈祥地躺在那里,又退了出来,三、四、五、六姐都是这样。七妹见六个姐姐都败阵下来了,就十分高兴,认为叭英的贵妃只有她一个人可以当了,她骑着妖魔一下冲到父亲面前,尖叫一声,举起弓就把父亲的头颅割了下来。七仙女原来并没有向叭英说明她们父亲的头会起大火。他的头一掉到地上,立刻就会燃起大火,整个天堂都会被毁掉;落在海里,可以把海水烧干;落到人间,可以把人间烧毁。所以她立刻抱住冉的头,不让它掉在地上,冉的身体还在鲜血直流并且烫得不得了,头颅上冒着阵阵火气,把达瓦丁洒的天神们都吓住了,令七妹立刻拿头去接上,可是怎么都接不拢,许多天神去帮忙也接不上,冉的尸体还会走,走来走去然后又躺下来。叭英大骂七仙女说:"为什么不把你们父亲全部的秘密告诉我?你们只说你们的头发可以割下他的头,为什么不讲他的头会落火?要怎样才能把他的头接拢?"七仙女说:

"没有办法接了。现在唯一的解决办法是叫人赶快下到人间,见到睡朝北、头向北的动物,就把它的头砍下来。"(因为她们父亲睡倒的时候,身体就朝北。)叭英派唯罗塔下人间去寻找,唯罗塔来到森林中,看到一头大象,它的头是向北,身子也向北,于是举起宝剑"喀嚓"一声,就把象头割了下来,然后马上飞到天上去,把象头接在冉的身体上。头接拢了,一点缝隙都没有。象头开始眨起眼睛,冉的尸体开始呼吸了,变成了一个"捧摩杂"(即象头神,象首人身)。他忘记了以前做过的事情,也不去管天下的事情,叭英让他在达瓦丁洒天层里平静地生活,直到过完他十亿年的寿辰。麻捧天王来清算这件事说:"我只是让他窒息十万年,并没有要把他置于死地。你们竟然敢把第二大天神的头砍下来,还要把象头安在他身上,这是对神性最大的污蔑,是违反了天规,天地不容!"于是天王宣判:叭英不能当天神官,令天神把他从天台丢下去。丢到大海里,变成了帕雅纳(龙王)。从那以后,海里才有了龙王。帕雅纳不服天王的宣判,每年新年时都要带领天兵天将去攻打天宫。七仙女罪恶最大,丧尽天良、贪淫贪色、贪图荣华富贵,不顾人间亲情,割断父亲的头。现在要把她们从天地之间赶出去,不能在人间也不能在天上。必须抱着她们父亲的头,一年换一个人抱,每换一次时一定要泼水降温,一直到把冉头上的火扑灭,她们的罪才能赎清。所以天庭中每年都泼水,后来人间也跟随着来泼水,这个习俗就一直流传到了现在。

——(选自史诗《巴塔麻嘎捧尚罗》中的最后一章:开天辟地)[①]

[①] 岩温扁译:《巴塔麻嘎捧尚罗》,云南人民出版社 1989 年版。

附录二

2004年西双版纳泼水节安排

西双版纳傣族自治州成立51周年暨傣历1366年新年节庆祝活动日程表
（2004年3月16日—2004年4月15日）

日期	时间	活动内容	地点	负责部门
3月16日		新闻发布会	北京	恒安辉煌公司
4月9日—10日	全天	当代名人字画拍卖预展	观光酒店12楼	西双版纳远腾拍卖有限责任公司
4月11日	9:00	当代名人字画拍卖会		
4月12日—14日	全天	经贸洽谈、招商引资	锦都酒店二楼	州、市经贸洽谈组
4月12日—15日		国际美食节	曼听公园	恒安辉煌公司
4月12日	20:00	迎宾文艺晚会	景洪剧院	市文体局
	13:00	龙舟预赛	澜沧江畔	
4月12日—14日	20:00—22:00	"冰龙啤酒杯"篮球邀请赛	文化广场灯光球场	市文体局
4月13日	9:00至11:00	民族文化大游演	开发区大门—广场—孔雀湖—州政府大门—黎明商店转盘—市政府大门—市民族体育馆	州、市文体局
	13:30至17:00	傣历新年节庆祝大会开幕式："冰龙啤酒杯"龙舟赛、文艺表演、放高升、堆沙、斗鸡	澜沧江畔	傣历新年节办公室市文体局
	20:00至22:00	土火花、孔明灯、水灯、高空礼花、篝火晚会		
	20:00	"冰龙啤酒杯"章哈大赛、电影晚会	文化广场	
	20:00至22:00	郭峰演唱会	民族体育场	恒安辉煌公司

续表

日期	时间	活动内容	地点	负责部门
4月14日	9：00至10：30	宗教沐佛仪式游演	曼听—曼井兰花园转盘—州公安局—市法院—开发区大门—机场路转盘—总佛寺	市民宗局允景洪街道办事处
	10：30至17：00	沐佛滴水、放生、赶摆、文艺表演、斗鸡、放高升等活动	曼听公园	
	20：00至22：00	本土歌星演唱及民族服饰展演、电影晚会	文化广场	市文体局
4月14日—16日	20：00至22：00	水幕电影	孔雀湖	恒安辉煌公司
4月15日	12：30至17：00	泼水大联欢	主要街道、州市政府、军分区、各大公园、宾馆	傣历新年节办公室市泼水组
	19：30至22：00	国家女篮"版纳情"篮球友谊赛	市民族体育馆	市文体局
	20：30至21：00	焰火表演	澜沧江畔	傣历新年节办公室

附录三

西双版纳 2007 年泼水节安排

2007 年泼水节暨刀美兰舞蹈艺术 50 周年系列活动安排

日 期	时 间	活动内容	地 点
4月10日—18日	09：00—12：00	刀美兰舞蹈艺术图片展	孔雀湖边
4月11日	09：00—12：00	刀美兰舞蹈艺术研讨会	财鑫大酒店二楼
	20：00—22：00	景洪·昌泰普洱杯·第二届"金孔雀小姐"评选大赛	市民族体育馆
4月11日—15日	20：00—22：00	泼水节文化周：文艺演出 西双版纳题材影视片展映	文化宫广场
4月12日	09：00—10：00	中国普洱茶战略联盟论坛峰会、万人品鉴交易会开幕式	边交会会馆
	15：00	经贸项目合作签字仪式	皇冠酒店8号楼
	18：00—19：30	2007年泼水节暨刀美兰舞蹈艺术50周年欢迎酒宴	辉煌都畅二楼宴会厅
	20：00—21：30	2007年泼水节暨刀美兰舞蹈艺术50周年庆典迎宾晚会	景洪剧院
4月12日—13日	14：00—17：00 08：30—11：30 14：00—17：30	中国普洱茶战略联盟论坛峰会主题报告会	金版纳酒店
4月12日—16日	08：30—20：00	《中国贝叶经故事连环画》图片库	文化广场
4月13日	09：00—12：00	民族文化大游演	州政府大门
	13：00—17：00	傣历1369新年节庆祝大会、龙舟赛、高升赛、堆沙赛、斗鸡、文艺表演	澜沧江边观礼台
	20：00—22：00	放土火花、孔明灯、水灯、礼花	

续表

日期	时间	活动内容	地点
4月14日	07：30—10：30	宗教文化游演	主要街道
	09：00—11：30	"激情广场"——普洱茶之歌演唱会	曼听公园
	10：30—11：30	进行滴水、沐佛、放生等宗教仪式、《中国贝叶经故事连环画》开光仪式	总佛寺
	12：00—18：00	民族民间赶摆活动：民族民间歌舞服饰表演、企业产品展示、赞哈演唱等项目	①曼弄枫（主要活动：文化表演、民族食品、放高升等）；②曼听公园（主要活动：烧烤、文艺表演）。
4月15日	09：00	取水仪式	澜沧江边
	11：00—16：00	泼水仪式	文化广场
	12：00—16：00	泼水节大联欢	主要街道、各大宾馆

附录四

云南民族村 2007 泼水节狂欢活动方案

2007.4.17 12：23 作者：ynyoo

活动主题：傣族傣历 1369 年泼水狂欢节

四大亮点：水上实景展演《泼水节传说》，泼水节艺术巡游

万人泼水广场狂欢傣族迎佛，浴佛活动

一年一度的泼水节是傣族、布朗族同胞的传统节日。经过十多年的精心打造，现已成为云南民族村景区响亮的一个民族节庆品牌。鉴于此，今年泼水节的总体活动框架不变，大胆尝试，组织人气、制造悬念、营造欢乐；水上实景展演为新突破点。为此，云南民族村将举办傣族、布朗族泼水节，德昂族浇花节，以活动来展示文化、打造高质量、高水平的民族节庆文化旅游精品，促进景区的旅游发展。

一、时间

活动时间：2007 年 4 月 12 日—4 月 22 日共 11 天

二、活动地点

傣寨广场、德昂寨、主游路、团结广场、滇池大舞台

三、活动内容

（活动内容按项目时间顺序排列如下）

（一）泼水节迎宾活动（4 月 12 日—4 月 22 日）

时间：上午 9：15—10：00 地点：大门入园处

迎宾形式：傣族小卜哨、小卜冒身着傣族节日盛装，敲起象脚鼓，跳起嘎光舞，手持银钵向游客泼洒吉祥水，致以节日的祝福。

（二）女子骑巡游村展示（4 月 12 日—4 月 22 日）

时间：上午 9：20—10：00 地点：景区主游路

（三）傣族迎佛、浴佛活动（4 月 12 日—4 月 22 日）

时间：上午 9：30—10：00 下午 15：00—15：30

地点：傣寨门口—傣寨广场—缅寺

在泼水节期间，每天上午 9：30、下午 15：30 在傣寨门口，组织人气、制造悬念、营造欢乐。让游客有组织地参加迎佛、浴佛活动，感受充满奇异、庄严神圣的场面。

（四）水上实景展演《泼水节传说》（4 月 12 日—4 月 22 日）

时间：上午浴佛结束后进行实景演出

下午浴佛结束后进行实景演出

地点：傣寨广场及水上舞台

泼水节期间，将利用水面空间及傣寨广场形成互动舞台，设置成孔雀公主和王子骑着大象走进泼水广场，向游客表示祝福。同时以歌舞的形式及利用水上竹筏，实景展演《泼水节传说》。

（五）万人泼水广场狂欢活动（4月12日—4月22日）

时间：上午10：30—下午17：30 地点：泼水狂欢广场

为满足广大游客在泼水节期间参与泼水狂欢活动，团结广场设置成万人泼水狂欢广场，让游客轻松快乐的体验泼水，达到狂欢效果。

（六）德昂族浇花节浴佛活动（4月12日—4月22日）

时间：上午11：00—下午17：00 地点：德昂寨广场

游客可参与体验浇花浴佛活动。观看陶艺品展示，体验制作游客自己所喜爱的陶瓷工艺品。

（七）泼水节艺术巡游（4月12日—4月22日）

时间：下午13：30—14：30 路线：白象迎宾—滇池大舞台

巡游方队：金佛乘坐花车，佛爷手捧银钵泼洒吉祥水，孔雀公主和王子乘坐大象向游客挥手致意。傣家小卜哨们丢香包，向游客赠送节日礼品；80多名花伞方队，敲响象脚鼓、跳起嘎光舞，烘托节日气氛，营造梦幻水乡的意境。

（八）《山水云霞》专场歌舞演出（4月12日—4月22日）

时间：下午14：30—15：30 地点：滇池大舞台

（九）女子马术表演（4月12日—4月22日）

时间：下午14：30—15：00 下午16：00—16：30

地点：跑马场

（十）玩水夺标大赛（4月12日—4月22日）

时间：下午15：00—17：30 地点：哈尼寨广场

比赛形式：现场邀请游客组队参与玩水夺标大赛活动，让游客轻松体验傣族、彝族、佤族、哈尼族等民族的独特运水方式，营造快乐。并评出优胜组，赠送奖品。

（十一）亚洲群象表演（常规性演出）

时间：11：00—11：20 13：00—13：20 14：00—14：20

16：00—16：20

地点：大象表演场

（十二）赶摆一条街活动（4月12日—4月22日）

时间：4月12日—4月22日 地点：待定

在泼水节期间，组织赶摆一条街活动。让游客品尝各民族风味小吃，销售民族工艺品，出售泼水用具等。

四、环境布置

1. 大门口广场上摆设各种鲜花，烘托广场的节日气氛。并制作节日布标："欢度傣历1369年泼水节、云南民族村欢迎您"。

2. 大门广场上制作一块泼水节活动广告宣传栏。

3. 大门入口处、傣寨、德昂寨、团结广场、主游路、悬挂"欢度傣历1369年泼水节、德昂族浇花节"等节日布标。

4. 敬酒台至白象群雕主游路两侧、傣寨门口用600把傣族花伞作彩虹门造型，另外布置泼水节宣传刀旗，营造浓烈的节日氛围。

5. 敬酒台至白象群雕主游路通道上方装置间隔喷水雾设施。

6. 团结广场设置成万人泼水狂欢广场。

7. 傣寨缅寺楼下悬挂经幡、布置浴佛亭，营造宗教文化氛围。

8. 傣寨广场上用玻璃钢制作两条蓄水龙船，供游客泼水。

9. 德昂寨按本民族节日习俗，营造环境氛围。

10. 哈尼寨广场布置彩旗，营造节日氛围。

五、相关工作安排

1. 总经办

（1）负责协调泼水节活动的各项工作及安排中心食堂提供外请和尚人员的用餐事宜。

（2）负责录制泼水节活动需知环境广播用磁带与资料拍摄。

2. 安保部负责泼水节期间的泼水区秩序及安全工作

3. 工程园艺部

（1）负责在团结广场边搭建男女更衣室各一间。

（2）负责布置傣寨、泼水狂欢广场、德昂寨、大门口鲜花摆放。

（3）负责通道上方装置间隔喷水雾设施；改造团结广场蓄水池。

（4）负责搭建水上舞台的制作。（水上实景展演《泼水节传说》及傣寨日常展示用）

（5）负责制作傣寨广场，玻璃钢蓄水用龙船。

（6）负责修复敬酒台。

4．市场营销部

（1）负责泼水节的对外宣传及促销工作。

（2）负责设计与制作大门口广场上的泼水节活动宣传栏及团结广场（万人泼水广场）舞台背景板、大门口节日布标的制作。

5．经营部

（1）负责引进赶摆一条街的经营项目，并组织开展。

（2）负责管理游客小件寄存工作及出售泼水用具。

6．吉象公司负责装饰泼水节巡游用大象及参加巡游等活动。

7．民族艺术团

（1）负责提供部分傣族服装及泼水节部分的节目编排工作。

（2）负责大门入口处的泼水节迎宾活动及滇池大舞台的演出。

8．职工医院负责泼水节期间的医疗救护工作。

9．文化展示部

（1）负责泼水节的节目编排及组织实施开展工作。

（2）负责营造泼水节活动点节日环境氛围及制作简介牌。

（3）负责大门弧型花伞及傣寨竹筏的制作。

（4）负责联系泼水节外请佛爷、和尚及住宿安排。

10．女子骑巡队负责泼水节期间的游村展示及马术表演工作。

（资料来源：http：//ynyoo.bokee.com/tb.b？diaryId＝157557172007.4.1712……ynyoo.bokee.com/viewdiary.15755717.html28K2007－5－12－百度快照）

第十二章

中国南传佛教慈善事业

第一节 当代中国南传佛教的"凡尘使命"

中国南传佛教信仰区域存在的一些社会问题迫切需要南传佛教参与帮助解决。当代中国南传佛教也积极参与到弘法利生的慈善事业，视其为自己的"凡尘使命"，在组织机构的管理、慈善内容和弘法方式等方面都逐渐形成了自己的特色，走出了独特的中国南传佛教慈善事业道路，为区域性经济发展、民族团结、社会稳定而发挥出宗教的重要作用。这一活动既是对南传佛教体系建设的发展，也是对人间佛教体系建设的发展，具有重要的理论和现实意义。

人间佛教的提出已近百年，无论是太虚大师的"人生佛教"，还是印顺法师、赵朴老以及星云大师提出的"人间佛教"，其核心思想都是要建立适应现代社会的佛教理念。在现当代佛教复兴运动中，慈善救济揭示了佛陀重视人间的根本精神，因而也成为当代人间佛教的重要弘法途径之一。历代高僧在慈善事业方面所作贡献殊多，推动了社会救济事业的发展。值得注意的是，在很多人的眼里，人间佛教及其慈悲救济事业似乎只存在于大乘佛教之中，而小乘佛教[①]只注重个人的宗教实践，追求的是个人的解脱。与大乘佛教自利利他、普度众生、追求成佛果位的思想相比，小乘佛教只强调自利，追求的只是阿罗汉果位。因此，没有发展起普度众生、帮助、救济众生的慈善事业。事实上，这是对当代中国南传佛教认识的一个误区。

---

① 小乘佛教是相对于大乘佛教而言，从佛教传播的路线而言，本文所涉及的小乘佛教也可以称为南传佛教。因此，笔者在文中用"南传佛教"一词。

2008年12月新浪网公布了《南风窗》在2008年12月评选"为了公共利益"2008年的年度组织的评选结果。云南省西双版纳傣族自治州佛教协会具体负责的"佛光之家"榜上有名，与2008年"5.12"地震中表现突出的空降兵特遣队、四川"5.12"中心等五个组织机构一起成为2008年度"为了公共利益"做出了杰出贡献的年度组织。这次活动对属于南传佛教系统的"佛光之家"作了这样的评价："'佛光之家'的有效工作证明，有序介入社会事务并不会给宗教的形象带来不良影响，相反却对政府工作大有帮助，对营造和谐社会大有裨益。宗教已经成为维系社会稳定的重要因素之一"。[①] 笔者无意在此深入讨论《南风窗》的评选程序及标准等问题，笔者想说的只是：云南省西双版纳傣族自治州"佛光之家"作为一个社会公益组织，其所做的社会慈善事业已经走入人们的视野，并得到了社会的承认和好评。这从一个侧面反映出中国南传佛教开始以弘法利生的慈善事业来进行宗教实践活动。那么，中国南传佛教为何进行慈善事业、他们又是如何做的？在当代宗教发展进程中，中国南传佛教的慈善实践活动具有怎样的意义？本章就是围绕着这些问题展开论述的。

目前在云南南传佛教信仰区域存在吸毒问题和艾滋病等一些社会问题。云南毒品泛滥区域大多是沿中缅边境地区，其中吸毒人员中年龄结构偏低，以青少年为主。而静脉吸毒是云南省及中国目前艾滋病传播的主要途径。因此，毒品泛滥最严重的后果之一，便是艾滋病的传播。据统计，云南省1986—2001年艾滋病监测防治病例10449例（20岁至49岁占88%），占全国同期病例34%，目前艾滋病实际感染人数已超过6万人。云南省的西双版纳傣族自治州，由于地处毒品走私猖獗的"金三角"地区，邻近泰国、老挝、缅甸，是艾滋病的高发地带。因此，西双版纳傣族自治州艾滋病感染流行的情况也非常严重。当地的不少青少年，因为吸毒或到境外打工而感染上艾滋病，1992年当地最早发现的艾滋病感染者就是两名被拐卖到泰国的花季少女。艾滋病患者大多是青壮年，由于病情恶化、面临死亡，心情压抑，同时被社会歧视，患者多有愤怒、忧郁、恐惧、绝望心理，甚至还对社会产生报复心理等，这对周围群众和社会产生了很大危害，成为非常严重的社会问题。因此，迫切需要对艾滋病病人、感染者及其家属进行关怀服务。与此同时，虽然政府已意识到了问题的严

---

① http://www.sina.com.cn 2008年12月19日14：35分。

峻，有不少新的医疗改革项目试图改善针对艾滋病的治疗与预防，但是在一些属于艾滋病高发地区的少数民族地区，如何让更多的人知道或支持这方面的工作，仍然困难重重。目前现有的关怀服务方式及力量相对薄弱，国内也尚没有切实可行的模式可供借鉴。因而，借助社会力量参与关怀服务的摸索与实践也就势在必行。（参见图55—59）

正是在这样的背景下，云南佛教界本着慈悲精神，积极入世，以大慈大悲的佛教理念来帮助那些迫切需要帮助的特殊人群，积极参与艾滋病慈悲关怀事业。在云南省佛教协会会长刀述仁会长的亲自主持下，佛教界采取了一些措施来着手开展艾滋病慈悲关怀事业：

1. 成立了云南省佛教协会"社会关怀办公室"，具体负责艾滋病临终关怀项目的管理。办公室下设"艾滋病人关怀项目组"，具体负责项目方案的策划、实施；项目参与人员的培训管理；项目总结及宣传等。

2. 积极创造条件，以禁毒宣传、艾滋病临终关怀为主要内容，建立健全以广大佛教居士为骨干力量、高僧大德参与指导的慈悲关怀服务组，担负生活价值观宣传、身心调理及临终关怀（助念等）等事宜。

3. 以佛教僧侣、信众为主导，在项目实施点及其他不同场所开展多种形式的社会宣教，普及艾滋病知识，减少社会歧视，倡导关怀帮助，同时并进行目标社区及目标人群关怀。

4. 以佛教僧侣、信众为主体，通过义捐活动，为目标人群赢得相应的资金支持及社会支持，同时，通过佛教倡议及身体力行，对目标人群及其子女、孤儿进行关怀帮助，使其获得基本生活、医疗等关怀帮助，同时并推动社会团体也积极参与关怀活动，为逐步改善目标人群的贫困状况打下良好的基础。[①]

西双版纳傣族自治州"佛光之家"正是在这样的背景下应运而生的。2003年7月，一个名为"佛光之家"的项目正式在西双版纳傣族自治州景洪市启动，由联合国儿童基金会提供经费，云南省艾滋病防治办公室协调，傣族自治州州艾滋病防治办公室指导，州民宗局管理，州佛教协会具体组织实施。西双版纳州佛教协会成立艾滋病关怀与帮助场所——"佛光之家"。此后在德宏地区也成立了"慈爱园"，而临沧地区的慈善活动则在临沧市佛教协会会长提卡达希以及一批有影响的高僧推动下，积极发

[①] 资料来源：云南省佛教协会。在此谨致感谢！

展起来。

第二节 以"佛光之家"为代表的中国南传佛教慈善事业

"佛光之家"项目让南传佛教僧人有组织地参与到禁毒防艾滋病的社会工作中,并且将其视为"凡尘使命"。在云南西双版纳傣族自治州,南传佛教渗透到人民日常生活的方方面面,拥有非同寻常的影响力。[①] 云南西双版纳傣族自治州佛教协会会长、西双版纳傣族自治州总佛寺祜巴龙庄勐大长老认为,僧人要用佛教的慈悲之心来关怀被艾滋病折磨的人们,营造和谐的社会环境,同时也要用佛教精神来约束人们的行为,预防艾滋病。目前,西双版纳傣族自治州共有大小佛寺800余所,信佛教群众30余万人,约占全州总人口的1/3。很多寺院的僧人和信徒都参与到"佛光之家"慈善事业中。

在具体的慈善工作中,"佛光之家"在组织机构管理模式、慈善活动的方式等方面都逐渐形成了自己的特色,走出了独特的中国南传佛教慈善事业道路,这主要表现在以下几个方面。

一 采取多方合作的组织机构管理模式

"佛光之家"是采取多方合作的组织机构管理模式,首先,由于南传上座部佛教一直保持着原始佛教的纯洁性,严格恪守着僧侣不蓄金银的戒律。对此,各个寺院无论其级别高下都在寺规中作出了严格的规定,任何僧侣无论其僧阶高低,都不得蓄金银。为了有效解决资金问题,在"佛光之家"的组织管理过程中,"佛光之家"项目采取由联合国儿童基金会提供经费,云南省艾滋病防治办公室协调,傣族自治州州艾滋病防治办公室指导,州民宗局管理,州佛教协会具体组织实施的共同管理模式,成功地解决了南传佛教对于金银戒律方面的问题。其次,在具体活动过程中,佛教界与政府有关部门分工明确:由各个佛爷出面组织大家,以宗教弃恶从善的观念和教条告诫信教群众,比如不能吸毒、要爱护家庭等,利用僧

---

① 关于傣族社会与中国南传上座部佛教的关系,详参郑筱筠《历史上中国南传上座部佛教与社会组织制度之互动》,《世界宗教研究》2007年第4期。

人的特殊地位和佛教的教义教规，为当地群众特别是青少年，提供有关艾滋病、毒品预防宣传教育的资讯，开展对艾滋病感染者的咨询和关怀，为他们重新融入社会提供帮助；而政府有关工作人员则同时讲解禁毒防艾的各种知识和方法，从不同角度对艾滋病患者及家属，以及周围的群众进行全方位的宣传教育。

二　加强队伍建设，使之真正服务于社会

"佛光之家"广泛开展慈善文化、慈善工作经验等方面的国际、地区间的交流，大力宣传我国慈善文化、慈善事业的成果、慈善事业发展目标，学习和借鉴国外发展慈善事业的理念、传播慈善文化的方式、慈善组织自律的措施、组织实施慈善活动和项目的经验。为了更好地服务社会，西双版纳州佛教协会和总佛寺、"佛光之家"采取学习经验和加强僧人相关知识培训的方法。

首先，"佛光之家"专门派僧人到泰国学习经验，了解泰国方面艾滋病预防、关怀的基本做法，学习和借鉴国外发展慈善事业的理念、传播慈善文化的方式、慈善组织自律的措施等。

其次，"佛光之家"、总佛寺的僧人采取了灵活的方式来培训西双版纳傣族自治州各寺的住持、僧人以及云南佛学院西双版纳分院的僧人，有时甚至让他们一起扮演感染者或亲属的活动，增加僧人的认识。通过他们在各村寨对群众进行宣传，扩大影响。几年来，"佛光之家"已举办了542名僧侣参加的十期僧人和宗教管理人员培训班，介绍艾滋病的流行现状和防治知识。

三　在慈善活动的内容安排上，心灵关怀和物质关怀并重，传统和现代手段相结合

(一) 结合佛理进行宣传，从心灵关怀的角度来宣扬佛教的慈悲精神

首先是加强佛教的戒律教育。中国南传上座部佛教非常重视戒律，以戒律来约束信徒的言行。一般来说，南传上座部佛教的戒律主要分为五戒、八戒、十戒和具足戒四级。其中八戒内容是：第一、不杀生；第二、不偷盗；第三、不邪淫；第四、不妄语；第五、不饮酒；第六、不坐高广大床；第七、不观听歌舞音乐；第八、不非时食（过午不食）。西双版纳傣族地区的佛教徒不仅在持戒时期遵守八戒，而且还形成了自己地方特色

的十戒：第一、不杀生，不伤害人；第二、不偷盗；第三、不邪淫，不调戏妇女；第四、不欺骗人；第五、不饮酒；第六、过午不食；第七、不准唱歌跳舞；第八、不准戴花打扮；第九、不准坐比老人、佛爷更高的位子；第十、不准做生意，不能贪财。① 对于戒律的执行，能让村民用戒律及其伦理道德体系的主要精神来规范自己的世俗伦理道德生活，形成良好的道德自律、尊老爱幼，相互之间宽容忍让，可以有效地建立起和谐的人际关系和营造良好的社会环境。因此，对慈悲关怀对象、家属以及周围的群众加强戒律教育，有助于慈悲关怀对象及家属与周围的群众和谐相处，帮助慈悲关怀对象重新融入社会。

其次，在宣传过程中，僧人们巧妙地糅进了大量的业报轮回思想、"四无量心"、"四念处"等佛法禅理，以佛法义理救度众生饥渴的心灵，渐渐使群众由当初对政府组织的艾滋病关怀因不了解而心存畏惧，转变到敢于主动前来咨询和交流，为以后关怀工作的开展打下了基础。

佛教业报轮回思想认为，作为能够导致果报之因的行为，叫做"业"。"业"（Karma）是梵文的意译，音译"羯磨"，意思是"造作"。业有三业：身业（行动）、口业（言话）、意业（思想）三类，也就是人的一切身心活动。任何思想行为，都会给行为者本人带来一定的后果，这后果叫做"报应"或"果报"。业有一种不导致报应决不消失的神秘力量，叫做"业力"，"业力不失"是联结因果报应的纽带。有什么样的业，就会得什么性质的报，在六道中轮回，流转不息。所谓善有福报，恶有罪报，是其主要内容。经过详细讲解，让慈悲关怀对象正确认识得病的因果，正确对待自己的生命和生活，有效地消除了慈悲关怀对象对社会的敌视、不满心理。

为了进一步宣传佛教的慈悲精神，"佛光之家"还结合佛教禅修理论对人们进行宗教实践的指导，详细讲解"四念处"和"四无量心"等佛教理论，让人们对佛法有一较深的认识。

"四念处"的禅观方法一直是上座部佛教最基本的修行法门。四念处，巴利语是 satipatthana，梵语为 smrty-upasthana，是八正道正念的修行方法，指的是身观念处、受观念处、心观念处、法观念处四种修行内容。

---

① 中国南传佛教地区的佛教十戒与汉传佛教的十戒略有差异。这是中国南传佛教本土化的一个表现。

在佛经《大念处经》中记载，"为众生之清净，为度忧悲，为灭苦恼，为得真理，为证涅槃，唯一趣向道，即四念处"。修习"四念处"可得四果，四种福利："谓须陀洹果，斯陀含果，阿那含果，阿罗汉果。"佛弟子们经过身观念处、受观念处、心观念处、法观念处四个阶段，不断地训练自己，观照自己，检验自己，最后就可以断除烦恼忧苦的束缚，得到解脱自在的阿罗汉果。只要在日常生活中不断修习，就可以让烦恼忧愁止息。而且，无论文化背景、职业、种族、性别、甚至聪明才智的高低，任何人都可以修习这种禅观，消除烦恼，获得喜悦、轻松自在和解脱。

"四无量心"指的是慈、悲、喜、舍四种无量心修行方法。即"慈"以维持有情的利益行相为相。取来有情的利益为味（作用），恼害的调伏为现起（现状），见有情的可爱为足处（近因），嗔恚的止息为（慈的）成就，产生爱着为（慈的）失败；"悲"以拔除有情之苦的行相为相，不堪忍他人之苦为味，不害为现起，见为苦所迫者的无所依怙为足处，害的止息为（悲的）成就，生忧则为（悲的）失败；"喜"——以喜悦为相，无嫉为味，不乐的破坏为现起，见有情的成功为足处，不乐的止息是它的成就，发生（世俗的）笑则为它的失败；"舍"——对有情而维持其中立的态度为相，以平等而视有情为味，嗔恨与爱着的止息为现起，"'诸有情的业为自己的所有，他们随业力而成幸福，或解脱痛苦，或既得的成功而不退失'——如是见业为所有为足处，嗔恚与爱着的止息是它的成就，发生了世俗的无智的舍是它的失败。修四梵住的目的"就是为了获得毗钵舍那之乐及有的成就（善趣）为此等四梵住的共同目的；破除嗔恚等为（四梵住的）不共（各别）的目的。即破除嗔恚为慈的目的，其余的（悲喜舍）以破除害、不乐及贪为目的。① 通过修行慈、悲、喜、舍四种无量心，可以消除贪、嗔、痴"三毒"，断绝烦恼，让慈悲关怀对象及周围群众对佛教有全面的认识和体验，在社会上形成和睦的社会环境。

（二）运用现代化宣传手段，让群众了解艾滋病防治、治疗和护理的知识

针对群众缺乏艾滋病的预防和治疗护理知识的情况，"佛光之家"编印了1.5万余册关于艾滋病防治、治疗和护理的知识画册，以及1万余张

---

① 觉音著，叶均译《清净道论》，中国佛教协会1991年版，第288页。

图文并茂的宣传张贴画。以通俗易懂的方式来宣传艾滋病的预防和治疗护理知识。此外，考虑到西双版纳傣族自治州很多群众的汉语水平不高，看不懂汉语宣传资料，因此，"佛光之家"组织大量人力用傣文来编印宣传手册，用傣文来宣传关于艾滋病防治、治疗和护理的知识。对此，一些群众反映："政府的人多数用汉族话，材料都是汉字。而僧人们都是傣族，他们能够用我们自己的语言说话，能够写我们自己的文字，这样就容易懂了。"这样的宣传方式取得了很好的效果。

（三）积极组织关怀对象参与各种文化活动，激发他们对生活的追求、对生命的热爱

"佛光之家"除了向村民们宣传艾滋病的预防和治疗护理知识外，还多方了解感染者和患者的需求和想法，积极对一些艾滋病病毒感染者进行关怀和帮助，组织艾滋病患者参与民族民间文化的保护和开发活动，一些群众利用自己特有的技艺生产、加工各种工艺品，增加了收入。在创收的同时，通过参与文化保护和开发活动激发起他们对生活、对生命的热爱。

（四）积极举办关怀对象禅修培训班，加强宗教实践，在精神上达到"医疗"的目的

2008年5月，"佛光之家"在西双版纳总佛寺举办了为期4天的关怀对象禅修培训班，由景洪市佛教协会会长都罕听法师负责培训，举办培训班的目的是让关怀对象通过禅修来调整心态、平心静气，从而帮助关怀对象在精神上达到"医疗"的目的。培训取得了非常好的效果，让慈悲关怀对象对佛法、对宗教修行有了更深的认识，能够积极地面对人生，以积极的态度来处理自我与社会的关系。

（五）与社会各界通力配合，项目扶贫，用高科技的现代化方式来进行慈悲关怀

佛教的慈悲关怀实践活动不单是物质关怀，它更能抚慰关怀对象的心灵，解决关怀对象的思想问题和现实问题，激发关怀对象的感恩之心，提升关怀对象的生存质量和生存价值。大多数艾滋病毒感染者由于患病后没有稳定的经济来源，家庭陷入了经济困境。针对这一情况，"佛光之家"与社会各界通力配合，以科技扶贫的现代化方式来积极帮助患者解决经济困难。

佛光之家与西双版纳傣族自治州林业部门、金孔雀旅游集团一起设立了孔雀养殖项目，旨在对艾滋病毒感染者等弱势群体提供帮助和关爱，唤

起社会上更多的人来关爱和帮助弱势群体。这一项目首先向佛光之家的7名艾滋病毒感染者伸出援手，通过"绿色关怀"，7名感染者掌握了一套可赖以自救的孔雀养殖技术，有了经济来源。2006年3月首批20只蓝孔雀种苗送抵佛光之家，6月下旬顺利出栏，由金孔雀旅游集团绿色产业有限公司全部回收。初见成效后，三方一致决定继续加大投入扩大养殖规模。2006年12月30日，投入试点项目的200只孔雀顺利出栏，取得了良好的经济效益。7名在西双版纳佛光之家接受关怀的艾滋病毒感染者，通过养殖孔雀，解决了经济困难。[①]

2006年10月27日和11月6日，"佛光之家"分别在勐海县和勐腊县设立了分支机构，使其宣传面和影响力得到了进一步扩大，帮助和关怀的对象覆盖面也得到扩大。云南省西双版纳傣族自治州"佛光之家"佛教慈悲关怀实践活动在特殊人群心灵关怀、社会人格培养、构建和谐人际关系、净化社会风气、提升社会伦理道德、抵制社会丑恶现象、实施教育医疗救助、扶贫济困等方面都做出了突出的贡献，与此同时，它在长期的实践过程中，逐渐形成了自己的特色，走出了独特的中国南传佛教慈善事业道路。

类似于"佛光之家"这样的慈善组织在南传上座部佛教信仰区域绝不是孤立存在的现象。现在德宏傣族景颇族自治州的慈爱园也是这样的南传佛教慈悲关怀基地。此外临沧市、普洱市等南传佛教信仰区域都已经出现南传佛教慈悲关怀社会、服务社会的慈善活动。笔者在调研过程中，还看到临沧市南传佛教长老还直接深入艾滋病患者家中、贫困村寨、受灾群众中，问寒问暖，送衣送物，送上关心。例如临沧市佛教协会会长提卡达希就经常把自己为数不多的钱拿出来，购买衣服物品，送到迫切需要帮助的村民手中。在他的带动下，已经有更多南传佛教长老加入到这一队伍中，南传佛教慈悲救世的慈善事业队伍正在不断扩大，南传佛教正以自己的独特方式在服务社会。正如南传佛教经典《慈爱经》中所言"愿一切众生心生欢喜、快乐、平安。""恰如为母者不惜生命地保护其独子"，"保持无量慈爱心，与于一切众生。让其慈爱遍满无量世界，于上方、下方及四方皆不受限制，完全没有瞋恨。"南传佛教长老们正通过身体力行积极入世，实践着佛教的慈悲精神。

[①] 可参考《200只出栏孔雀为版纳慈善机构续航》，《云南日报》2007年1月4日。

第三节　当代中国南传佛教"凡尘使命"的意义

当代中国南传佛教的慈善实践活动令人深思，它在当代佛教发展进程中具有重要的现实意义和理论意义，为当代佛教如何在现代社会更好地发展提供了经验。

一　当代中国南传佛教"凡尘使命"的现实意义

（一）积极投身社会救助，产生良好的社会反响，社会各界对此都有很高的评价，进一步扩大了中国南传佛教在当代社会发展进程中的影响

云南省吸毒及艾滋病传播源主要分布于靠近中缅边界的西双版纳傣族自治州、德宏傣族景颇族自治州、普洱市、保山市等以傣族居多的地区，南传佛教是这些民族的传统信仰，这里的民族，特别是傣族，基本是全民信教，佛教在这些地区具有良好的信众基础，对于信教的群众而言，僧人的话有时候比村干部和警察的话有影响力，许多年轻人都很害怕被住寺叫到佛寺里批评教育。另外由于每年都有许多宗教仪式活动，人们都需要聚集到佛寺里，在寺院里参加宗教活动，这已经成为人们日常生活重要的组成部分。所以在群众眼中，僧人具有相当的号召力，有绝对的宗教权威。中国南传佛教积极投身社会救助，从宗教的角度帮助戒毒、提供艾滋病的治疗与预防方法，产生了良好的社会效果。社会各界都高度评价中国南传佛教这一善举，群众反映非常好。例如勐腊县曼龙代村的傣族妇女咪亢认为："我们老百姓相信僧人，和相信政府是一样的。僧人和政府都必须尊重，因为他们都会真正关心和帮助我们，僧人和政府都是我们需要的，哪一方都不能缺少。现在僧人来帮助我们，我们非常高兴。"同时，政府有关部门也大力支持中国南传佛教这一善举。西双版纳州民族宗教局表示："政府在宗教工作方面曾经有过一些误区和偏差，认为宗教不应该介入社会活动；与此同时有许多宗教领袖也有类似的担忧，觉得过多介入社会事务将给宗教形象带来不良影响。而随着社会的进步和时代的变化，各种各样的猜疑和瓶颈不断被打破，尤其在一些开明人士的积极倡导下，政府与宗教之间的协作越

来越多。"① 勐腊县民族宗教局认为,"由于国家宗教政策有着许多特殊性,有些干部曾经也担心宗教人士介入禁毒防艾工作,会不会对政府的形象造成不良影响。但是实践下来,觉得这样的担心是多余的,可以看出通过佛教与政府的协作,工作效果更好了。"② 应该说政府有关部门正是看到了"佛光之家"慈善实践活动的社会影响,才作出这样的评价的。中国南传佛教积极投身社会救助,产生良好的社会反响,社会各界对此都有很高的评价,进一步扩大了中国南传佛教在当代社会发展进程中的影响。

(二) 宗教界出面宣传戒毒有不同于强制戒毒的功效,为云南省解戒毒、防治艾滋病提供了一种思路和途径

目前云南省现有的关怀服务方式及力量相对薄弱,国内也尚没有切实可行的模式可供借鉴。因而,迫切需要借助社会力量参与关怀服务的摸索与实践。由于中国南传佛教的慈悲关怀实践活动不仅进行物质关怀,而且也进行心灵关怀,更能抚慰关怀对象的心灵,解决关怀对象的思想问题和现实问题,激发关怀对象的感恩之心,提升关怀对象的生存质量和生存价值。在具体慈悲关怀活动中不仅提供物质关怀和心灵关怀,更主要的是结合实际,通过教理、教义的讲解,让关怀对象本身主动认识到吸毒以及艾滋病对个人、对社会、对国家的危害,从心里主动打算彻底戒除烦恼的根源,开始自觉遵守佛教徒的戒律,通过精神、心理、身体的自我调适来戒毒,复吸率低,收效明显。中国南传佛教的慈悲关怀实践活动为云南省政府有关部门在戒毒、防治艾滋病工作方面提供了另外一种思路和途径。

(三) 这是中国南传佛教自身与时俱进的表现

中国南传佛教的慈悲关怀实践活动是中国南传佛教自身与时俱进的表现,是时代的需要,社会的需要。对艾滋病病毒感染者和病人的关怀与支持是艾滋病预防与控制工作的必要组成部分,向感染者、病人、及其家属提供必要的关怀与支持可以缓解他们的痛苦,推迟残疾和死亡,提高他们的生活和生存质量,部分解决病人和家庭的需求。只有全社会理解和关心他们,减少对他们的歧视,为他们营造一个宽松的生活环境,才能使他们

---

① 《西双版纳僧人的凡尘使命》,《南风窗》2008 年 04 月 02 日 09:58 分 www.chinavalue.net/Media/Article.asp

② 《西双版纳僧人的凡尘使命》,《共产党员》2008 年 5 月下半期。

正确面对病情，从而积极改变其行为方式，保护广大的人群。如果佛教发挥其社会整合功能，发挥其影响，那么关怀服务工作非常易于开展。在这样的情况下，社会需要中国南传佛教有所作为。于是中国南传佛教就通过这样的途径积极实践着慈悲利他事业，致力于现实生活中的实际问题，兴办各项慈善公益事业，为服务社会发挥了独特的作用，这正是中国南传佛教自身与时俱进的表现。

二 当代中国南传佛教"凡尘使命"的理论意义

当代中国南传佛教的慈善实践活动也在为我们研究当代宗教的发展及其作用方面提供着实践经验的依据，具有重要的理论意义。

（一）从宗教学研究的理论层面来看，当代中国南传佛教的慈善实践活动在向人们昭示：宗教具有自我调适性，当代宗教自身正在逐渐适应社会的发展，根据社会和时代的需要来发展自己

随着时代的发展，当代佛教界彼此之间的交流日益密切，它们之间互相学习，取长补短，求同存异，共同为社会服务。一般说来，以佛教的慈悲精神来进行社会慈善实践活动，原来主要是以大乘佛教为主。当代大乘佛教的慈善事业发展非常迅速，并深得社会各界的好评。因此，中国南传佛教学习大乘佛教的经验，积极发扬佛教的慈悲精神，以宗教慈善活动来弘法利生。这一活动为当代宗教研究提供了宗教发展的一个经验和范例，它充分说明宗教的发展并不是一成不变的，中国南传佛教在恪守原始佛教传统纯洁性的同时，开始关注社会民生问题，在当代社会发展进程中开始探索适合自己发展的道路，积极借鉴经验，敢于突破教义的规定，在宗教修行上开始自我调整，以特殊的入世方式来发展自己。

（二）从中国南传佛教体系建设而言，其在宗教教理上开始有所调适，对南传佛教理论体系建设有所发展

过去，与大乘佛教相比，南传佛教强调的是通过宗教修行来得到个人的自我解脱，主张自利，从信仰修证方面来说，信仰者通过"八正道"等宗教道德修养，可以达到阿罗汉果（断尽三界烦恼，超脱生死轮回）和辟支佛果（观悟十二因缘而得道），但不能成佛，在信徒们眼里，现世只有释迦牟尼佛一位佛。大乘佛教则认为，三世十方有无数佛同时存在，释迦牟尼是众佛中的一个。信仰者通过菩萨行的"六度"

(布施、持戒、忍辱、精进、禅定、智慧）修习，可以达到佛果（称"菩萨"，意为具有大觉心的众生），扩大了成佛的范围。又，南传佛教要求断除自己的烦恼，以追求个人的自我解脱为主，从了生死出发，以离贪爱为根本，以灭尽身智为究竟，纯是出世的；大乘佛教则认为佛法大慈大悲，普度众生，以成佛救世，建立佛国净土为目标。修证需要经过无数生死，历劫修行，以"摩诃般若"（大智慧），求得"阿耨多罗三藐三菩提"（无上正觉），除断除自己一切烦恼外，更应以救脱众生为目标。因此他既是出世的，又强调要适应世间，开大方便门，以引渡众生。因此，在大乘佛教出现后，南传佛教又被称为小乘佛教。当然，现在这样的歧视性含义早已消失，小乘佛教一词只是用于区别与大乘佛教之不同。但是，在教理上，大乘佛教和小乘佛教之不同仍然是存在的。现在面对社会的需要，时代的需要，中国南传佛教开始在社会挑战面前勇挑重担，并且敢于突破教义的有关规定，积极慈悲关怀实践活动，以入世的慈悲精神来弘法济生，这一举措表明中国南传佛教已经对自身固有理论体系有所突破，这无疑是对南传佛教体系建设的发展，也是对人间佛教体系建设的发展。

第四节 当代中国南传佛教慈善事业的挑战及发展趋势

当代南传佛教正积极参与到社会经济建设、文化建设进程中，充分发挥南传上座部佛教的优势，帮助更多的人得到解脱，佛教慈悲关怀实践活动在特殊人群心灵关怀、社会人格培养、构建和谐人际关系、净化社会风气、提升社会伦理道德、抵制社会丑恶现象、实施教育医疗救助、扶贫济困等方面做出了突出的贡献，为区域性经济发展、民族团结、社会稳定而发挥了宗教的重要作用。此外，面对社会的需要，时代的需要，中国南传佛教开始在社会挑战面前勇挑重担，并且勇于突破教义的有关规定，积极进行慈悲关怀实践活动，以佛教的慈悲精神来弘法济生，这一举措无疑是对南传佛教体系建设的发展，也是对人间佛教体系建设的发展。如果说星云大师在《当代人心思潮》一书中提出："我们要用入世替代出世，用积极换取消极，用乐观改变悲观，用喜世摧毁厌世，用欢喜的奉献展现国际佛教的生命力和正觉观。"[1], 指出了当代人间佛教发展的方向, 那么我们可以说慈悲关怀实践活动开始成为中国南传佛教的"凡尘使命", 当代中国南传佛教正是以这样的方式展现着南传佛教的生命力, 成为人间佛教弘法利生、慈悲救世的独特的一个亮点。但是作为刚起步的现代慈善事业的新成员, 中国南传佛教仍然面临诸多挑战和问题, 亟需面对和解决。

一 当代中国南传佛教慈善事业面临的挑战

如果我们把中国南传佛教的慈善公益事业放到宗教慈善公益事业的大格局之中加以研究的话, 那么我们会看到: 宗教具有独特的社会资源, 有动员社会资本的凝聚力, 虽然在目前宗教以各种形式的慈善活动参与到和谐社会的建设进程中。但到目前为止, 我国宗教组织还未能有效进入社会服务领域, 宗教界的社会公益事业水平仍然较低。这主要表现为[2]:

第一, 在组织制度的建设方面, 在我国现行政策法律框架下, 宗教慈善组织还不能建立独立的法人机构, 因此, 难以有效地全面开展各种社会慈善公益事业。

第二, 在宗教慈善资金管理方面缺乏有效的管理机制, 缺乏相应的监督机制, 因此, 在宗教经济管理领域还缺乏操作层面的制度保障;

第三, 虽然宗教界创办的各类慈善超市、慈善委员会开始显示宗教界在积极探索适应自身发展的慈善公益事业, 但与近年来大量涌现的企业界和慈善家等所参与的慈善事业相比, 宗教慈善事业的创新与发展还不足, 对慈善资源的开发和利用仍显不足, 也未完成自身理论体系的理性创新发展。

第四, 缺乏从事慈善公益事业的专业人才同样是困扰着中国宗教慈善公益事业发展的瓶颈。随着社会慈善公益事业的发展, 其分工将会越来越细化、具体化, 其操作将会越来越精细化和专业化。这也要求宗教界慈善公益事业需要专业人才, 才能在方兴未艾的慈善公益事业中走出适合自己的中国宗教慈善发展模式。

---

[1] 星云:《当代人心思潮》, 台湾香海文化有限公司 2007 年版。
[2] 详参郑筱筠《当代中国宗教慈善事业的定位、挑战及趋势》,《中国宗教》2012 年第 3 期。

这些问题是中国宗教慈善事业面临的挑战，但对于突破自身理论和修行体系，开始积极从事慈善活动的中国南传佛教更是如此。

二 当代中国南传佛教慈善事业的发展趋势

那么，在当代社会转型时期，中国宗教与慈善公益事业的发展趋势又是怎样的呢？中国南传佛教的慈善公益事业又将如何？笔者认为，以下几个方面将成为中国南传佛教慈善公益事业的发展趋势：

第一，宗教慈善公益仍然是成为宗教进入社会公共领域的有效途径，宗教慈善公益事业将得到更好的发展契机。

随着国民经济持续快速发展、精神文明建设不断深化，社会管理体制改革逐步深入，人民生活水平逐步提高，发展慈善事业已经具备了重要的经济物质文化和社会基础。此外，慈善事业发展的法律法规和政策开始初步形成，慈善组织呈现良好的发展态势慈善活动和志愿服务日趋活跃，参与慈善捐赠的公民和法人不断增加，慈善捐赠款物呈逐渐增加趋势，，受益人范围不断扩大，慈善事业在促进社会公平，维护社会稳定等方面的作用日显突出，已成为构建社会主义和谐社会的重要内容。宗教慈善作为社会慈善公益事业的一支有生力量，积极发展宗教慈善公益事业是宗教自身的需要，也是社会发展的需要。

第二，宗教慈善公益的专业化程度将得到提升。

首先，随着国家有关部门出台的相关政策和法规，慈善公益事业的制度将逐渐完善，中国宗教慈善公益活动的管理和参与也将日趋专业化。目前已经有越来越多的非宗教慈善机构加入到社会公益活动队伍中来，并成为社会公益事业的主力军。在这些基金会和公益机构中，随着政府对慈善专业人才队伍的重视，和相关慈善培训活动的实施，慈善公益与非营利领域将成为中国就业的新途径，慈善公益队伍专业化水平在今后将有较大提高。与此相适应，宗教慈善公益队伍的专业化水平也会得到提高。

第三，中国宗教慈善公益活动将会进行有机的整合，从各自分散性的慈善公益活动进而逐步发展为联合性、整体性的宗教慈善公益活动，从而更好地有力展示宗教慈善公益活动的社会贡献力量。

近年来中国慈善公益事业得到持续发展，全社会的现代慈善意识进一步提高，慈善捐赠稳中有升，标志着中国慈善事业已经进入新成长阶段。

随着民政部对慈善事业宏观指导、协调管理职能的加强，政府对慈善事业推动作用将更加凸显。随着社会慈善公益事业的发展，慈善联合救助机制趋于成熟。在政府的推动下，全国性联合应急救助平台，将由政府部门与慈善机构、捐助方共同搭建，中国慈善事业将由分散救助向联合救助方向发展。宗教慈善机构作为其中的一个部分，也应该由分散性的慈善活动向联合慈善活动的方向发展，甚至可以形成"宗教联合体"模式的联合慈善公益机构，以宗教慈善公益活动为己任，积极有效地参与到社会慈善公益事业中。中国宗教慈善公益事业如此，作为其中一名新成员的中国南传佛教亦如此。

参 考 文 献

英文

"*The Chiang Mai Chronicle*", translated (from Thai into English) by David K. Wyatt and Aroonrut Wichienkeeo, Silkworm Books, Chiang Mai, 1995.

Donald K. Swearer, *The Buddhist world of Southeast Asia*, New York: State Univ. of New York Pr., 1995.

ed. by Juliane Schober, *Sacred biography in the Buddhist traditions of south and southeast Asia*, Univ. of Hawaii Press, 1997.

H. L. Seneviratne, *Rituals of the Kandyan state*, Cambridge University Press, 1978.

Hans Penth, "*A Brief History of Nan Na: Civilization of North Thailand*", Silkworm Books, Thailand, 2000, p. 11.

Kanai Lal Hazra, *The Buddhist annals and chronicles of south-east Asia*, New Delhi: Munshiram Manoharlal Publishers Pvt. Ltd., 1986.

Michael Carrithers., *The forest monks of Sri Lanka*, Oxford University Press, 1983.

Richard A. Gard, *The role of Thailand in world Buddhism*, The World Fellowship of Buddhists, 1971.

Richard Gombrich, *Theravada Buddhism*, Routledge & Kegan Paul, 1988.

Rory Mackenzie, *New Buddhist movements in Thailand*: towards an understanding of Wat Phra Dhammakaya and Santi Asoke, London ; New York : Routledge, 2007.

S. J. Tambiah, *World conqueror and world renouncer : a study of Buddhism and polity in Thailand against a historical background*, Cambridge [Eng.] ; New York : Cambridge University Press, 1977.

S. J. Tambiah, *Buddhism and the spirit cults in north-east Thailand*, Cambridge [Eng.] : University Press, 1975.

中文
著作：

（梁）僧祐：《出三藏记集》，中华书局1995年版。

《佛说造塔延命功德经》，《大正藏》卷1026。

[泰国] 披耶阿努曼拉查东《泰国传统文化与民俗》，中山大学出版社1987年版。

[泰国] 黎道纲《泰国古代史地丛考》，中华书局2000年版。

《大理府志》，民国29年重印本。

《傣族民间故事集成》，云南人民出版社1993年版。

《傣族社会调查资料》之五，云南人民出版社1985年版。

《傣族社会历史调查》（西双版纳之九），云南人民出版社1985年版。

《傣族社会历史调查》（西双版纳之三），云南民族出版社1983年版。

《德昂族文化大观》云南民族出版社1999年版。

《福贡县志》，云南民族出版社1999年版。

《金湖之神》，中国民间文艺出版社（云南）1981年版。

《兰嘎西贺》版本，中国民间文艺研究会云南分会编印，1981年。

《泐史》，四川民族出版社1984年版。

《临沧地区傣族社会历史调查》，民族出版社1985年版。

《西双版纳傣族民间故事集成》，云南人民出版社1993年版。

《西双版纳傣族宗教情况初步调查》，载《傣族社会历史调查（西双版纳之三）》，云南民族出版社1983年版。

《云南少数民族社会历史调查资料》（五），云南人民出版社1985年版。

《云南省志·宗教志》。

《中国民间长诗选》第一集，上海文艺出版社1980年版。

曹成章：《傣族社会研究》，云南人民出版社1988年版。

查尔斯·埃利奥特：《印度教与佛教史纲》，商务印书馆1982年版。

陈保亚、木镜湖：《南传上座部佛教入滇考》，云南大学中文系编《东南亚文化论》，云大出版社1994年版。

陈卫东主编：《沧源佤族自治县统战史》，云南民族出版社2006年版。

褚建芳：《人神之间——云南芒市一个傣族村寨的仪式生活、经济伦理与等级秩序》，社会科学文献出版社2005年版。

刀世勋：《巴利语对傣语的影响》，《贝叶文化论》，云南人民出版社1990年版。

邓殿臣：《南传佛教史简编》，中国佛教协会，1981年。

杜继文主编：《佛教史》，江苏人民出版社2006年版。

段立生：《泰国文化艺术史》，商务印书馆2005年版。

方国瑜：《中国西南历史地理考释》，中华书局1987年版。

傅光宇：《东南亚与云南民族文学》，云南大学出版社1999年版。

龚锐：《圣俗之间——西双版纳傣族赕佛世俗化的人类学研究》，云南人民出版社2008年版。

郭武：《道教与云南文化——道教在云南的传播、演变及影响》，云大出版社2000年版。

国家民委：《民族问题五种丛书》云南省编辑组编：《傣族社会调查资料》，云南人民出版社1985年版。

国家民委：《民族问题五种丛书》云南省编辑组编：《临沧地区傣族社会历史调查》，云南人民出版社1986年版。

国家民委主编民族五种问题丛书：《云南少数民族社会历史调查资料》，云南人民出版社1985年版。

贺圣达：《东南亚文化发展史》，云南人民出版社1996年版。

季羡林：《中印文化交流史》，新华出版社1991年版。

江应樑：《摆夷的经济文化生活》，云南人民出版社2008年版。初版于20世纪50年代初，在2008年再次刊印。

江应樑：《傣族史》，四川民族出版社1984年版。

金泽：《宗教人类学学说史纲要》，中国社会科学出版社2009年版。

净海：《南传佛教史》，宗教出版社2001年版。

觉音著，叶均译：《清净道论》，中国佛教协会，1991年。

觉音尊者著，叶均译：《清净道论》，中国佛教协会，1991年。

李昆声：《云南艺术史》，云南教育出版社2001年版。

梁启超：《中国佛教研究史》，上海三联书店1988年版。

临沧地区民族宗教事务局编：《临沧地区民族志》，云南民族出版社2002年版。

刘岩：《南传佛教与傣族文化》，云南民族出版社1993年版。

刘稚、秦榕：《宗教与民俗》，云南人民出版社1991年版。

米尔恰·伊利亚德著，王建光译：《神圣与世俗》，华夏出版社2003年版。

宋立道：《从印度佛教到泰国佛教》，台湾东大图书股份有限公司2002年版。

宋立道：《神圣与世俗》，宗教文化出版社2000年版。

谭乐山：《南传上座部佛教与傣族村社经济——对中国西南西双版纳的比较研究》，云南大学出版社2005年版。

汤用彤：《汉魏两晋南北朝佛教史》，上海书店1991年版。

陶云逵：《车里摆夷的生命环》，金陵大学，1948年。

陶云逵：《俅江纪程》，《云南独龙族历史资料汇编》，1964年12月。

田汝康：《芒市边民的摆》，云南人民出版社2008年版。

王海涛：《云南佛教史》，云南美术出版社2001年版。

王松、王思宁：《傣族佛教与傣族文化》，云南民族出版社1989年版。

王晓帆：《中国西南边境及相关地区南传上座部佛教塔研究》，上海同济大学，2007年博士学位论文。

王懿之、杨士录主编：《贝叶文化论》，云南人民出版社1990年版。

维克多·特纳著，黄剑波等译：《仪式过程——结构与反结构》，中国人民大学出版社2006年版。

吴之清：《贝叶上的傣族文明——云南西双版纳南传上座部佛教社会研究》，人民出版社2008年版。

吴之清：《贝叶上的傣族文明——云南德宏南传上座部佛教社会考察研究》，四川巴蜀书社2007年版。

伍雄武、岩温扁：《傣族哲学思想史》，民族出版社 1997 年版。

西双版纳傣族自治州民宗局编：《西双版纳傣族自治州民族宗教志》，云南民族出版社 2006 年版。

星云大师：《当代人心思潮》，台湾香海文化有限公司 2007 年版。

岩温扁译：《巴塔麻嘎捧尚罗》，云南人民出版社 1989 年版。

颜思久：《云南宗教概况》，云南大学出版社 2000 年版。

杨民康：《贝叶礼赞——傣族南传佛教节庆仪式音乐研究》，宗教文化出版社 2003 年版。

杨学政主编：《云南宗教史》，云南人民出版社 1999 年版。

杨懿之主编：《贝叶文化论》云南人民出版社 1990 年版。

杨增文：《当代佛教》，东方出版社 1993 年版。

姚荷生：《水摆夷风土记》，上海大东书局 1948 年版。

尤中：《白古通纪浅述校注》，云南人民出版社 1998 年版。

云南大学中文系编：《东南亚文化论》，云南大学出版社 1994 年版。

云南少数民族古籍译丛第 21 辑：《傣族风俗歌》，云南民族出版社 1988 年版。

曾明编著：《印度神话故事》，宗教文化出版社 1998 年版。

张福三主编：《云南地方文学史》，云南人民出版社 1997 年版。

张建章：《德宏宗教》，德宏民族出版社 1992 年版。

张晓松等：《云南民族地方行政制度的发展与变迁》，云南人民出版社 2005 年版。

赵廷光、刘达成：《云南跨境民族研究》，云南民族出版社 1998 年版。

郑筱筠：《佛教与云南民族文学》，新华出版社 2001 年版。

杰克·康菲尔德：《当代南传佛教大师》，觉悟之路网站。

江应樑著，江晓林签注：《滇西摆夷之现实生活》，德宏民族出版社 2003 年版。

余定邦：《中缅关系史》，光明日报出版社 2000 年版。

常任侠：《印度与东南亚美术史》，安徽教育出版社 2006 年版。

论文：

郑筱筠：《试论南传佛教的生态文明》，《佛教与生态文明》，宗教文化出版社 2009 年版。

《制度性宗教 VS 分散性宗教——关于杨庆堃〈中国社会中的宗教〉的讨论》（Weller、范丽珠、陈纳、Maden、郑筱筠合作），《世界宗教文化》2010 年第 5 期。

蔡惠明：《云南南传上座部佛教概况》，《法音》1990 年第 4 期。

刀述仁：《南传上座部佛教在云南》，《法音》1985 年第 1 期。

邓殿臣：《斯里兰卡佛教林居派及其向泰掸老傣地区的传布（上）》，《东南亚研究》1991 年第 1 期。

东方既晓：《〈召树屯〉〈朗退罕〉渊源新证》，《云南社会科学》1989 年 1 期。

范宏贵：《壮、傣、老、泰族的渊源研究》，《广西民族学院学报》2002 年第 3 期。

方铁：《云南跨境民族的分布、来源及其特点》，《广西民族大学学报》（哲学社会科学版）2007 年 9 月第 29 卷第 5 期。

高登智、尚仲豪：《〈兰嘎西贺〉与中印文化交融》，《贝叶文化论》，云南人民出版社 1990 年版。

何平：《泰语民族的迁徙与现代傣、老、泰、掸诸民族的形成》，《广西民族研究》2005 年第 2 期。

胡学才：《怒江州宗教概况：天主教》，《怒江方志》1989 年第 1 期。

胡琰：《边界与逾越：傣族泼水节仪式的文本性》，中央民族大学 2007 年硕士学位论文。

祜巴勐：《论傣族诗歌》，中国民间文艺出版社（云南）1981 年版。

黄锐：《昭通天主教简史》，《昭通文史资料选辑》第 7 辑。

黄夏年、侯冲：《云南上座部佛教四十年》，《世界宗教研究》1993 年第 2 期。

黄夏年：《云南南传上座部佛教研究四十年》，《佛学研究》，1992 年创刊号。

季羡林：《〈罗摩衍那〉》，《比较文学与民间文学》，北京大学出版社 1997 年版。

季羡林：《〈罗摩衍那〉在中国》，《佛教与中印文化交流》，江西人民出版社 1990 年版，第 79 页。

蒋述卓：《〈召树屯〉〈诺桑王子〉同源新证》，见《佛经传译与中古文学思潮》，江西人民出版社 1993 年版。

金少萍：《南传上座部佛教与傣族的村社生活——西双版纳勐腊县勐仑镇城子村的田野个案》，《西南民大学报》（人文社科版）2010 年第 9 期。

李延红：《以"仪式"的眼光和观念——评杨民康著作〈贝叶礼赞——傣族南传佛教节庆仪式音乐研究〉》，《中国音乐学》2006 年第 2 期。

李沅：《浅谈〈兰嘎西贺〉的演变》，《傣族文学讨论会论文集》，中国民间文艺出版社 1982 年版。

林崇安编译：《比较不同的南传内观禅修法门》，http：//qzlxs. fjsy. net/。

刘鼎寅：《基督教在昭通地区苗族中的早期传播》，《云南宗教研究》1991 年第 2 期。

刘扬武：《德宏傣族小乘佛教的教派和宗教节日》，《贝叶文化论》，云南人民出版社 1990 年版。

刘扬武：《基督教在景颇族地区的传播情况》，《云南民族风俗和宗教调查》，云南民族出版社 1985 年版。

马开能：《浅析云南宗教及宗教问题的民族性和国际性》，载《全国宗教工作务虚会论文选集》。

缅甸雪乌敏西亚多著《禅修心法——正确的修行态度》乌德旃尼亚英译，叶文可中译。http：//www. xici. net/b99368/d73258063. htm。

彭恩德：《贡山天主教及"白哈罗教案"简况》，《怒江文史资料选辑》第 2 辑。

钱宁：《厄莎 佛祖 耶稣——拉祜族的宗教信仰与社会变迁》，《思想战线》1997 年第 4 期。

秦和平：《近代川滇藏区天主教传播述略》，《云南宗教研究》1990 年第 2 期第 48 页。

邱宣充：《耿马县小乘佛教》，载《云南少数民族社会历史调查资料》（五），云南人民出版社 1985 年版。

瑞丽德昂族：《泼水节与节令的由来》，见《山茶》1986 年第 3 期。

史继忠：《西南佛教的典型意义》，《思想战线》2000年第5期。

王向群：《布朗族宗教的演进及其影响》，《云南社会科学》1998年第4期。

巫凌云：《泰国兰甘亨碑铭译文补正》，《云南民族学院学报》1987年第2期。

颜思久：《小乘佛教传入云南的时间和路线》，《西南民族学院学报》1987年第3期。

杨布生：《试论傣族的伦理观及其道德规范》，《傣族哲学思想史论集》，民族出版社1993年版。

杨昌鸣：《云南傣族佛塔与泰缅佛塔的比较》，《东南亚》1992年第2期。

杨健吾：《藏传佛教寺院经济的变化——四川甘孜、德格两县寺院经济活动的调查》，见"中国藏学网"www.tibetology.ac.cn/article2。

杨胜能：《西双版纳封建地方性法规浅析》附录，《首届全国贝叶文化学术研讨会论文集》（下册），2001年4月，西双版纳。

杨永生：《"乘象国""滇越国"考》，《思想战线》1995年1期。

姚珏：《傣族本生经研究——以西双版纳勐龙为中心》，《世界宗教研究》2006年第3期。

曾文琼：《清代我国西藏西南藏区的反洋教斗争及其特点》，《西藏研究》1985年第4期。

张建章：《德宏小乘佛教教派及改革》，《世界宗教研究》1990年第1期。

张现洲：《解放前后云南基督教状况及其变化》，《云南民族风俗和宗教调查》，云南民族出版社1985年版。

郑筱筠：《贝叶经与〈召树屯〉故事不同版本之关系》，《民间文学研究》2001年第3期。

郑筱筠：《傣族〈兰嘎西贺〉故事不同版本原因初探》，《民族艺术研究》2004年2期。

郑筱筠：《佛教对汉族、白族龙文化之影响及比较研究》，《首届中华龙文化兰州论坛论文集》，甘肃文化出版社2007年版。

郑筱筠：《佛教根本说一切有部与傣族〈召树屯〉之关系》，陈允吉主编《佛教文学研究论文集》，复旦大学出版社2004年版。

郑筱筠：《佛教故事与傣族〈召树屯〉故事渊源》，《云南社会科学》2001年第2期。

郑筱筠：《历史上中国南传上座部佛教的组织制度与社会组织制度之互动》，《世界宗教研究》2007年第四期。

郑筱筠：《历史上中国南传上座部佛教与社会和平》，台湾《宗教哲学》（卷42）2007年。

郑筱筠：《内敛与外显：全球化语境下的当代中国南传佛教》，《佛学研究》2010年卷，佛学研究年刊社，2011年。

郑筱筠：《南传佛教与云南傣族社会伦理道德》，《中国民族报》2005年12月27日第6版。

郑筱筠：《人类学视域下南传佛教的中国阈限理论分析——以南传佛教管理体系中的波章现象为例》，《思想战线》2010年第2期（2010年3月）

郑筱筠：《试论佛教对傣族龙文化的整合作用》，《宗教与民族》第二辑，宗教文化出版社2003年7月。

郑筱筠：《试论马来西亚佛教发展的现状及其特点》，《宗风》庚寅·夏之卷，第226—235页，宗教文化出版社2010年版。

郑筱筠：《试论中国南传佛教的宗教管理模式》，《中国宗教》2011年第1期。

郑筱筠：《现代社会中国南传佛教之发展现状》，《宗教文化青年论坛》，社科文献出版社2010年版，第203—214页。

郑筱筠：《云南怒江地区基督教现状调研报告》（内部报告），中国社科院世界宗教研究所"基督教专项调研"课题（2008年12月）

郑筱筠：《中国南传佛教的"凡尘使命"——中国南传佛教的慈善事业》，《中国宗教》2009年第6期。

郑筱筠：《中国南传佛教的民族性特征》（日语），《日本巴利语佛教研究》第21号，2007年12月。

郑筱筠：《中国南传佛教管理体系中的CEO——试论波章角色的选拔标准》，《宗风》（己丑年夏之卷），宗教文化出版社2009年版。

郑筱筠：《中国南传佛教现状及发展战略研究》（内部报告），云南省委统战部委托项目"云南民族团结、宗教和谐与发展战略研究"项目，2009年12月。

郑筱筠：《中国南传佛教信仰地区泼水节的区域性特征》（日语），《日本巴利语佛教文化学》第 22 号，2008 年 12 月。

郑筱筠：《中国南传佛教在文化发展战略中的地位与作用研究》（内部报告），中国社科院重大项目"宗教文化发展战略研究"项目（2010 年 11 月）

郑筱筠：《中国南传上座部佛教节庆活动到文化习俗的变迁》（2007 年 11 月，内部报告），中央民族大学"985"工程子课题。

郑筱筠：《中国云南南传佛教的民族性特征》，《宗教与民族》第五辑，宗教文化出版社 2007 年 11 月。

钟智翔：《缅甸的佛教及其发展》，《东南亚研究》2001 年第 2 期。

周文昌：《文山县所树革天主教的由来及发展》，《文山州文史资料》第 8 辑。

周娅：《〈中国贝叶经全集〉九大问题述略》，《思想战线》2007 年第 6 期。

朱海鹰：《南传佛教塔寺艺术探索（上）》，《云南艺术学院学报》2000 年第 1 期。

朱海鹰：《南传佛教塔寺艺术探索（下）》，《云南艺术学院学报》2000 年第 2 期。

郑筱筠：《"另类的尴尬"与玻璃口袋——当代宗教慈善公益事业的"中国式困境"》，《世界宗教文化》2012 年第 1 期。

后　记

　　出版学术论著要求研究者本人必须以严谨治学的态度，将自己的研究成果向大家汇报。自己的研究成果是清澈见底的小溪，还是那浩瀚深邃的大海？是漂浮于水面的浮萍，还是那中通外直，不蔓不枝，深深地扎根于泥土，却婷婷玉立、只为留下那一缕清雅幽香于水面的荷花？这需要专家们的审视，更需要时间的检验。希望这是一粒珍珠，无论大小，毕竟它是经历了艰难的"修炼"而成的；希望在它还未汇入大海之前，是一条欢畅奔跑的河流，能在炎热的夏季为人们送上一杯心灵的清凉水；希望它更是那一朵荷花，不为别的，只为在丝绸般柔软的水面轻轻地留下那一缕清香……

　　我深知这一论著的出版并不意味着这一研究专题的结束，相反，它只是一个起点，这些研究成果反映的只是一种思考，它代表的只是一个漫长的研究过程中暂时的"休止符号"。因此，当书稿带着墨香放在案头时，刚有了些许轻松之感的心忽然变得沉重了，因为自己多年来悉心呵护的"那一棵小树"终于长大了，它将在公众面前崭新登场，向大家展示其本来的面目、特征及其未来的发展方向。虽然总觉得还有不足，还想继续"培育"下去，但"丑媳妇终究要见公婆"，况且将之与大家分享是一件非常有意义的事情。因为很多历史事件在尘埃落定之后，却逐渐又掩埋在历史的风沙之中。作为学者，我们要做的，却正是在这厚重的历史累积层中，不断地挖掘、寻觅，力图揭开历史那神秘的面纱。同时，学者们在解读历史之际，又在解构历史，建构自己对历史的叙述体系，通过自己的理论来阐释历史现象发生发展的由来及其规律。故我将自己的理论研究心得呈现出来，向前辈学者们请教，以此纠正自己学术上存在的谬误；与时贤们一起探讨、学习和交流，以期进一步碰撞出思想的火花。

　　本书虽然是笔者集多年的心血写作而成，是目前国内学术界为数不多的从宗教学角度对中国南传佛教展开研究的论著之一，但本书尚存在一些问题以待日后进一步深入研究。最近几十年来，随着全球化进程的发展，南传佛教在中国的台湾、香港、澳门地区以及欧美都有传播。但要想对南传佛教进行全方位的研究是有一定困难的，因此，考虑到在中国云南进行研究的文献资料和田野调研的便利性等条件，本书研究领域以中国云南及东南亚等地的南传佛教研究为主。

　　从研究领域的学术纵深发展方向而言，本课题的中国南传佛教研究成果可以成为中国南传佛教研究领域较为系统的成果，应该在此基础上，进一步展开对整个南传佛教文化圈的研究，尤其是深入研究东南亚国家的佛教发展情况。其次，从国家发展战略而言，在现代社会转型时期，随着我国的"南亚、东南亚发展战略"以及"文化走出去"的发展战略的制定，云南已经不再是"边疆省分"，而成为"通往南亚、东南亚的国际大通道"，具有桥头堡的战略地位，而南传上座部佛教作为联系南亚、东南亚国际大通道的"文化大使"具有突出的作用，因此，加大对我国周边地区，如东南亚地区的研究无疑非常重要的。这一领域将随着这本书的出版而开始延伸，或许不久的将来，对东南亚佛教的研究书稿将会成为这部论著的补充和姊妹篇。学海无涯，这本研究成果或许正是那"路漫漫兮其修远"的研究旅程中停留于某一"驿站"的思想汇报吧，而我还将继续在这一艰苦却充满着快乐的研究旅程中坚强地走下去……

　　光阴荏苒，很多年已过去了，家人和朋友的亲情、友情是我能写完这一小书的支撑点。一盏心灯点亮一树的金黄，正如那一排排的银杏树，叙述着远古的历史，又见证着现在的生命历程，经历过无数的风雨，却总在秋天以一排排金黄的风景线让行人们释放出灿烂的微笑！感谢默默付出、鼓励和支持我的家人和朋友们！感谢中国社会科学院世界宗教研究所曹中建书记、卓新平所长、金泽副所长、魏道儒研究员等领导和同事们！感谢中国社会科学院科研局韦莉莉等领导，感谢"中国社会科学院文库"的评审专家！感谢中国社会科学出版社的黄燕生编审！正是有了这么多的鼓励和支持，这本小书才得以顺利出版！相信本书的出版正是大家所期待的！

　　谨以此书献给所有关心、支持和帮助我的亲人和朋友们！

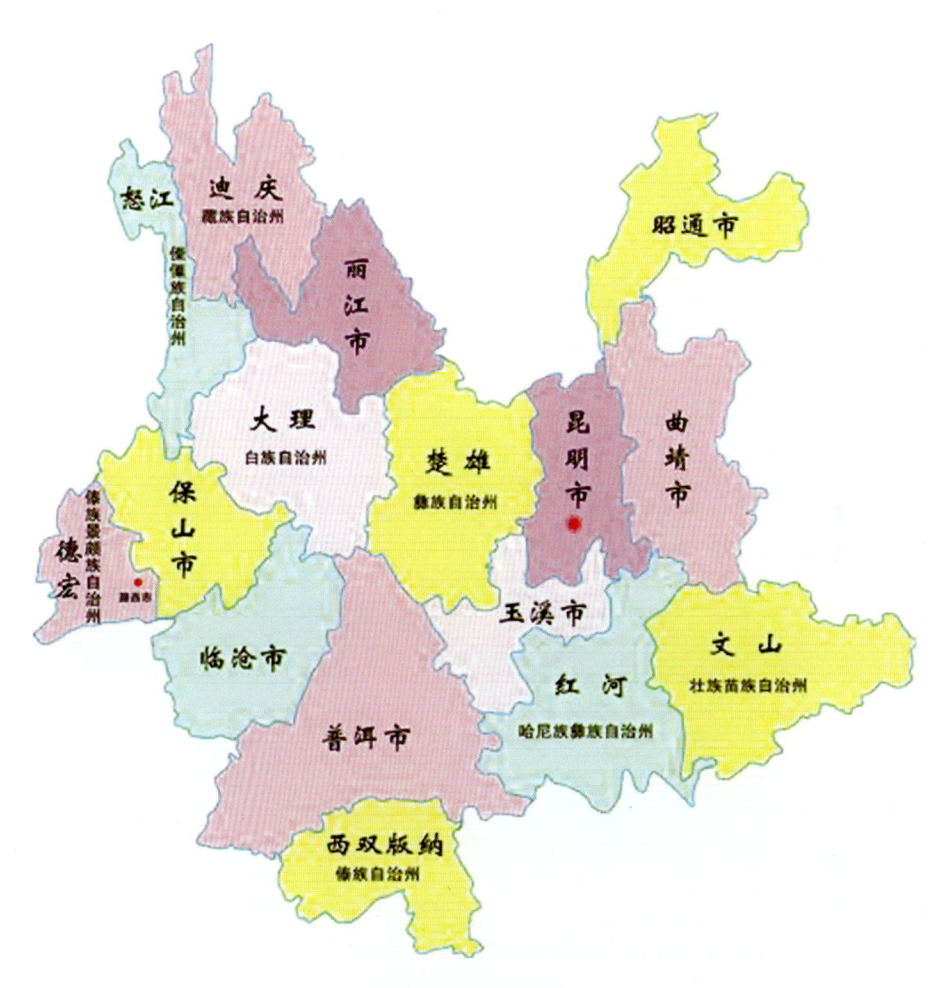

图 1　云南省地图

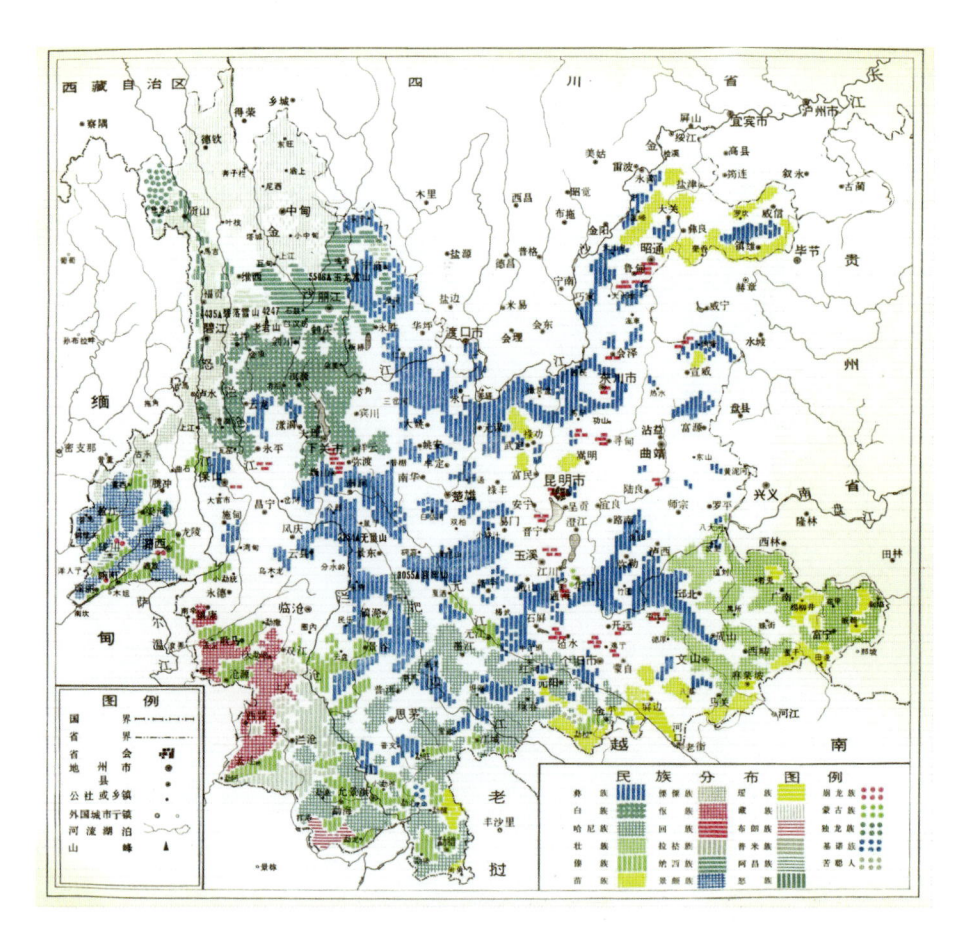

图 2 云南省民族分布图

（选自《云南临沧傣族社会历史调查》，云南人民出版社 1985 年版）

图3 刀述仁会长与泰国僧侣在西双版纳曼听佛塔寺视察（德明居士 摄影）

图4 云南西双版纳傣族自治州润派长老祜巴龙庄勐（左二）、都罕听长老（右一）

图 5　刀述仁会长(左二)与云南临沧南传佛教长老召祜玛(右一,傣族)、
　　　提卡达希(左三,傣族)、田岩章(左一,佤族)

图 6　云南临沧孟定南传佛教多列派长老苏密达

图 7　云南临沧南传佛教润派长老提卡达希

图 8　云南临沧沧源佤族自治县彝族长老（右一）

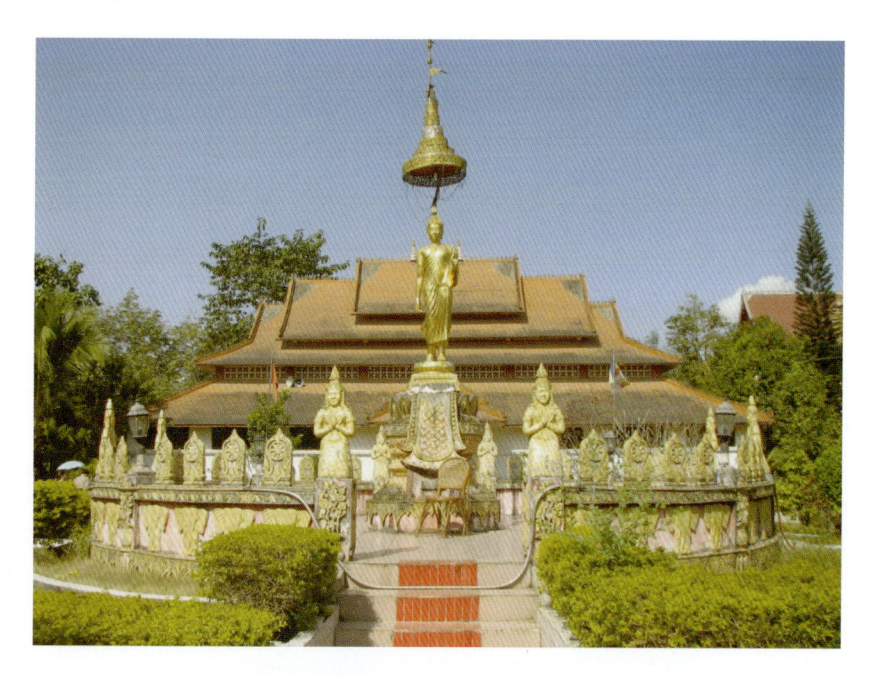

图 9　云南西双版纳傣族自治州翻修前的洼龙总佛寺

图 10　云南西双版纳傣族自治州洼龙总佛寺戒堂

图 11　云南西双版纳傣族自治州曼春满佛寺（康南山 摄影）

图 12　云南西双版纳傣族自治州勐泐大佛寺

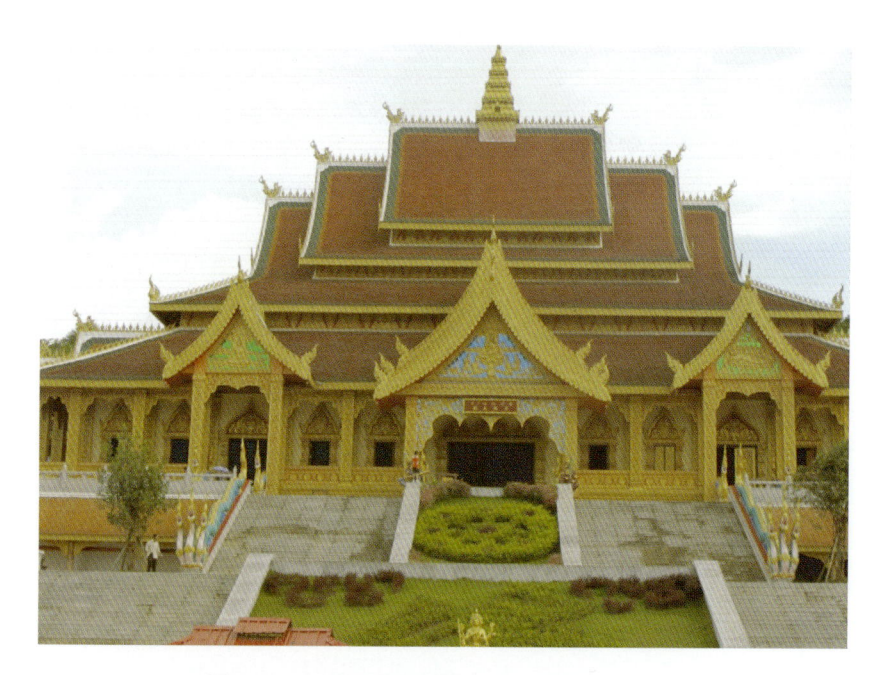

图 13　云南西双版纳傣族自治州勐泐大佛寺

图 14　云南西双版纳傣族自治州景真戒堂（康南山 摄影）

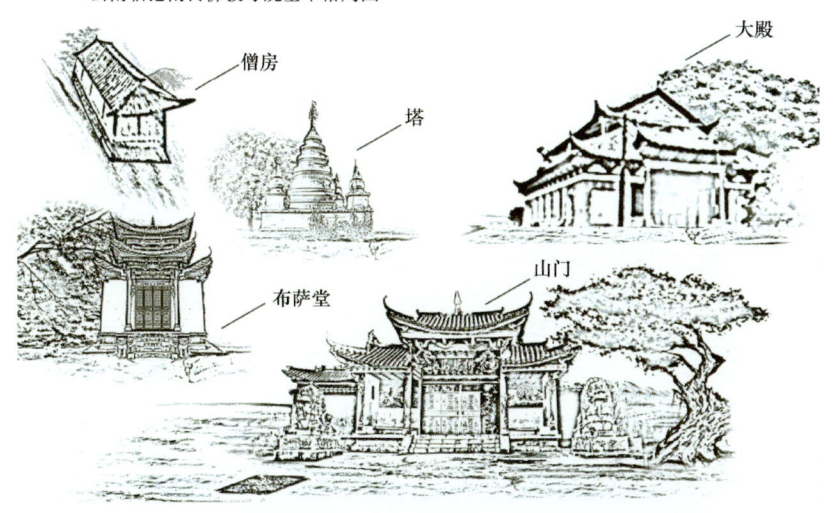

图 15　云南临沧南传佛教寺院格局（李榄 绘制）

图 16　云南临沧沧源佤族自治县广允佛寺

图17 云南临沧沧源佤族自治县南传佛教勐角金龙寺（傣族）

图18 云南临沧沧源佤族自治县南传佛教佤族佛寺（张建华 摄影）

图 19　云南西双版纳傣族自治州村寨佛寺

图 20　云南临沧沧源佤族自治县班老乡总佛寺开光仪式活动（张建华 摄影）

图 25　云南临沧南传佛教僧侣

图 26　云南临沧耿马县耿马总佛寺僧侣在参加泼水节活动

图27　云南临沧耿马县耿马总佛寺僧侣在参加泼水节活动

图28　云南临沧沧源佤族自治县刚出家的佤族小和尚（张建华 摄影）

图 29　云南临沧孟定南传佛教多列派寺院壁画

图 30　云南西双版纳傣族自治州勐泐大佛寺

图 31　云南临沧沧源佤族自治县勐角傣族金龙寺大殿

图 32　云南临沧孟定德昂族寺院大殿

图41 云南临沧沧源佤族自治县佤族信徒（张建华 摄影）

图42 云南临沧沧源佤族自治县南传佛教佤族信徒（张建华 摄影）

图 43　云南临沧沧源佤族自治县南传佛教傣族信徒

图 44　云南西双版纳傣族自治州南传佛教傣族信徒

图 49　云南德宏傣族景颇族自治州南传佛教勐焕大金塔

图 50　云南临沧耿马总佛寺佛塔（提卡达希 摄影）

图51　云南临沧沧源佤族自治县勐角佛塔（张建华 拍摄）

图52　云南临沧沧源佤族自治县勐角佛塔开光活动（张建华 拍摄）

图 53　云南临沧沧源佤族自治县班老乡佤族总佛寺佛塔

图 54　云南西双版纳傣族自治州南传佛教泼水节活动（金罕凤 摄影）

图 55　云南西双版纳傣族自治州南传佛教泼水节活动（金罕凤 摄影）

图 56　云南德宏傣族景颇族自治州泼水节（汪桂平 摄影）

图 57　云南临沧耿马总佛寺泼水节活动

图 58　云南临沧市耿马县傣族泼水节

图 59　云南临沧德昂族南传佛教信徒泼水节活动

图 60　云南临沧德昂族南传佛教信徒泼水节活动

图 61　云南临沧耿马勐简乡佤族泼水节活动

图 62　云南临沧耿马勐简乡佤族泼水节活动（取沙归来）

图 63　云南临沧耿马总佛寺泼水节活动

图 64　云南临沧孟定地区南传佛教泼水节活动

图 65　云南临沧孟定地区南传佛教泼水节活动

图 66　云南临沧孟定地区南传佛教泼水节活动

图 67　云南临沧孟定地区南传佛教泼水节活动

图 68　云南临沧孟定地区南传佛教泼水节活动堆沙

图 69　云南临沧孟定地区南传佛教泼水节活动堆沙

图 70　云南临沧孟定地区南传佛教泼水节活动供品

图 71　云南临沧耿马县南传佛教泼水节活动

图 72　云南临沧耿马县南传佛教泼水节活动

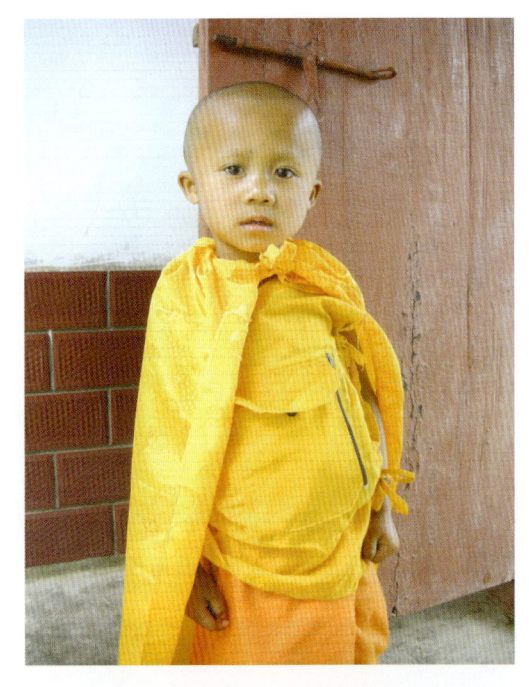

图 81　云南临沧沧源佤族自治县刚出家的小和尚

图 82　云南西双版纳傣族自治州曼听佛塔寺禅修活动（德明居士摄影）

图 83　云南西双版纳傣族自治州曼听佛塔寺禅修活动（德明居士摄影）

图 84　云南西双版纳傣族自治州曼听佛塔寺禅修活动（德明居士摄影）

图 89　西双版纳"佛光之家"项目举办培训班（金罕凤 摄影）

图 90　云南西双版纳傣族自治州南传佛教慈善活动（德明居士 摄影）

图 91 云南临沧南传佛教僧侣举行抗旱、抗震救灾慈善活动（提卡达希 摄影）

图 92 云南西双版纳傣族自治州南传佛教慈善活动（德明居士 摄影）

图 93　云南临沧南传佛教慈善活动

图 94　云南临沧南传佛教慈善活动